U0723712

山東大學——華東師範大學東亞寫本文獻研究中心階段性成果

尺海第一輯·主編丁小明

端方友朋尺牘

上

魏小虎 整理

鳳凰出版社

圖書在版編目（CIP）數據

端方友朋尺牘 / 魏小虎整理. -- 南京 : 鳳凰出版社, 2025. 7. -- (尺海 / 丁小明主編). -- ISBN 978-7-5506-4044-3

Ⅰ. K827=52

中國國家版本館CIP數據核字第20255HA836號

書　　名　端方友朋尺牘
著　　者　魏小虎　整理
責任編輯　王　劍
裝幀設計　陳貴子
責任監製　程明嬌
出版發行　鳳凰出版社(原江蘇古籍出版社)
　　　　　發行部電話025-83223462
出版社地址　江蘇省南京市中央路165號,郵編:210009
照　　排　南京凱建文化發展有限公司
印　　刷　江蘇鳳凰通達印刷有限公司
　　　　　江蘇省南京市六合區冶山鎮,郵編:211523
開　　本　890毫米×1240毫米　1/32
印　　張　21
字　　數　393千字
版　　次　2025年7月第1版
印　　次　2025年7月第1次印刷
標準書號　ISBN 978-7-5506-4044-3
定　　價　158.00圓(全二册)
(本書凡印裝錯誤可向承印廠調換,電話:025-57572508)

午帥尚書大人閣下敬肅者 查直刺到東接奉
惠毀並菱密電本一冊領悉壹是續又迭承
手示殷勤雅意情見乎詞紉佩之私何可言
喻此間自義勇隊解散風潮稍〻平息惟吾
省雜誌未能停止即使令受內務省檢查而中
東文字不同恐終有名無實應商禁絕之法竟
難辦到前時與長岡嘉納商凡文科學生無論
何校均請其監理一切在校學生不許私有著

汪大燮書札

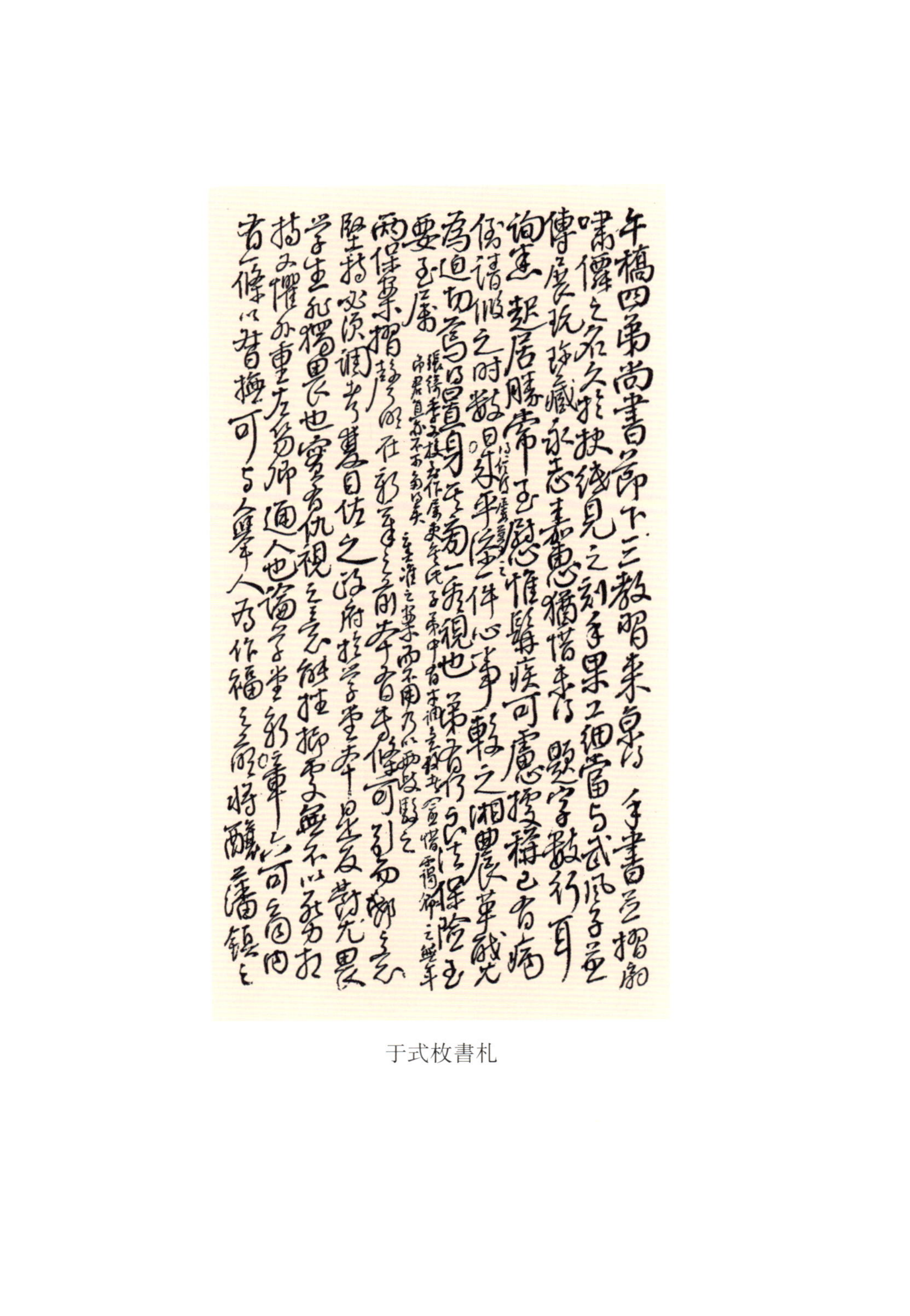

于式枚書札

弟准於初一早往港下船回首
鈴轅輒用悵惘昨夕叨陪
盛餞醉德不忘席次僕僕於牙
指一事具佩

夏壽田書札

陶帥大公祖大人鈞座李審言於開皇間皇甫鳳詳造象
記謂語多不可解今以意求之覺其文事頗有趣味
其云仏弟子皇甫鳳詳在石豆堨仏仳當為句堨即
堰字石豆堰者詳所在之堰名也仆當是作字仳借
為穅秕之秕作秕者謂為鑿米之事也下云今人焦
晚地今當是令字焦謂燒去其草與樵通公羊桓七
傳樵之者何焚之也晚與輓通史記貨殖傳輓近世
借輓為晚是晚輓得以通借說文輓引車也焦晚地

陳慶年書札

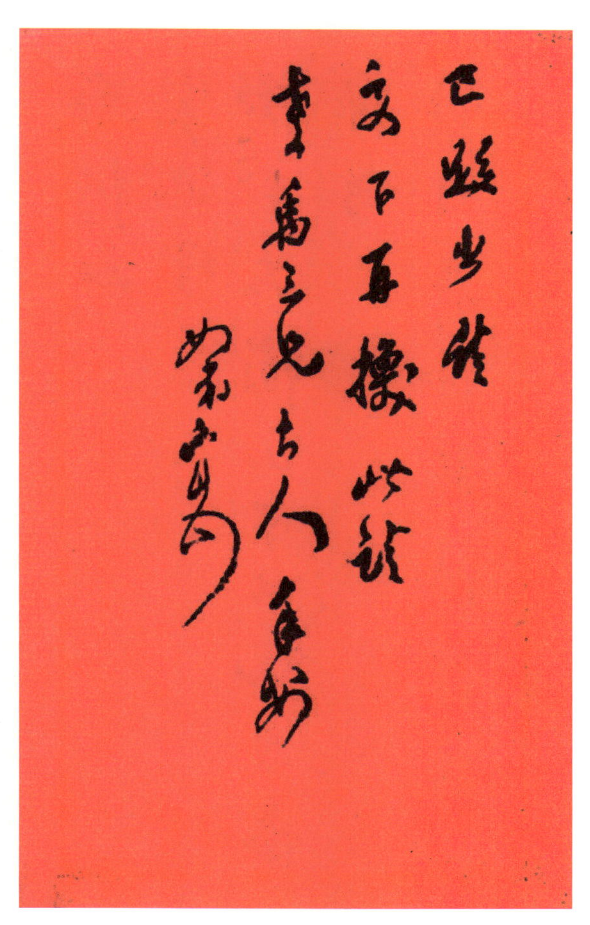

端方致王瓘書札（一）

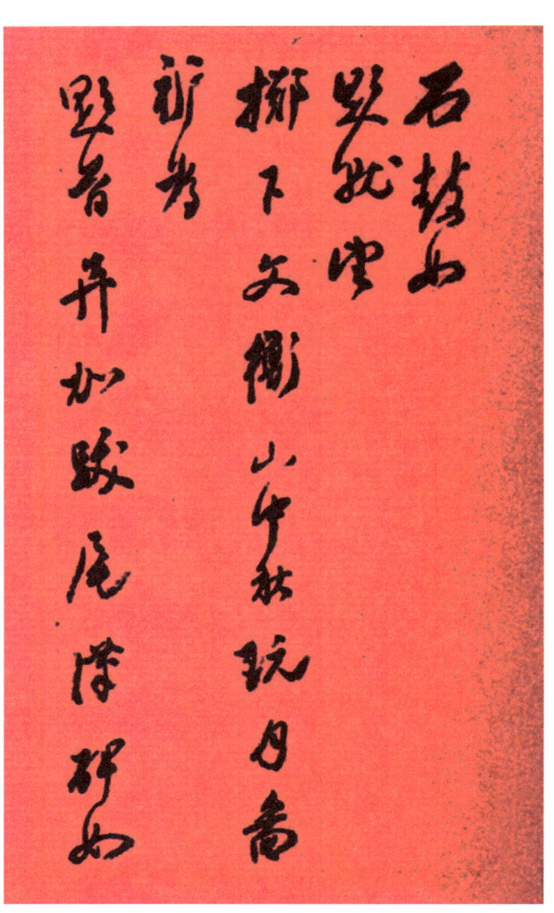

端方致王瓘書札（二）

《尺海》第一輯序

要説起《尺海》的創設緣起，就不得不提到鳳凰出版社《中國近現代稀見史料叢刊》的導夫先路之功。作爲鳳凰出版社重點出版的大型史料叢書——《中國近現代稀見史料叢刊》（下稱《稀見史料》），二〇一四年至二〇二三年十年間，共出版各類史料一百二十八種一百七十八册，其内容以一八四〇年至一九四九年間稀見而又確有史料價值的日記、書信、奏牘、筆記、詩文集等文獻的整理爲主。應當説，經過十年生聚，《稀見史料》收録文獻不僅體量巨大，更形成了自己獨特的學術風格。例如，在這一叢書的幾種常見的史料體裁中，主編張劍教授、徐雁平教授、彭國忠教授顯然更鍾情於日記類史料，所以，在《稀見史料》中整理出版了七十餘種日記的基礎上，又推出了《日記研究叢書》。毫無疑問，日記的整理與研究是《稀見史料》的重中之重。

衆所周知，在浩如烟海的近代各類私人史料中，日記之外最大宗者當爲尺牘。《稀見史料》能在系統挖掘各類史料的同時，勠力於日記類史料的整理已實屬不易。同時，正是《稀見史料》在日記與尺牘這兩類史料所投以不對等的關注，纔促使我們考慮在《稀見史料》之外再推出一種以尺牘文獻爲主體的史料叢刊。如果説，《尺海》從《稀見史料》中獨立而出的内因，是主持者對日記與尺牘關注程度不同，那麽，學界對尺牘手稿文獻的重視則是我們啓動《尺海》的外因。

當下學界對尺牘有着『文辭、書法、史料』三重的關注視域，而『史料』無疑是這三者之重點。譬如陳恭禄《中國近代史資料概述》、馮爾康《清史史料學》、曹天忠《中國近現代史史料學》、嚴昌洪《中國近代史史料學》等書中，無不闢有專節來討論尺牘中的史料内容及價值。近十年來，出版界也積極回應學界的這一關注，在致力於影印出版各類公私收藏尺牘寫本文獻的同時，先後推出系列的尺牘文獻整理叢刊，如鳳凰出版社的《國家圖書館藏未刊稿叢書·書札編》、浙江古籍出版社的《近現代書信叢刊》、上海人民出版社的《中國近現代書信叢刊》等。凡此種種，無不説明尺牘寫本文獻的整理已成爲當下出版界的熱點話題，并漸次發展成一股應者甚衆的潮流。所以，我們在此推出《尺海》就不僅僅是種種内外因緣交匯的産物，更是一種廣義上學術預流的體現。

當然，在推出《尺海》之前，有必要對創設宗旨、收録對象、整理者隊伍作一申説。

首先，《尺海》將秉承『回到原信』的宗旨，專力於尺牘寫本的整理，力求爲學界提供更多包含歷史真相的第一手材料。進言之，《尺海》所收録尺牘的首要標準必須是『原信』的概念就是胡適所説『尺牘墨迹』，其意義有兩重。一重是胡適所以爲，我們也深表贊同的『尺牘墨迹是最可靠的史料』這一理念，而這一理念的基石就是我們所見到的必須是『尺牘墨迹』的『原信』，而不是那些尺牘的刊本。『尺牘墨迹』作爲一種即時性的製作，其真實性與這一文獻本身是互爲表裏的。而那些意在公開的尺牘刊本就大有不同，作爲延時性的製作物，其刊行的過程中，極有可能對原文有所删改。如黄濬《花隨人聖盦摭憶》記載，有人購得曾國藩與其弟曾國荃尺牘墨迹三通，以行世刊本書校之，有一通未輯入，餘二通皆經删改，且爲曾國藩本人所删，其中一信删了一百零九字，且將『余亦必趕到金陵會剿，看熱鬧也』中的『看熱鬧』三字删去；另一信删去二十三字。這説明曾國藩知道這些家書將來必定傳世，一些對兄弟説的話不能讓外人知道，事先就作了删改。事實上，這些不能爲外人知之的『悄悄話』中或許正隱藏着某些重要的信息，這些信息甚至關乎我們對曾國藩的認知，不過經此删改，我們所看到的其實是經過修飾的曾國藩形象，并非那個真實全面的曾國藩。這是一種情況，屬於對尺牘内容進行有意爲之的删改。另有一種情況，則屬於無意爲之的錯訛，如聞宥與劉季平討論音韵的通信被胡樸安發表於《國學周刊》上，但聞宥讀後發現校勘不精，致信胡樸安云：『《周刊》所登宥與季平先生通信，訛字極多。而最不可通者，爲第二十行「以韵理言之」一句，之後尚有「阿音引喉張口。自宜以平上音爲多」二句。訛奪之後，文理實不可解，故望即飭印人刊正。』從這兩例可知，無論是有意的删改，還是無意的錯訛，這些刊行的尺牘就不能算是十分可靠的史料了。換言之，尺牘的私密性與尺牘的公開是一種天然的對抗關係，公開的印本或抄本從尺牘撰寫的角度也非即時性的行爲，因爲背離了尺牘的私密、即時這兩種特性，其最終的真實性能否得以實現是令人懷疑的。所以，《尺海》首要强調整理『尺牘墨迹』的原由正在於此。另一重是强調整理的是『尺牘墨迹』，特别是整理的『尺牘墨迹』最好是有公開影印出版。這是因爲尺牘整理出來後，可爲學界所用，但如使用者對整理文本存有疑問的話，也可與『墨迹』影印本再行比對。我們以爲，這樣的比對對於《尺海》也算是一種變相的監督機制。

其次，在確立以尺牘墨迹爲整理對象後，有必要對這一對象再作一梳理。此處的對象可分爲兩類人物來理解。一類是具有重要歷史影響的人物，如翁同龢、梁啓超、沈曾植、張元濟、鄭振鐸這些編有年譜長編或年譜的譜主，這些譜主存世尺牘已得到較多的關注與整理，但仍有一定的輯佚整理空間。與此同時，我們以爲，只有重要人物尺牘而缺乏相應往來的友朋尺牘的話，研究者所掌握的材料只是『半壁江山』而已，無論是相關的叙事還是解讀，其還原的歷史難免會顯得不够全面，甚至不够清晰。因此，《尺海》將會儘可能地挖掘和整理與第一類對象相對應的友朋尺牘，而這些友朋尺牘的撰寫者就是我們所説的或許并不重要，甚至已被歷史所遺忘的第二類人物。但作爲運用尺牘材料進行文史研究的學者，自然會關注往來尺牘的問題，或者説重要人物友朋尺牘的問題——擁有更多的友朋尺牘，并將之與譜主尺牘進行聯繫與對讀，就有可能擁有更全面的歷史細節，最終築起的還原歷史事實的大厦纔會更加堅固。基於這樣的認知，《尺海》在重視重要人物尺牘整理的同時，也會充分關注重要人物友朋尺牘的整理。

再次，需要説明的是，基於『原信』的概念，《尺海》要做成系列與規模的叢刊，就必須要有相當體量的『尺牘墨迹』以提供給整理者使用。按《稀見史料》每輯十種左右來計算，出完《尺海》十輯，至少需要百種尺牘。通過檢索，我们發現近年來所出版的尺牘寫本影印類書籍中，約有三十種頗具史料價值的尺牘尚未得到整理。同時，晚清、民國所出版的影印尺牘書亦有数十種左右有待整理。當然，更重要的是，在全國圖書館及文博系統收藏着超過百種的、具有重要史料價值的『尺牘墨迹』。所以，以每輯十種的體量來計算，目前有待整理的尺牘有着近五萬通的數量，這一數量足以支持《尺海》連續數年的出版需求。

所謂『巧婦難爲無米之炊』，現在有了足够的食材可做成『有米之炊』，那麽擁有一支能整理尺牘寫本的專家團隊則是維繫《尺海》發展的關鍵。事實上，尺牘寫本整理的不易之處，特别是筆迹出於衆人之手的友朋尺牘的整理難度，但凡整理過的學人都有所體會。至於這一問題的解决就不得不感謝上海圖書館創辦的《歷史文獻》集刊。《歷史文獻》自創刊以來，在整理上海圖書館所藏近代名人尺牘方面功績最著，二十年間先後整理公布了近五千通尺牘，极大地推進了學界關注與重視尺牘文獻價值的同時，更培植了一批識讀與整理尺牘的專家。如《尺海》第一輯的整理者柳和城、鄒西禮、魏小虎、丁小明、尹偉傑等人，都曾是《歷史文獻》的作者。當然，這一專家陣容隨着《尺海》持續推進還會不斷擴大。可以説，過去凝聚在《歷史文獻》周圍的這批尺牘整理專家正爲《尺海》得以啓動提供了充足的人才資源。

行文到此，筆者只是不揣淺陋，將《尺海》創設緣起、立刊宗旨、收録範圍、作者隊伍作一簡介，以期增進大家對這部叢刊的瞭解。筆者忝厠編務之列，固然頗勞心力，亦略知其中甘苦。尺牘寫本整理之難度是公認的，特别是《尺海》第一輯主要以友朋尺牘爲專題的整理，整理者會面臨諸多不同寫信之人的筆迹與寫法的識讀，這是尤其難上加難的挑戰。所以，在《尺海》第一輯面世之際，請允許我向參加整理的柳和城、孫海鵬、鄒西禮、魏小虎、吴欽根等諸位師友表示最誠摯的感謝！能在日新月异的當下，依然堅守在書齋中董理這些泛黄的尺牘寫本者，大都會有一份尊重先賢、敬畏文化的品操。在此，不能不提到已年過八旬的柳和城先生，他在承擔《張元濟友朋尺牘》的艱巨整理任務時，已出現視力不清的問題，爲了不影響進度，他最終還是堅持到交稿纔去問診。這一輯整理者中還有我的學生尹君偉傑與孫君嘉奇，儘管他們剛上手時還有些步履蹣跚，沉潛半載，已然可以獨立完成各自的整理任務，看着他們在尺牘整理領域邁步向前的身影，一種後繼有人的欣慰感油然而生。最後，要特别感謝鳳凰出版社對《尺海》的鼎力支持，從開始動議到每種選題的落實，每個環節無不傾注着樊昕兄與諸位編輯的統籌推進之力。當然，隨着學界越來越重視尺牘中的史料價值，相信會有更多的同道進入尺牘寫本的整理與研究隊伍，也期待更多的學者關注與加入《尺海》的事業之中。

目録

前言

史學理論中有一種老生常談，説的是由事實而得出的故事是一種濃縮，即將行爲經歷的時間濃縮爲講述的時間，將人們有關某個特定歷史時期所知的一切事實縮減成只剩那些重要的事實。

——海登·懷特《元史學：十九世紀歐洲的歷史想象》

爲了避免終日食用『壓縮餅乾』，我們所關注的就不僅是大量所謂『歷史的細節』，也需嘗試重構鮮活的人物。晚近面世的一些傳記年譜，尤其以政界人物爲傳主的著作，却往往只見一尊尊面目欠真切的『宦像』，除了公務無非公務，似乎一入仕途，便只具備政治生命而再非性情中人，其内心波瀾與私人生活都無足輕重或乏善可陳。

托活洛·端方（一八六一——一九一一），直隸浭陽（今河北豐潤）人，滿洲正白旗，字午橋，號匋齋（一作陶齋），謚忠敏。他是曾任兩江總督、直隸總督等要職的晚清重臣，也是譽滿海内外的文物收藏大家。他還是出洋考察列國政治的五大臣之一，回國後大力鼓吹憲政（『他所接受的立憲理念，甚至超過今天許多人對民主與憲政的認識』，見景凱旋《清末新政的悲劇：保路運動中身首異處的端方》，《南方都市報》二〇一一年七月三十一日），引進『西學』，主持建立第一批現代意義的圖書館、博物館、大中小學、幼稚園，籌辦中國首次商品博覽會，派遣大批官費留學生，而其幕府、交游將一代俊彦網羅殆盡，隱然相繼成爲兩湖、江南、京城的風雅盟主，一生不可不謂多彩斑斕。

近年來的『端方熱』方興未艾，論著迭出，但總體而言，對一手史料的發掘似差强人意。儘管端方及其僚友生前似乎很注意文獻史料的保存，現在分藏於海内外各家公藏機構的大宗檔案資料數以十萬計，却時見一些不著邊際的巷談稗説、網絡流言被奉爲信史，屢屢引用。究其原因，浩如烟海的晚清史料至今向公衆開放的程度有限，即使已開放的部分，其中不乏稿本、原件等，大多也有待辨識整理，方能得以利用，而非公藏品更搜集不易，這在一定程度上造成了研究的瓶頸。

本書選取五百餘件史料價值較高的函札，力圖基本涵蓋端方一生的行迹，除了令讀者加深對他本人的瞭解，也希望可以提供一些易遭忽視的文史綫索，乃至一窺當事人的心路歷程。對於暢所欲言的私函與正襟危坐的公函的取捨，儘量顧及全書的平衡性。如盛宣懷《愚齋存稿》的一百卷電報中，重點截取了三個階段，即代理陝西巡撫，準備迎接逃來西安的慈禧、光緒一行；兩江總督任上，應對百萬逃難饑民的安置問題；臨危受命，處置保路運動，並皆可與書中所録同時期的私函參讀。

粗略統計函札所涉，至少包括義和團、八國聯軍、日俄戰争、築路風潮、内閣人選變動、官場傾軋、考察各國制度、官制改革、法律修訂、籌備憲政、江南禁烟、江北賑灾、鑄造銀圓、開采銅礦、建立巡警制度、監視孫黄革命黨起事、創辦實業、學堂規章制度、留學生待遇、海外僑民處境、中國公學、國際鐵路會議、米蘭世博會、旅歐見聞、王照案、徐錫麟案、《蘇報》案、《中華報》案、徐州教案、毁秋瑾墓案、搜購鑒藏各類文物、訪碑拓碑、拓贈埃及古刻、編撰藏品目録、影刻宋元善本、重刻名碑、修復古迹、敦煌學肇始、整理地方文獻、爲亡友編遺集、東坡生日雅集、家庭開銷、伯母病故、整理祖墳等話題。爲免因内容紛雜，致使讀者漫無頭緒，今擬對其生平背景從家世、仕途、收藏等方面作一概述。

端方早年對應舉時文下過一番功夫，曾輯録《時文選》一卷（中國國家圖書館藏稿本）。

光緒八年（一八八二）壬午科順天鄉試，中第八十七名舉人，年僅二十一歲。該科也堪稱龍虎榜，文廷式、升允、惲毓鼎、徐世昌、朱祖謀、嚴修、皮錫瑞、蒯光典、唐文治、馮煦、陳三立、鄭孝胥、陳衍等日後宦迹、文名顯赫者皆名列榜中。

許多官員都曾因父母去世，在勢頭一帆風順之際不得不一度、二度辭官，居家服喪，錯過可能多達四五年的『事業黄金期』。而端方却擁有一項可遇不可求的『優勢』，即在他初入官場不久，其父母一年内相繼去世，喪期高度重合，導致他二十多歲官職低微時，便以最低成本了結了這一後顧之憂。

端方伯父桂清，咸豐二年（一八五二）進士，曾任總管内務府大臣、工部右侍郎、倉場侍郎，雖也去世較早，但全家受其遺澤甚多。故而端方後來出京外任，便將伯母巴禹特氏接至府邸奉養，視同生母。二弟端緒則留在京城操持管理家務。

三十歲後，先後外任張家口監督、直隸霸昌道等職。戊戌變法失敗後，參與者多革職獲罪，或永不録用，而他可能因旗人身份，似未受影響，反而升任陝西按察使，未到四十歲已出任護理陝西巡撫，步入封疆大吏行列。且恰逢庚子之變，慈禧、光緒『西狩』，他接待、護駕得力，自此更受太后青睞。此後四任巡撫、五任總督（包括署理和未到任），從湖廣總督到兩江總督兼南洋大臣，再到直隸總督兼北洋大臣，幾乎亦步亦趨地複製了老上司張之洞的履歷，距離位極人臣也只差了入閣拜相一步。而表兄榮慶得到『不次升擢』，一年中歷任刑部、禮部、户部尚書，直至軍機大臣，也無疑成爲他在朝中的一大奥援。

然而僅僅因爲慈禧出殯時派人沿途照相等莫名其妙的罪名，他又被一擼到底，削職爲民，可謂成也慈禧，敗也慈禧。若是此後一直賦閑倒也罷了，至不濟入民國也可以做做寓公安度餘生。孰料兩年後他又被朝廷匆忙起用，充當『救火隊長』，入川平息保路運動風潮。半路上，手下深受反滿思想影響，邀功心切的軍士將其斬殺，拿他的首級送至武昌，充當『革命投名狀』。王國維聞之，寫下『對案輟食慘不歡，請爲君歌蜀道難』的詩句。

端方能够在清王朝的最後十年間迅速崛起，成爲文物收藏史上承上啓下的關鍵角色，天時、地利、人和，乃至權勢、財力、毅力，缺一不可。他年輕時聰穎好學，深得帝師翁同龢贊許，又與曾先後擔任國子監祭酒的兩位『學術權威』王懿榮、盛昱結爲忘年交，時常各出所藏金石書畫，作品鑒飲宴之雅集。王懿榮子王崇烈曾撰《種瓜亭筆記》（分期刊載於一九一四年《中華小説界》），其時已入民國，端方也亡故數載，所以下筆無須顧忌，也無必要溢美，其所論頗有見地：

端忠敏天資過人，先文敏亟稱之，復以學術有根抵，故爲後來大家。值庚子以後，兼爲顯官，不惜貲財，好古者固鮮，亦無人競出争購，所以收藏雄富，甲於天下。余嘗謂忠敏之普通收藏，當爲古今第一。此物此志，難爲不解者解之也。……

端忠敏與先君契好，即伯羲之介紹。每縱談深夜，令人聽之不倦。……

至端忠敏匋齋所藏漢器，既多且旨矣。大約論收藏漢器者，當推匋齋爲第一，匋齋平日亦常以此自喜。故論大普通之收藏，則匋齋應認爲地球古今名家收藏第一。單以字畫論，以石論，以漢器論，亦可占分科第一二席。……

余每作過論，語曰：『以後好古，當爲子孫垂爲訓戒禁令。』蓋先君及余好古，於家計颇受其障，前曾與端忠敏及端仲綱學士緒言之，仲剛甚以爲然。故端忠敏嘗笑謂余曰：『王文敏是我大仇家，教我好古，我今日除古玩，無宦囊也。』今忠敏已往矣。忠敏舊有獨立博物院之志，此時仲綱及哲嗣陶琨侯欲踐行之，孫少侯君毓筠極力贊成。此亦我國國粹，除官家物，自無第二家也。若共和國能同力保守，於我國亦大有關係，不可輕視。……

余聞先文敏公嘗戲言曰：『好古董非作大官不可。不但有財力可以博取，亦須有權力可以招致。』此語信然。即以余所見，若潘文勤、吴清卿中丞、端忠敏，其狀况猶在目前。……此三君以端忠敏收藏爲富，蓋其所值時代爲優，無人争購。而所歷數省，較潘爲京僚，吴則僅北游燕、冀，南歷吴、楚而已。至若端忠敏爲一有文字玉圭，囑陝賈蘇回子求之，蓋近十年而後得。其所費資財，亦不能計矣。然非以兩江總督之聲勢求蘇回，則蘇回不肯出此力。

著名中國藝術史家，*A time of transition: two collectors of Chinese art* 的作者 Thomas Lawton（羅覃）則稱：『Almost every museum in the world with a Chinese collection contains some artifacts that have passed through Tuan-fang's hands.（全世界凡有中國藏品的博物館，幾乎都有些來自端方舊藏的藝術品。）』

在晚清諸多地方大員中，端方的幕府無疑是學術含量最高的一家：陳慶年、李葆恂、褚德儀（後避宣統帝溥儀諱，改名德彝）、王瓘、金蓉鏡、張祖翼、李詳、况周儀（後避宣統帝溥儀諱，改名周頤）、繆荃孫、費念慈、梁鼎芬、楊鍾羲、鄧邦述、王仁俊、鄭孝胥、劉師培，而曾被他奉爲座上賓或虚心求教的名士尚有楊守敬、羅振玉、孫詒讓、葉昌熾、葉德輝、皮錫瑞、張謇、廉泉、完顏景賢等。本書中與李葆恂、王瓘、繆荃孫、王懿榮、楊守敬、羅振玉等的往來書札，幾乎每一封都涉及搜羅、鑒藏各類文物，其對古物孜孜以求的癡迷可見一斑。

今藏中國國家博物館的漢日晷，出土於内蒙托克托城，是現存唯一可靠而完整的漢代日晷。端方收得後，雖已斷爲漢物，仍以拓本分致他心目中學識最爲淵博的楊守敬、李葆恂，引作『爲金石文字所纏繞』的同道，甘之如飴。本書中有致楊、致李二札，正言此事。

光緒二十三年春，山西托克托城北，蒙人得一方石，其質晶瑩如玉，其狀如晷儀，其文『弟一』至『弟六十九』，其篆體在《雷塘中殿》《群臣上醻》之間。自愧弇陋，徒欽其寶，莫名其器，非博識多聞之君子莫能辨此，特以拓本奉鑒。

光緒二十三年春，山西托克托城北，蒙古人掘地得一方石，其質似玉，其界畫似日晷，其文自『弟一』至『弟六十九』，其篆法則在斯、邈後，新都前。世特患多樂正、師曠之徒，或不審此寶之可貴耳。但具雙瞳兩睫，雖甚昏眵，未有不知爲西漢物者也。獨恨弟之寡學，又懶於翻書，不能遽爲尋其源流，指其確證，殆非義州老師、宜都老友不能辨此。特精拓一本，先上吾師而次及吾友，求爲考釋論訂焉，師其許我乎？世有妄人，不學無術，乃斥吾輩爲金石文字所纏繞，真出乎人情天理之外之譚耳。

又如得自陝西的師趛鼎。端方與李葆恂曾就其銘文、真贋反復研討。本書中有數札言及，述其經過甚明。

大敦已蝕四次，去銹甚多，字如隔霧看花，不能明晰，且再蝕之。（李致端之一）

前期以蝕法除銹一事，似交由李葆恂監督。四次之後，效果仍不理想。

大敦詳加審諦，公勿薄視此器，此器固大有用處也，即一『趛』字，已足易君房之秦詔版矣。但公不可張揚耳，萬禱。此器實係秦中所得，但得來全不費工夫耳。應否再蝕一番，乞酌之。（端致李之五三）

大敦已剔出字來否？（端致李之五八）

大盨之字已約略可識。弟与老師亟思一觀，請飭王文翰將原器即刻送來。看後仍須

拏回，再加炮製也。（端致李之五九）

端方據銘文中已可辨識的『⿺走全』字，對此器已期望頗高，時時過問除銹進度。

大敦拓本，恂當不惜聲名，大跋一篇，力言查蝕數次，始見『詔』字，不患⿺走全齋詔版不來歸我。銹結未盡蝕最妙，似不必再行炮製矣。此器既秦中所得，何以先未之見？必我公見一二字，即知其僞，故高閣之耳，屢以真贋下問也。（李致端之四）

李葆恂的態度却頗可玩味，雖已視作贋品，又不便掃興，只得委婉回復：『您這是出題考驗我吧？』

這種癡迷在那次出國考察行程中也多有體現。據同行的戴鴻慈所撰《出使九國日記》，這一出訪級別前所未有之高，世人皆知其考察重點應爲歐美各國政法制度，一路下來，參訪最多的却是圖書館、博物院、戲院、公園等文化設施，僅博物院便多達十九處（詳見陳丹《清末考察政治大臣出洋研究》第三章統計）。鑒於其行程並非事先詳密擬定，臨時更改增刪亦無大礙，頗疑心這種『本末倒置、不務正業』的安排，與端方的『假公濟私、極力慫恿』有直接關係。而他脱離團隊，擅自去埃及『淘寶』的舉動，則更顯肆無忌憚。很難想象，如革命派所詆，一個以考察名義享受公費出國旅游，只知帶些電影放映機、照相機等時髦玩意兒回國炫耀的顢頇官僚，會附庸風雅到對參觀博物館樂此不疲的程度。

早在作小京官時，端方已將所獲碑石、墓誌『羅列滿庭院，備士夫縱觀』。而此番受到西風洗禮之後，他更念兹在兹，一心籌劃創建公共博物館，將所有藏品化私爲公。粗略統計，甲骨、金石、磚瓦、書畫、玉器、璽印、拓本、古籍等門類合計，其藏品總數達五千件以上。一九〇五年，張謇率先創辦中國第一家公共博物館——南通博物苑，他也大力支持，並以七十件文物相贈。一九〇九年突遭罷免後，他終於可以心無旁騖地在京城琉璃廠建造匋齋博物館，擬將『石刻共一千餘種運送館中，分别陳列，作爲永遠捐置之品』。然而隨著館主遇難，尚未竣工的博物館勢難維持，其畢生所得，仍未逃過流散四方的命運。

時人常將端方與同爲大吏而兼主學壇的畢沅、阮元相提並論，僅就個人學養而言，或有過譽，若論對學術的熱忱與贊襄力度，則鼎足而三當無愧色。

本書所輯尺牘，除了言及端方遍布朝野中外的交際圈、數以千計的國寶級藏品名録，還當有助於瞭解其人其思想的方方面面。

如對時局的清醒認識：『（川粵）兩省官界爲名利所牽……不過求達目的而止，不知名利不可得，而由小亂釀成大亂，或至亡粵亡川，外人干涉，立致危亡，甚且亡及中國。』（致梁鼎芬一）對於朝廷重新任命他處理鐵路國有化的嚴重危機，尤其是率軍入川『平亂』，他並不情願。其辛亥七月初九致盛宣懷電文中坦言：『查辦一差，商之莘帥，謂此役項城最宜……此役方亦不敢畏難，惟因路事起風潮，而令辦路人前往，反對力必益甚。故方謂此事他人皆可往，獨杏老與方必須回避。』這種任命原當事人爲仲裁法官的糊塗作法，無疑只會火上澆油，越發激怒川人，令局勢加速惡化。這段話實際上高度預言了此後兩個月的事態進程。

又如對古物流失海外的痛心與無奈：『但此等古物，近爲外人所争涎，而吾國又無禁古物出口之法律權力，則區區之願力，益難盡達矣。』（致羅振玉一）

對看守墳塋的墳丁則深切同情：『墳丁太苦，昭兒尤苦，必須時時給鈔，處處給鏹。弟手邊近尚寬裕，一切浪費，可減則減之。萬不可向墳丁身上打算盤。』（致端緒五）

凡此種種，有望充當一部立體型傳記的基石。

他人寫給端方的信函中，也不乏獨具價值，值得反復體味的內容。如林耀廷一札中引拓碑工人所言：

據工人云，蔡倫之紙非若虞璧之完，爾時赤日照臨，用錘則紙裂，運墨則汁乾，碑本多殘，加以天氣炎熱，雖有良工，筆鋒殊難畢見。兼之河水汪洋，灘爲水淹，更屬置梯無所。一俟入秋，則日光斜度，碑旁環拱之山，可留餘蔭以庇之，河水清淺，亦堪穩上雲梯。非故稽遲，蓋天時、地勢使之然也。

堪稱拓製摩崖類石刻的教科書級操作指南。

又如楊守仁所云：

法律名詞多爲本國律例所不具。如海軍一門，本國海軍部未及成立，所有官職制度無可比擬。陸軍一門，練兵處奏定章程理當援用，以爲迻譯之根據。然德國軍制與本國軍制實有難以吻合者。……日本軍制統以德國爲藍本，故於此二者，不得不全用日本名詞。財政一事條理緐賾，而本國法律多所未具，故亦有不得不仍用日文名詞術語之勢。

制度的滯後往往首當其衝反映在翻譯界，此札可添一佐證。

爲減少閲讀理解障礙，不揣孤陋，勉力對一些人物（尤其是别號異稱）、事件等基本信息略作注釋，不當之處，敬希賜正。

凡例

一、本書輯録端方與親友同僚等各界人士公私往來函電五百七十餘通，分别來自各家出版社影印書信集、未刊稿本及拍賣圖録。影印本於札末標注册次、頁碼，拍賣品則標明拍賣會名稱和拍品編號。個别函札前人已作釋文，但略欠準確、完整，故仍酌情予以收録。

二、小注中對能够考知信札書寫年份者，均予注明。對文中涉及的人物、事件、藏品（衆所皆知者如張之洞、王懿榮、日俄戰争、保路運動等除外）略作箋釋。

三、較生僻的異體字徑改。明顯的訛字，以（）括注原字，［］括注改字。殘損漫漶之字，標以□。

四、前半寫予端方各函，按寫信人姓氏筆畫爲序排列；後半端方致友朋各函，按收信人姓氏筆畫順序排列。盛宣懷、端方往來函札九十八通，内容關聯，故仍連續排列。

丁　浩（一通）

午橋師弟大人閣下：

前接手書，俗冗久稽裁答，即維潭祺多勝，文祉增綏，爲如頌臆。老弟去秋高捷，以題名錯誤，不獲早聽好音。今年春試，雖暫屈雕摶，而以閣下才調，加之以砥礪，不患不翱翔雲路。

垂光惠函，請仍寄巾帽胡同原寓，不致有誤。專此布臆，即請台安。附頌潭祺，並希恕草不恭。愚小兄丁浩頓首。十月初八日。

子實大哥諒已赴任，如何局面，亦乞示我爲幸。143－559

按，書於光緒九年（一八八三）。

《近代史所藏清代名人稿本抄本》第一輯一四三——一四五册（選自中國社會科學院近代史研究所藏《端方檔》），以下簡稱《端方檔》。

于式枚（三通）

一

午橋四弟尚書：

節下三教習來京，得手書並摺扇。嘯仙之名，久於報紙見之，刻手果工細，當與武風子並傳。展玩珍藏，永志嘉惠，猶惜未得題字數行耳。

詢悉起居勝常，至慰。惟髯疾可慮，據稱已有病倒請假之時。數日來平添一件心事，得信後屢夢之。較之湘農革戢，尤为迫切，焉得置身其旁一看視也。張綺季又投至作屬吏矣，此子弟中有才調意致者置。惜靄卿之無年，即君直亦不可多得矣。弟有何良法保险，至要至属。

兩保案摺聲明在新章之前，本有專條可引，奏准之案而不用，乃以兩歧駁之。而邸意堅持必須調考雙目佐之。政府於學堂本是反對，尤畏學生，非獨畏也，實有仇視之意。能挫抑處，無不以死力相持，又懼外重。左笏卿，通人也，論學堂新章，亦可商。內有一條，以督撫可與人舉人爲作福意，明將釀藩鎮之禍，時宰亟賞之。邸瞿之，必定調考，亦持此意也。前與啓期言之，既而曰：『邸已授意春榆，持此議甚堅，只可驗其所爲，遂推春榆主稿。然所保皆合例，考亦無可黜落，不過得保者不爽快耳。』教員會吏、兵部核議，亦無不准之理。但所保只有吏部應核者，並無兵部應核，武員場在練兵處考驗之内。事經十目十手，而仍如此粗疏，此專私偏袒之爲害也。行文兩部時，尚須斡旋。原奏亦可笑也。工建局崇文門之保案，商部之補缺，奇難極矣，一概依議，獨於此等有關係無冒濫之事，持之力爭之疾。但有人情，本無公理也。鄂浙合辦槍廠一案，川督擴充機器廠一案，均爲練兵處所持，壽州相國、長沙太宰均不以爲然。太宰密語曰『當軸之意，實慮外重此路』，則聞所未聞。初猶以爲練兵處爭錢也，太宰門人官於浙者來京述趙三丈言，仍當力爭，太宰以此意告之，屬勿再言。而錫清弼兩電爭不已，亦堅持勿應。此時乃欲效太康之銷兵，建隆之罷藩鎮，真夢夢矣，且斷做不到也。此等事機，思之極可危，不知亂之何日休矣。

前由寶臣、菊人傳郵，敦屬政務處主稿，限半年盡裁天下制兵，騰出餉項增撥練兵處。孫、張二公均云不能盡稿，同舍諸公亦無肯動筆者，仍由練兵處擬一稿來，而不可用，屢改屢置，遂得停罷，則華卿之力也。

湘農革後，有長電，請譯署轉奏罪狀。岑督格於例，不得上，南中傳爲殿議。大約因此誤傳，都中固豪無景響也。雲階此舉，亦太不合公論，蘇子熙後弟二篇壞文字。比出聚談，皆曰必是私販軍火，罰銀十五萬元，定張鳴岐所爲也。劉光才老將也，且係堅索而得，乃以倨傲無禮劾去。奉旨之次日，晋撫請去作大同鎮，即奉俞旨。此亦相形見絀之一事也。

然湘農受此挫折，恐真死矣，奈何！湘農屢定死而不死，湘綺曾有詩勸其死也。黄子魚劾袁督大罪十款，自請留中。御史劾人，當令宣播，而請留，則是中傷非體也。然所列款有極小者，中有旬日貢獻蔬果等事，慈意頗不懌，以袁世凱之忠愛而人忌嫉也。如此參人，不啻保舉矣。此御史見識，遠出徐華亭、嚴東樓下矣。

説天津事極詳，或疑出津人手，而菊人力言無此人。幕府必于、傅，司道必汪、唐，皆一一羅列，而不及楊蓮府，或又疑出楊之徒黨，亦諺所謂失物多疑也。慰廷本易招尤，更逼近京門，愈周旋愈罣漏，無完善法也。

俄日大戰，勝負已分。胡使電，俄備兵十萬在恰克圖北境，是向中國來也，又電議逐增祺，政府回電斥爲訛傳。固是影響之談，亦實不樂聞也。倭已進占寬甸一帶，均是無俄兵地方，其結局總是同中國算賬，有何局外之可恃。政府得『局外』二字，以爲萬金良策，得意之至，至代擬欽命《四書》戰題用『不倚强矯』，以鳴得意，可憂極矣。

蔣性甫以巡南城辭學堂總，以言事罷諫，今將游歷出漢矣。南城一差，即以黄子魚代之。都察院用人，專取有風力者與政府反對者，吾學堂不能留蔣性甫，可愧也。

三教習送入中學堂，喬壳翁奉若神明。堂中諸生皆弟再傳弟子也，鄂中教習聞於天下，足見培植之功。

莊瑞階在大學堂一年，勤慎無過，總監督忽易之。聞有電致尊處，加以『聲名惡劣』字樣，是否訛傳？瑞階書告學堂，諸人均爲不平。歷聞總監督、提調等均云無此電，不知是何人假托，抑瑞階誤聽也。瑞階番禺舊家，容圃相國之後，人極醇謹，固無作惡之理。同人聞此，均以爲奇談，屬爲辨明。兄亦蓄疑已久，後有書來，望將原委示知。若果有之，則是誣陷之詞，勿爲所惑。頃詢彭幼嚴云，鄂中實見此電，則非瑞階誤聽矣，宜亟爲辨明也。

覆奏兩摺付譯署排印，通行約須耽閣旬日，先以抄稿奉寄。

王小航流落江湖七年，其忽欲作世宗皇帝朝之曾静，不暇計及純皇登極後所辦也。上書自投。

大金吾奏上，慈聖顧皇帝問：『如何？』皇帝曰：『但可免其一死。』於是遂定交刑部永遠監禁。以上樞垣說。入獄後，僅餘一元站人洋錢，易錢數千，報紙每有之，云易六千猶九千，如此可謂有良心矣。使盡遂無飯吃，與罪囚同吃大碗飯。提牢廳曰此非體也，各捐錢一日四百文與備菜，以別於諸囚。以上大司寇說。此實在情形，不過如此，各報紙所言多傅會，非事實也。其原是內引，庚子即詣賢良寺投到一節，亦實事也。呈已刊入報紙。

增祺電告日人大招紅胡子，又極意撫循難民，允賠俄人掠失財物。前東邊道袁行南言，其兵官密告須兼管民事矣。而政府猶告人俄退日進，即將回東三省，改設行省。其希望如此，宜以『不倚强矯』擬題也。

此書自晦日寫起，時作時輟。直是今日似欲談之事甚多，而明日上湖，初九回城，至十七，再往學務處住八日，政務處住四日。城内苦煩擾，不如郭外之暢適也。先付郵局，有事續寄。

紀香驄保案，廣雅丈最注意，燮相初不允保中書，今可轉圜矣。俟吏部復到即奏。昨催張玉叔，云即復，已再詢燮相。燮相云催選君也。

中弢北來，有定未？已爲潔治館舍，即在學務公所別院作編譯局，小有花木，亟盼早來。

近想隨督府出巡，然報紙中無之。兩事寫訖憶得。寫至『有事續寄』，四字，即算結尾。發信後續憶之事，當不少耳。保案後奏今日行文，不知與郵局先後到，再寄刊稿兩分備查。

四月四日，兄枚頓首。

鄂辰叁號。143－8

按，書於光緒三十一年（一九〇五）。于式枚復函謝贈于碩所製摺扇。于式枚（一八五三—一九一五），字晦若，廣西賀縣人，光緒六年（一八八〇）進士。時任廣東學政。張綺季即張雲錦。靄卿即張華奎。君直即張謇。左笏卿即左紹佐。春榆即郭曾炘。壽州相國即孫家鼐。長沙太宰即張百熙。錫清弼即錫良。寶臣即鐵良。菊人即徐世昌。華卿即榮慶。岑督、雲階即岑春煊，時任兩廣總督。蘇子熙即蘇元春。張鳴岐，時任廣西布政使。湘綺即王闓運。黃子魚即黃昌年。慰廷、袁督即袁世凱。蔣性甫即蔣式瑆。楊蓮府即楊士驤。胡使即胡惟德，時任出使俄國大臣。王小航即王照。增祺，時任盛京將軍。紀香驄即紀鉅維。廣雅丈即張之洞。燮相即景厚。張玉叔即張之洞侄張檢。中弢即黃紹箕。

《王迪諏舊藏信稿》收端方《致于式枚函》：茲从旂于笑仙，能在扇頭手刻蠅足細書，精巧冠天下，日本美術家皆詫爲神奇。特屬爲公製一扇，請哂存。清明後一日。

一至二札均出自《端方檔》。

二

復示誦悉。半月餘事，彼此各不相知，自得告行書，即以爲實，然不意有改換。昨大塵漲空，幸是平昌門外。策馬十餘里，足力尚可，弟猶以爲未足，更令到西直門外。而眼鼻受苦極矣。回家猶未上燈，而已暈倒。惜不得詣南池子，與弟夜談也。

兄日爲病累，弟亦常病，而兼内顧之憂，視兄更苦矣。前聞四太太已愈，何意又此往復，可念之至。此時又何可議及游山，留待下月，作避暑旅行可也。

廿三日可作竟日盤桓。此數日間有便，仍得覓晤。相隔太遠，兄事少定，現真未定行止，其一也。決計住方家胡同，遠南城烏糟之客，吃安定門清潔之水，又與公近也。餘面談。

復上陶公鑒，兄枚頓首。十四辰。143－362

按，書於宣統二年（一九一〇）。端方時居安定門内黄米胡同。

三

陶庵四弟尚書節下：

廿七日到香港，電賀大喜。時尚未聞急徵之命，以爲猶可至金陵一談。讀詔書，又意鋒車必已由陸遄行，無復餘望。昨入滬瀆，詢知今日樓船可達吴淞。咫尺一江，揣測累日，竟不得一見，悵何可言。

兄病情不及詳説，竟有不支之勢。現先請假一月，覓一静處調養。惟祝光輔雪治，活我黎元，吊病人翹企頌祝。兹因迎騎出海，艸此代面，不盡萬一。

那波利一函一電，亞丁一函，不知到否？至香港則據王子展説，粤滬官電常有七八日不得到，真奇聞，似此恐未到也。弟棱以編修學習北洋，公所夙知，可造之才，諸望裁成，感佩無似。

匆促之想，不能多説，敬頌行祺。六月四日，兄枚頓首。

頭暈手掣，書不成字，或有錯誤，亦不及檢校，統祈鑒之。143－364

按，書於宣統元年（一九〇九）。于式枚考察憲政歸國，得知端方調任直隸總督兼北洋大臣。那波利即那不勒斯。王子展即王存善。

王彦（一通）

午橋中丞尊兄大人閣下：

日昨由高少農太守祇復一緘，想邀台覽。梅炎藻夏，細葛輕羅，伏惟順時節宣，中外禔福，至以爲頌。

此間大局如恒。惟義和拳事，當軸者謬以義民視之，謂足令敵愾洋人，一意主撫，馴至毁路奮電，不可收拾。現在一二鉅公尚執初見，可憐可□。各國以護館爲名，派兵進城，而兩宫駐蹕明湖之意遂堅不可回。竊恐邦内干戈，不僅顓臾之可慮，杞憂漆嘆，惴惴良深。

伯希請入文苑，尚未核准，而執事所請，竟邀俞允。據雲老言，其人頗（竺）［篤］於内行，若云孝問，則不及義老萬分之一。固知天下事有幸不幸，而亦視乎推挽之人。義老事以東海領銜，無怪乎竟下廷議也。何雲甫偕趙大司寇，奉命往保定一帶招撫義團，體制豪宏，特恐文難著筆耳。

前函所請，敢爲林令揚光委署一缺，屋烏之愛，幸荷鑒存。祇請升祺，並叩節福。同門小弟王彦□拜。五月初十。19－123

按，書於光緒二十六年（一九〇〇）。高少農即高增爵。何雲甫即順天府尹何乃瑩。趙大司寇即刑部尚書趙舒翹。

《名家書札墨迹》第十九册，文獻複製中心二〇〇六年影印出版。以下簡稱《名家》。

王瓘（一通）

匋齋四弟大人足下：

前者執事欲得桑文恪所藏爨建寧碑，因敝齋僅有一本，未忍割愛奉贈，深歉於懷。今日廠肆忽出一本，與敝藏相校，絲豪無異，喜極購歸。兹特將舊藏本呈上。即希（下缺）。144－135

按，王瓘以己藏咸豐拓《爨寶子碑》（鄧爾恒、桑春榮遞藏）相贈。《端方檔》。

王守訓、王懿榮（一通）

五弟入泮，兄服中不便叩賀也，二伯母大人前叱名道喜。賈文端公詩，松畦急欲借一鈔録，即繳不誤。

端四大人。守訓、懿榮同頓首。1－12

按，書於光緒二十二年（一八九六）。王懿榮、王守訓賀端緒入泮，並代王汝騏借賈楨詩集。王守訓（一八四五—一八九七），字仲彝，山東黄縣人，光緒十二年進士。《容庚藏名人尺牘》，廣東人民出版社二〇一六年影印出版。上册清代名人尺牘、沈宗畸家藏尺牘等，下册端方家藏尺牘、梁鼎芬尺牘。以下簡稱《容札》。

王懿榮（十一通）

一

《海岱人文》拆下五開祗領，謝謝，餘葉繳上。昨見肅邸婉達一切，鶴舲在坐，如其不放過，數日必送還矣。暫以聽之，以令交也。《唐公房碑》本覔得即上，在亂箱積壓之間也。此上午橋四哥。名頓首。19－138

一至十一札均出自《名家》。

二

敦領到，小宇事聽信再招呼。承賜《顔氏二節母傳》，真正海岱人文，感且不朽。劉册存參，然亦叩留，均此領謝。

雨坐無聊，又翻得明拓唐志，昔完今碎不堪之一種，將以爲贈。西泉今日來言，《九成》《乙瑛》均爲曹竹銘持向王可莊處拍賣，《九成》與十金，《乙瑛》亦與十金，《九成》將售而《乙瑛》（下缺）。19－140

按，西泉即王石經。曹竹銘即曹鴻勳。王可莊即王仁堪。

三

西泉來言，頃將東歸，《孔宙》一金便即擲付，造象與《乙瑛》二，共索八十金，如再要時，

《乙瑛》十三金，象六十五金也，再請及早交割之。念念。

即聞，此上端四老爺。19－142

四

張紳所跋無款《洛神》一卷，如賤值在在三十金之數，弟若能得之，可以兄所收王孟端畫米家山水卷，當年亦以四十金，伯希爲購之者。後有萬安跋，爲詒晋齋重跋駡之者一軸相易。兄既不喜米家山一類，無論張紳，如何？可以冠《海岱人文》，且亦愛其餘紙也。此商。

制名頓首。19－143

按，王孟端即王紱，端方《壬寅消夏録》卷十五著録其《雲山圖》卷，有萬安、成親王永瑆跋。

五

《唐文粹》《荀子》等書棋生包掃一切，李和順埽地出門矣，公等真爲叢驅爵也。何時在家，來府對閲《孔彪》，請一拾出。示下爲禱。

窮人頓首。19－144

六

香濤寄來信一封，納上。書尚未來，來即送到。

又仲阿送弟酒一罎嘗之。月汀見否？

端四老爺。19－145

按，香濤即張之洞。

七

請飭弟處裱褙匠來舍下，將以《海岱人文詩箋》付裝，所費安排須口授也。乞令其手藝精通、心地明白者一人來，至叩至叩。

端四大人。鈍根白。19－151

八

示悉。小彝易州出土，佳甚。小鼎袁小塢物，後刻字，皆春山所藏。彝不過直三四十金，鼎則棄物。

端四大人。原件繳。19－152

按，袁小塢即袁保恒。

九

昨通宵不寐，今晨絶早出門謝客。頃始飦畢，昏倦不堪。能留至晚間，或可趨詣。刻送洋畫與弟，真勝一切等等畫也。

制名頓首。19－153

一〇

録旁中駒父，見《博古圖》，宋人著録甚夥，照例贗本，不堪入目。原搨並繳。

端四老爺。19－154

按，所用箋紙印有『绛雲箋松竹齋製』。

二一

虞碑事須面譚，前件尚未發，趙允中總未來。兄今日始閑，晚間能枉顧否？

專送端四老爺。19－155

升　允（六通）

一

午喬我弟姻四兄大人閣下：

別後均尚托庇平善。初十日到天津，廿一日到上海，内子家書已詳言之，兹不贅述。滬上小住十日，茶樓、戲館稍稍涉獵，無甚奇特動人處，惟乘馬車游花園尚是一快。滬上洋人花園甚多，最著者西爲愚園，東爲大花園，去英馬路皆十餘里，道路平坦，駛行若飛。愚園樓閣華好，陳設古雅，摹擬中國園亭，頗爲近似，用夏變夷，虜乃有此識力。獨奈何堂堂中國，動效外夷，豈不爲所笑乎？大花園斜跨黄浦江邊，凭樓眺遠，帆檣往來，殊饒逸趣。園中畜虎豹獅象熊羆各猛獸，覆以廣厦，圍以鐵籠，《書》所謂『異獸育于國，無益害有益』者，西人每樂爲之。然到此一擴眼界，亦復良佳。

廿九日赴蘇州，與润齋、博山歡聚數日。博山雖得優差，尚少積蓄，已屬令將前欠利銀陸續補寄，其本銀則仍由允留支項下劃扣。

初九日由蘇赴杭，路經吴江五十三孔橋、嘉興、石門等處。兩岸蒲葦猶青，桑竹尤密。十三日抵武林新馬頭，即杭城北門也。

是日入城，游城隍山，南望錢塘，北望西湖，一片空明，豁人心目。十四、十五日游西湖，祇到三潭印月、靈隱寺、孤山數處。袁爽秋云西湖之妙在山僻幽邃處，惜未能一探之也，然靈隱奇峰已屬僅見。曩日盛稱靈光秘魔，真所見不廣。

十六日回上海。定於臘月初四日，乘德公司船出洋，元宵前後可到。

家兄人本拙鈍，家中諸事望時時照拂。恒利本息歸清後，每月平餘請給家兄，稍資添補。紫綬表兄與允最善，如有緩急，望代籌畫。

醇邸喪儀，工部又必大忙，不知有無奬叙。潘伯翁仙逝，都中少一古董，致可惜也。王僧墓誌有回信否？近日搜羅金石仍似前汲汲否？都中近事若何？太平湖風水得毋又移向銀錠橋？暇時望詳細示我。

升　允

行人臨發，書不盡言，即候台安，諸惟鑒察。姻愚弟升允頓首。子實大哥、少庵三哥，五、六、七弟同此。岳亭同鄉、子有及諸親友處，俱代説問候，恕不另函。19－165

按，書於光緒十六年（一八九〇）。升允出使，告以行程見聞，並托付家事。升允（一八五八—一九三一），字吉甫，蒙古鑲黄旗多羅特氏，時任出使俄國參贊。袁爽秋即袁昶。潘伯翁即潘祖蔭。

一至五札均出自《名家》。

二

午喬足下：

奉重陽日手書并捐照搨片數事，藉悉起居康勝，感慰兼極。署文亦同日接到，即奉行知。凡此神速，莫非鼎力，謝謝。

允駐洋兩載，聞見略無增益。暇時著論數則，大致與近年議論相反。自知本非俊傑，不敢妄附於識時務者之列也。初到時，與同人小有齟齬，後則坦懷相與，其邇亦化。彼知允之爲人，轉加敬佩，凡事虚懷下問，允亦知無不言。然允前固未嘗遠之，今亦未嘗近之也，不動真氣一説，至此無所用之。雖不敢謂學養有加，庶亦磨厲所致，不知閣下其許我否乎？

承示應酬太繁，差囊耗去太半，其中自有不得已之故，允亦不敢以隔膜之言相勸勉。惟願統全局籌之，權其輕重而已。允三年薪俸不下萬金，除還債欠，并擬捐知府，此外實無浪費，然已妙手空回。憶从前所言，未免爽然自失。節屆冬至，俄都尚未大冷，不解何故。眷屬俱平順，賜物寄到時再布謝。

此請簡安。姻愚弟升允頓首。冬至前一日。19－170

按，書於光緒十八年（一八九二）。

三

午喬同年足下：

升允

客冬寄上一箋，諒經電察，比維新歲納福爲頌。甘肅軍務傳聞不一，近閱局電，謂逆首韩文秀已經拏獲監禁。果爾，則肅清當在指顧間也。陝省自入冬以後無雪，交春以來，稍有瘟疫，米價亦略騰貴。幸到省即批定糧草，足供半年之需，暫可無虞。

去歲魏午帥渡隴，張護撫委允辦理行營糧臺，隨大軍移紮蘭州、平凉之間，行有日矣。嗣午帥以幕府有人，無須另委陝員，以是中止。雪窖冰天，免此一役，何幸如之。

惟是陝省只有釐差爲優，執事之勸駕與允之分發，徒爲是耳。乃現在又復改章，一切羨餘，涓滴歸公。裁革太多，規模較小，一律改委州縣，府且不用，道更莫容。如此株待，將至坐困。允之數奇，爲何如耶？

然窮則思通，頓起不肖之念。去年長季超侍郎薦才一疏，曾列允名，何者爲便，望大才酌度，速賜回信。

此書所陳，殊失固窮之義，幸勿把示外人，重遭白眼，足下必能諒此苦衷也。

都中近事何如？摘示一二爲盼。

專泐，敬請簡安，諸惟亮察不既。年姻愚弟升允頓首。正月二十二日。19－175

按，書於光緒二十二年（一八九六）。張護撫即張汝梅，時任護理陝西巡撫。長季超即長萃，時任吏部侍郎。

四

午喬同年大人閣下：

正月初九日，姚雨時轉來陽電，囑勿乞退，且云大有關繫，餘詳函。其函則迄未接到，豈尊處並未發耶？抑途間沈閣耶？

接統陝軍爲郭副將殿邦，此時尚未到防。允自客臘呈請開缺，錫清帥慰留再四，重以鈞電，曷敢堅執前請？已擬解兵赴任矣。

頃聞嘉州移撫晋陽，允與渠萬難共事。紫荆一役，横造蜚語，遣散三營，多方刁難。非清帥居間排解，允已爲所陷矣。此等人終身不欲見之，况與同舟乎？交卸後仍浼清帥代奏開缺，並函托樊山轉達略園，所以不得不退之故，俾免見疑獲譴。

執事仍持秦節，秦中官民之幸，計甫抵陝州，即當返旆耳。允事想能代爲設策，最妙放歸田里，其次量移他省，否則副都統參贊辦事之類，但不受嘉州節制，皆所願也。交卸約在清明前後，月底可到太原，屆時再通幽電。

手此，敬請鈞安，並賀大喜。升允謹肅。二月初一日。19－176

按，書於光緒二十七年（一九〇一）。錫清帥即錫良，時任山西巡撫。嘉州代指岑春煊。略園即榮祿。

五

敬啓者。竊允駐軍靈邱，扼守邊隘，周歷察看，布置粗具，業已專摺奏報，抄稿呈閲。昨承恩命，擢授晋藩，勞輕賞重，彌自悚惕。方今大局敗壞，不能補救毫末，何忍復以升官爲榮。然夙昔歸隱之志，今亦不敢萌此想矣。擬俟和議定後，請率所部屯田，省養兵之費，獲積粟之利，舍此别無良法，想執事亦以爲然也。

陜軍餉項，僅能支至小陽。前曾備文請領，未蒙賜覆。頃聞陜省因辦皇差，無論何款，一概停解，然則武威八營行將斷炊矣。允擬赴太原候批摺，就便與錫清帥稟商，暫由晋庫通融。如萬分不能爲力，允又一時不得到任，則此款仍須由陝省籌發，屆時再當請命。

聞和議條款有歸政及頤和園與東三省作爲公共之地各説。竊謂東三省作公共之地，此必英、日之謀，防俄人之割踞，此條近可。至於歸政與頤和園云云，則是前年康有爲之意，專與慈聖爲難，大不可解。若云都城或順天一府，則已包羅在内，何必獨提一頤和園耶？允以爲宜作國書，電致英君主，浼其調停。英君主臨御多年，有太子太孫，而未嘗歸政。彼此相形，中外一體，或不至十分見逼也。此論達之政府，以爲何如？

專泐，敬請鈞安。升允謹肅。閏八月十九日。

前頒木質關防附繳。19－179

按，書於光緒二十六年（一九〇〇）。

六

午喬同年足下：

升　允

計别兩月餘矣，惟百凡康適爲慰。允九月二十四日抵省，途間阻雪情形，詳見紫綬函中。護撫張漢仙相待尚好，已委會辦西征糧臺，薪水月五十金。魏午帥不日抵秦，過都時不識有人爲允説項否？陝省官場尚無習氣，與允性情相宜。然猶有不愜意處，終不如盤山之自由也。署藩司李薌垣人極精明，有識見。署臬司馬襄伯老實誠篤，德優於才。每上院與護撫議事，李論説爲多，馬則諾諾而已。李與護撫官階不過一級，護院實亦藩司耳，然暫時攝篆，勢位懸絶。李之所不以爲然者，覿面亦莫能强辨，《書》所謂『面從，退有後言』，殆自古之習尚已然耶？官大者自雄，官小者自視皆雌，可勝浩嘆。

暇時略覽古迹，雁塔聖教序碑在西安南門外十里。光澤如墨玉，奕奕有神，新拓者亦頗可觀。『治』字末筆用蠟涂塞，皆不封口。憶允所藏舊本，爲君奪去者，恐亦涂塞拓本，而君誤以爲未剗者耳。出土陶器甚多，陸離光怪，類不識其名，云是漢器，實亦非近代所造。允得一瓶，高二尺，徑尺許，極可寶貴。續有所得，必以聞也。硯瓦極多，真贋不甚可辨，擇其篆法遒勁者，略購數枚，然只瓦頭，其整瓦長尺餘者，亦不易得。執事如有所需，請開示某器、某形、某字，當緩緩購求。

水泉山場稅契想已取回，即請存在尊處。如榮升外任，可轉交紫綬。明年五六月間，鳳翔、白河兩處釐金派員更替。若得白河，約剩五六千金，逋負又當一清。此後便當積銖累寸，爲歸耕計，不復受宦場中悶損也。

潤齋在京否？澍侄引見後，幾時回南？高少農授先侄讀功課，較從前何如？念念。彪兒暫從德令、時敏讀書。艾芝亭先生未在省垣，已作書延聘，未知能來否也（下缺）。6－1226

按，書於光緒二十一年（一八九五）。言代爲購求陝西出土古物事。張漢仙即張汝梅。李薌垣即李有棻。

《清代名人書札》，北京師範大學出版社二〇〇九年影印出版。

卞緒昌（一通）

大帥鈞座：

職道前晋秣垣，渥聆榘訓，荷青垂之逾格，拊私悃以難名。敬維勛績崇昭，德暉遠被，幸依樾庇，祇切葵傾。

職道綰篆皖江，濫觴風雅。雲烟著録，深慚海岳之據舷；金石成編，敢詡明誠之博物。蛛絲鳥迹，欣鑒賞之有真；玉裹金題，識收藏之最富。謹將《兜沙經》舊刊原本碑石連跋十七方，遣丁賫呈座右，伏乞莞存。物非等於聚珍，情實殷夫獻璞。

即希賜覆，無任欽馳。肅禀，恭叩勳安，惟祈垂鑒。職道卞緒昌謹禀。五月二十五日。

按，書於光緒三十三年（一九〇七）。卞緒昌進獻《兜沙經》石刻。卞緒昌（一八六三—一九一〇），字纘甫，揚州儀徵人，卞寶第子，時任署安徽按察使。《端方檔》。

田吴炤（一通）

師帥鈞鑒：

連日爲方最良事，屢電瀆陳，未能盡意。此事關係頗大，且極危險，自以令中叔早奉其母歸國爲妥，汪瀛輩不足信用。前日方最良到炤處，後汪瀛復來，本擬不見，門者誤爲他人，炤誤出見。據汪瀛言，動手謀某某，可以得計，有以此報帥座之語。炤因語之曰：『據我窺午帥之意，保護申叔是其本旨。此種危險舉動，决無期其必效之心。且我係奉命來監督學生，於此等事更不便與聞。所以接見，通融款項者，不過仰體午帥保護申叔之意而然。』汪瀛唯唯而去。

連朝方最良爲急於歸國無款事，來三次矣。今朝炤以汪瀛來相談之語告知最良。據最良言，前曾在帥處支用二千之款，毫無明效，未免抱歉。又以在炤處支二百元，並非其本意，尤覺無謂爲言。炤仍以吾師保護申叔之本旨曉之，最良機警有餘，然深以汪瀛不足信用，以致其愧對帥座爲說，則未免於宗旨不曾認定耳。

最良因昨電言八數已由葉志道函匯，此何人，據最良言，係何總監妻名。不知何日能到，而歸期已定，約伴送至神户者又已訂妥，頗費躊躇。炤以來電如此，只有改緩三五日一法。最良欲炤先墊以取款，圖書交炤，候款到自行取回，說之已再。炤終以奉電如此，或有岐誤，將誰賠償。最良因有急付百元，不可失信者，請先借百元以濟其急。炤見爲數僅此，已付之，但訂明需在此還，最良亦諾之矣。炤擬俟申叔回國後，汪瀛未即托故不見，黨人耳目衆多，設有風聲，即屬不可，甚懼之也。并求師帥告知卓東，函知汪瀛輩，不可造次來謁。到東三日，渠輩即來，皆言係卓東及峋岩所言。炤因受師帥厚愛，不能不接見，今思無益有損。申叔既歸，此事可以不復過問矣。

縷陳下情，伏祈並鑒。受業制田吴炤謹上。九月二十四日。

再，前日奉諫電，當傅廷鈞來見，俟見後再定辦法。炤意給予官費一節，由師帥一咨出使大臣，甚爲簡便。由監督處辦，則須確守部章，以恐他生援例要求，無以應之。

前日黄樹猷兄弟來，浼炤設法謀官費，百思不得妙法。正由炤出名函商岑帥，此類事雖公使

出名，不可得也。未知能行否。黄生意求師帥一電咨帥言之，或者有復耳。炤再上。2－272

按，書於光緒三十四年（一九〇八）。田吳炤（一八七〇—一九二六），湖北天門人，時任游日學生監督。申叔即劉師培。末頁箋紙印有『大清使署監督處箋』。《容札》。

朱照（一通）

帥憲大人鈞座：

敬禀者。竊職道晋謁崇墀，渥承啓牖，叠荷珍筵之寵召，歌醉飽而歡顔；旋叨仙果之分頒，啖芳鮮而適口。道經京口，復蒙賜寄埃及王后拓象一幅，淳化瓦當紈扇一柄。雙瞻御座，此邦固有朝儀；屢頌豐年，片石宜登閣帖。領藏惟謹，銘謝實深。

伏維駿業匡時，麟圖耀日。策六鰲而靖海，福星照牛斗之墟；擁萬騎以臨邊，湛露渥龍樓之寵。沙堤吉晋，江介歡孚。職道隨槎遄返，莞算徒勞，幸壁壘之無譁，塵清九達；更閭閻之胥謐，雨足千塍，堪以上紓憲注。

謹肅蕪禀，恭展謝忱，虔請鈞安，伏乞垂鑒。職道朱照謹禀。143－153

按，端方爲出洋考察列國政治五大臣之一，曾於考察途中赴埃及，購得古代石刻若干，一九〇六年歸國後，大肆拓贈僚友。《端方檔》。

江德宣（一通）

陶帥大公祖同年鈞鑒：

恭惟我公壯游寰海，欽揚皇風，拜獻崇朝，遽膺重寄，敭勳名於中外，作保障夫東南。不才如德宣，何能爲一詞贊，惟舉成語，膜拜上頌曰：『足迹從横九萬里，議論上下五千年。』公當掀髯一笑也。

德宣學闇才疏，日臻老境，一官匏繫，序補無期，命也困人，言之增喟。兒子紹銓，年力正彊，擬令負笈歐美，藉資諳練。惟以家貧費絀，徒呼奈何。前蒙惠書胡中丞，當於客秋附敝同鄉公函郵去。嗣得覆鄉人函，僅允年助三百金，並以三年爲限。夫以歐美寫遠，且求學尤貴久留，似此區區，何能自給？兹幸我公移節兩江，素藹爲國愛才，於獎勵游學、誘掖後進，不遺餘力。叨芘推愛，遇有機緣，准予官費，俾得早日成行，及時自效，則感荷恩施，有逾身受。

自分衰慵，無意進取，而舐犢之私不能已已。輒冒昧上瀆，恭請勛安，伏惟垂察。部民江

德宣謹肅。143－281

按，書於光緒三十二年（一九〇六）。江德宣（一八五四—一九一〇），字孝濤，江西弋陽人，光緒十二年進士，官至江寧知府。江紹銓（一八八三—一九五四），字亢虎。三度赴日留學，歸國後曾任京師大學堂日文教習。後組建中國社會黨，抗戰中出任汪僞政府要職。胡中丞即前江西巡撫胡廷幹。

《端方檔》。

那桐（一通）

午樵四弟中丞再鑒：

昨奉手書，辱荷百朋之賜，並牙扇一握，刻鏤精工，洵堪珍貴。臨風拜領，感紉殊深。寶臣弟旋都，詢悉起居佳勝，頗慰馳仰。湘疆雖要，然地小不足以回旋，兩江一席，舍公其誰耶？兄外部備員，毫無建樹，東事益迫，日見其難。個中迹形，次珊尚書致書時，當必提及矣。家慈年逾八旬，精神康健，小兒讀書頗有進境，堪以告慰知己。手此鳴謝，再頌春祺，諸維融照，不宣。如弟桐又頓。正月廿三日。

按，書於光緒三十一年（一九〇五）。那桐（一八五七—一九二五），滿州鑲黃旗葉赫那拉氏，時任外務部會辦大臣。東事即日俄戰爭。次珊即趙爾巽，時任盛京將軍。

西泠印社二〇二〇年秋季拍賣會，中國書畫古代作品暨明清信札手迹專場814號。

李家駒（一通）

陶齋四兄尚書大人閣下：

敬啓者。比年以來，我朝野上下目注而心營者，咸以教育爲强國之先務。既於國内都邑設立學堂，復多遣生徒游學海外。即日本三島蕞尔之區，我國學子負笈來游者乃以萬計。其以治課餘暇編譯書報者，往往風行一時，人置一編。徵於近日人士思想言論之所由來，大抵受感於東學。蓋開通風氣，輸灌文明，以書報之力爲最速，而影響相應，深入人心，亦以書報之力爲最鉅。若夫言僞辨非，肆爲簧鼓，生心害事，固顯然矣。亦有學力未充，遽侈譔述，狃於一知半解之偏，未免道聽途説之累，展轉播傳，貽誤來學，可勝慮哉！

駒到東以來，接見諸生，其堅苦求學者寔居多數。並詢從前編譯書報者，頗有佳著，輒以財力不繼，致輟其業，亦憾事也。其以書稿來謁請正者，不乏善本，亦因無力付印，致阻流傳。爰召集京師大學諸生之游學東瀛者凡二十餘人，囑其設編譯社於東京，先刊科學雜誌，分爲文科、實科兩種，按月各出一册。其科學各書次第擇要，譯輯出版，尚無定期，所有社章粗已規定。其分任社務諸生，皆肄業帝國大學及第一高等學校，學力頗優，所習各科亦約略俱備，故即令其創始人少議簡便於寔行。基礎既定，再謀擴充，倘獲觀成，其效可睹，請縷陳之。

我國興學伊始，設校未遍，就學者尚以爲難。惟廣事編譯科學書報，則校外自修之士可資講習，其便一也。内地各校教科書完備者尚少，師生參考此焉取資，其便二也。在東諸生大半寒畯，今訂有徵稿酬金章程，藉可沾丐，其便三也。所譯書報必經審擇，無取偏宕，而才氣度越之士廣爲網羅，從事于此。心力有所專注，自不必爲違道之論，以張彼幟，其便四也。特以主持須人，集費不易，業由駒竭力傾助，以資創始。惟是蹄涔易竭，腋集斯多，用懇鼎力贊成，慨捐鶴俸，以維公益。並望早日（下缺）。145－251

按，書於光緒三十四年（一九〇八）。李家駒（一八七一——一九三八），字柳溪，漢軍正黄旗，光緒二十年進士，曾任京師大學堂總監督、出使日本國大臣。京師大學堂留日學生編譯社創辦《學海》月刊，李家駒作序。

《端方檔》。

李涵萼（一通）

午橋賢弟如晤：

別後光陰，瞬經三載。去歲九月底，去保定送考，風聞賢弟秋闈中式，而未得確信。今冬嘉平月初，徐老師路過望都，賁臨學舍，云賢弟果然名登桂籍，曷勝欣慰。今春曾未能連科及第，而以卓犖英姿，再加讀書養氣之功，異日高步南宮，實意中事耳。此後《歷代鑑史》《皇朝經世文編》等書須要用心常看，握管臨文，識見自然超卓，居官制事，措施確有準繩，是則僕之所厚望也。

僕到望都，整飭士習，按月閱課。去秋獲中者二人，頗有成效。今歲係教官大計之年，府縣考語品正學優，課士有法，操守清潔，才具開展。惟是望都儒學著名瘠苦，意欲另調一好缺，未知將來如何耳。今秋七月下浣，大風暴雨，學舍坍塌三分之二，周圍墻垣傾圮殆盡，荒凉寂寞，宦况倍覺蕭然。亦惟素位而行，以聽造物之位置而已。

沕此順頌文祺，不一。李涵萼具。145－168

按，書於光緒九年（一八八三）冬。

《端方檔》。

李葆恂（七通）

一

鈞諭敬悉。柳碑先繳上，俟藝風題後再題。石庵册乃蒙賜之品，業經謝賞，公忘之乎？否則石厂書不值借觀必也。蔡書《謝茶表》、黄書《瀘南詩老誌稿》乎？益三竟歸道山，殊可憫嘆，當以廿元賵之，甚愧綿薄也。比在延鴻閣皆見，尤奇特，想東屏已詳述。明日景蘇招飲萬福居，我公何時到，當追隨杖履，作半夕談。王瑶、朱四亟擬求觀清閟，且甚盼博物館成立，增進新知。總廳聞之，得無少愧乎？

肅請大人鈞安。葆恂謹叩頓上。

按，書於宣統三年（一九一一）。藝風即繆荃孫。石庵即劉墉。景蘇即瑞洵。東屏即余建侯。

一至二札均出自上海敬華二〇一六年春季拍賣會，古籍善本名人手札專場1045號。

二

綱弟居然京堂，聞之雀躍。此官較編檢爲優，且八旗之中一人而已，補缺必速，從此内而部堂，外而督撫，不難坐致，艷羡曷極。

職道胞兄已到，明早叩謁，以一見爲榮。職道亦於明日謹具衣冠，趨轅叩賀。此非常大喜，可大開東閣也。

恭請大人鈞安。葆恂叩賀。真。

按，書於光緒二十九年（一九〇三）。綱弟即端緒。

三

《魯峻碑》拓本不精，得公題記揄揚則可寶，他日海王村中不知索值幾許矣。叩謝。《小蓬萊閣金石文字》頃詢之程守，亦無臧本，未審已詢王文勤否？所謂絶大因緣，豈欲查《魏元丕》等碑乎？《成陽靈臺》《小黄門》固是翻本，即《趙圉令》亦係重刻。同時錢竹汀先生亦有未翦本，恂在汳時，獲徐壇長題記本，亦是整幅。雖各跋均自稱爲漢原石，然不應如此之多，大約與閿鄉四楊同是明人所刻，故屢見耳。

肅此，恭請大人鈞安。葆恂謹稟。大敦已蝕四次，去銹甚多，字如隔霧看花，不能明晰，且再蝕之。『吴下大寶紛來』，皆何等物？三詔權已到否？玉鉢偕來否？盼甚。

按，書於光緒二十八年（一九〇二）。致謝端方題記《魯峻碑》拓本，並報師趛鼎除銹進度。錢竹汀即錢大昕。徐壇長即徐用錫。

三至五札均出自中國嘉德二〇一九年秋季拍賣會，筆墨文章——信札寫本專場

2105 號。

四

諭悉。大敦拓本，恂當不惜聲名，大跋一篇，力言查蝕數次，始見『詔』字，不患趛齋詔版不來歸我。銹結未盡蝕最妙，似不必再行炮製矣。此器既秦中所得，何以先未之見？必我公見一二字，即知其僞，故高閣之耳，屢以真贋下問也。

漢碑承允加題識，感甚。《貞石志》如在案頭，乞假一讀，明日即繳。又檢出《三龜碑》及《乙瑛碑》二册，亦不爲甚佳，公並爲題記，尤爲榮幸。

終日無所事事，專爲廠肆添奇貨，亦可笑也。

再請鈞安。葆恂叩頭。

按，書於光緒二十八年（一九〇二）。

五

鈞諭均悉。齊君卿專經公論定，精確不移，欽服無似。

恂夜夢與人争玉版真僞，於公前怒不可遏。稍（選）［遲］，又夢一極不通之侄獲舉歸，向人出驕語，更覺氣憤，咄嗟而醒。此刻猶餘怒未息，可笑人也。兩日晝間居然心悸漸輕，若再不氣塞，則大愈矣。

頃細玩秦器，時人多耳公之名，隨聲附和，實則公之所蓄，蓋未有深知者，葆恂獨自謂能窺見於萬一。若葆恂雖學識淺陋，亦未嘗遇一知己，故困折至此。今幸遇我公，始得發舒。昌黎所謂『感恩知己』，蓋兼之矣。言之於邑，雨窗攄悶，乞恕其狂。

恭請大人鈞安。職道葆恂謹禀。

按，書於光緒二十八年（一九〇二）。

六

葆恂自前夜歸來，受寒作燒，骨節酸痛。昨延徐裕齋診視，云感寒甚重，須避風數日，始能就痊。明日節厂兄來謁，思一晤，後日又值開書畫展覽會，均不能到，如何如何。晤節翁，祈爲道念。肅此，恭請大人鈞安。葆恂謹上。

按，徐裕齋即徐思允。

六至七札均出自西泠印社二〇二〇年秋季拍賣會，中國書畫古代作品暨明清信札手迹專場814號。

七

連日未能趨叩，想道履勝常，至念。

議長因患腮腫乞假，竟浼西醫拔去槽牙左右各一，痛苦異常，旁觀戰栗。而議長尚能打球至丙夜，真神勇哉！

座間有估客持曹望禧拓片來者，云原石出售。議長不在意，恂却爲之動心。其畫象當爲北碑之冠，書法則《刁遵》《崔敬邕》之流亞也。可倩秋帆一物色之。

刻頃赴沉厂之約，老譚今夜演《瓊林宴》，竟無緣往觀。無事忙乃爾，殊可哂也。明晚如在寓，當趨叩。

肅請大人晚安。葆恂謹叩上。

按，沉厂即寶熙。老譚即譚鑫培。

李經義（一通）

午帥仁兄年世大人節右：

京都一別，馳企至今，景仰聲施，至爲心折。經義愚戇孱儒，蒙恩放斥留黔，調病兩月始行。歸途過此，正值我公拜兼圻之命，亟思晋接清充，趨聽明誨，一慰數年來遠欽山斗，欲見不得之忱。即以西南邊事而論，亦爲藎抱所關，垂當撮陳，以釋瞻注。廢吏形迹素所不拘，況忝知交，尤難自外，此固不待維摯殷勤，義當以故人往見也。惟此時不暇過江，實有三礙。

先文忠之喪既久，稽奔赴常德，舟次復得家弟經馥噩耗，孤侄稚妾，掩殯翹候，多留一日，心緒即一日不安；武昌故舊頗多，一過江即不能不執禮謁謝，此二礙已屬爲難；若誤過初六商輪，必至初九日始有招商船可附，因此尤難稍留。耿耿之懷，昨已屬任道、蔡道不時上謁，代爲面白。不意我公相待意念如是之厚，賁夜遣使渡江，並飭官航遠迓，與經羲歉悵之私不謀而合，而懇款尤爲過之有如是。

公德量如是，真款如是，身親受之，益信人言之不虛。固不能不去，而去而不見，意殊歉然。敢敬訂一約，早則歲暮，遲則明春，當輕裝泝舟武漢，一詣轅門奉謁，作三日留。彼時心無牽系，暢宣胸臆，當更不少也。經羲再頓謝。

再，正繕函間，復拜賜書，意重不自安，語重尤不敢承，而下懷悵觸，經此稠情厚愛，僉覺感不自已矣。微悃具詳正箋，一切敬求亮察，不再贅續。惟我賢帥爲主人，而竟以時會所迫，不能一遂積契，臨流乏感，又當如何？豈我輩一見，遲早皆有定數，亦如時局不可拍合，難以人力遽挽耶？

蘧使來時，適在岸料理舟事，不及敬對，恐傳禀未盡達意，有辱盛愛。謹倚裝留書，再拜以陳。經羲。

今冬以弟喪，留頓亳城，經理稍暇，當再有箋奏。縷布腹心，敬叩任禧惟鑒，不宣。年世愚弟期李經羲頓首。143－305

按，書於光緒二十八年（一九〇二）。李經羲（一八五九—一九二五），字仲山，安徽合肥人。李鴻章弟李鶴章第三子，官至雲貴總督。一九一七年，曾任國務總理兼財政總長。

《端方檔》。

吴士鑑（二通）

一

午橋老兄中丞大人執事：

三月杪，在臨江肅布一函，並以家書附遞，亮登籤閣。旋聞恩命，移節武昌，欣賀之忱，亟欲上達。知蜺旌先有并门之行，遲遲至今，迄未通一尺素。近知大旆南來，已履新任，老伯母大人板輿迎養，想已安抵鄂中，惟餐衛勝常爲祝。

武漢爲今日弟一扼要之區，得公與廣雅尚書笙磬同音，協力庶政，東南各行省皆將以爲埻的。方之前代，則陶桓公；衡之近今，則胡益陽，努力崇德，甚盛甚盛。

弟半年之間，歷試五棚，披榛采蘭，頗有才隽。弟本意在開通風氣，而於顓門之學，尤必拔取一二以鼓勵，其餘即以爲將來考試改章張本。惟此間物力奇窘，欲籌一省城大學堂經費，而百計難成。官紳兩無憑藉，弟以客官，心長力絀，即妄有所議，急切未能舉行，較之武昌規模闊遠，贛省什不及一，他可知矣。

仲弢丈必時晤言，星海先生未知已應詔西行否？翹首上游，賢豪雋傑，薈稡如雲，昨歲偶一句留，至今猶夢繞琴臺也。

江水尺（只）［咫］，率布胸臆，不盡懷仰，敬賀任喜，上叩萱堂曼福。弟吴士鑑頓首，六月十四建昌試院。143－347

按，書於光緒二十七年（一九〇一）。吴士鑑（一八六八—一九三三），字絅齋，浙江錢塘人，光緒十八年進士，時任江西學政。廣雅尚書即張之洞。星海即梁鼎芬。

一至二札均出自《端方檔》。

二

陶齋尚書我兄大人尊鑒：

此次旌節還朝，時承教益，猶以時期甚暫，未獲日侍左右爲憾。騶從臨發，復蒙紆軫比趨，至車站不及話别，尤慊然也。

下車以來，勞勩可想。湘贛暴動，淮海灾祲，籌賑籌兵，皆煩藎畫。前見致蘇省京官一電，累數千言，具見苦心長慮，讀此而不知我公愛民如子者，真無人心者也。

與潛公以康伯事合詞上陳，荷蒙俯允，復以鄙人幸晋一階，遠勞齒及，尤爲慚感。康伯抵京，述我公相待之厚，甚佩佩。部例，卒業非經一試，不可試畢。仍令趨赴節下，以備任使也。

開洛古刻，既已裝册見惠，兹又以最鉅一拓賜寄，足令篋衍增色。然百忙之中，公尚能念及都下故人篤嗜金石如鄙人者，其精神意量真過人萬萬矣。

白下爲公舊治，整理而進化之，收效自更閎遠。聞財政本極竭蹶，當兹賑務孔殷，一切新政不因此而稍停頓否？

弟十載簪豪，甫邀超擢，惟有就平日所見，因事上言。日前以贛省匪踪初戢，伏莽甚多，各屬私立會黨指不勝屈，皆宜先事預防，毋令與沿江一帶乘機勾結。若謂暫時伏匿，而地方官不知教養撫綏，亦必養廱貽害。翌日明諭剴切言之，不獨贛、湘兩省文武上下當注意於此事也。都下情形猶如曩日，冬旱無雪，誠祈兩次，自可沛澤無虞。弟近有長期尊服，乞休沐兩旬，體中亦時時小劇，相念甚殷。

率陳胸臆，並達謝忱，不盡萬一。敬叩起居曼福，闔潭綏祉。如小弟期士鑑啓，冬月杪。

143－351

按，書於光緒三十二年（一九〇六）。吴士鑑時任翰林院侍講。康伯即吴璆。

吴重憙（一通）

午橋四兄制軍大人麾下：

昨以内用遠蒙垂賀，曷勝感激，並荷寄示地方官制節略，敬悉一一。萍醴匪踪業已潛散，秦臬司在彼會同徐統制，舉辦清鄉，刊刻章程，令鄉長捆送，不難漸就平靖。唯匪首尚多在逃，亟須購綫訪緝。昨義寧州金牧禀訊，據匪黨供稱，姜守旦已逃往武昌，當即電知香帥，飭人密緝，不知能獲犯否。

弟半載畺符，踵决肘見，幸天恩高厚，調任郵傳，可免咎戾，實爲幸甚。自匪亂以來，極蒙公提撕關照，感不可言。初意欲往上海，就陳蓮舫一診宿疴，並過秣一近光儀。嗣經冶老電催，遂不敢再事延宕，河山咫尺，夢寐爲勞矣。

鼎臣中丞念九日到西，初一日接篆，弟初四日即可開帆，千里江天，惟餘惆悵。到京後再當續布一切。孝瑀、漢輔均荷羅致幕中，惟文石何尚遲遲未到耶？

倚裝復謝，敬請籌安，諸惟垂照不莊。愚弟吴重憙頓首。145－210

按，書於光緒三十二年（一九〇六）。吴重憙（一八三八—一九一八），字仲怡，山東海豐人，時任江西巡撫。冶老即郵傳部尚書張百熙。孝瑀即王瓘，文石即李葆恂，均入端方幕。

《端方檔》。

何乃瑩（三通）

一

陶齋四弟尚書青察：

前在津門，得親顔色，快聆名論，歡若生平。又荷寵召，兩赴華筵，並蒙示五千年古器，眼福、口福，一時並飽。更拜大著《吉金録》之賜，使數載積悃大慰於杯酒之間，何快如之。兒婿並承推愛，摯誼深情，求之古人，且不多見，况今之世哉？銘心（縷）［鏤］骨，非言可喻。

兄因匆促來津，家事毫無布置，且適于氏妹病重，遂於十一日言旋。臨行本欲登堂話别，因見公忙特甚，不欲再過相擾，已囑春農代達。款款歸來，述及高誼，老妻稚子，無不欣感，料量菊酒，以待君來。三徑雖荒，尚饒秋色，特恐彼時要差待理，未必有此清暇耳。

專此鳴謝，敬請勛安。諸維愛照，並頌闔署鴻祉。梅叟百拜上言。老妻率孩輩同叩。

143－329

按，書於宣統元年（一九〇九）。何乃瑩（一八五六—一九一二），字潤夫，號梅叟，山西靈石人，光緒六年進士。春農即丁象震。

一至三札均出自《端方檔》。

二

前日赴津一哭春農，歸途與琨侯侄同車暢談，知弟初五日入城。歸來讀手示，仲老口信傳到時，兄已行矣。

河魚腹疾已愈，承念感感。惟下車頗憊，由於在津夜不得眠，稍遲當再鼓游山之興。金絲麵粉係舍侄帶來，現已作書令寄，寄到即當奉上。此出之鄉間，他處亦有，皆不能如此之細也。此事易辦，當源源奉上，無煩另籌。前承惠墨石口醬油、墅山於朮，曾函謝。托尊宅送翠微，曾達覽否？秋爽宜人，想山居更多清興。

此上匋齋四弟尚書清察。兄梅拜言。

弟夫人近體想已大痊，室人囑問，又及。143－332

按，書於宣統二年（一九一〇）。琨侯即端方長子繼先。

三

手示敬悉。樊山卷收到，當作房考薦卷，仍候大總裁鑒訂。明日午刻雲山別墅之約，務祈早臨，共登西爽閣，可以遥望翠微。千乞勿遲，是所至禱，當與晦老拱候也。

專此敬上匋齋四弟尚書清察。梅叟叩頭。143－334

按，書於宣統二年（一九一〇）。晦老即于式枚。

佚名（一通）

午橋仁兄大人閣下：

都門聚首，過堤晤談，奚如快慰，迺奔馳宦轍，驪唱匆匆。瀕行，承惠贐多珍，感謝感謝。津門之約，本擬拱候作竟夕談，柰海輪催發，台堤至而征棹開，承超遷不次，至爲忻頌。景陶近況，弟所深悉，戚好相關，無不盡力籌畫，重以肫肫相囑，更復何辭。惟是吴中局面事少人浮，在省人員壅擠萬分，已屬無可安插，外來者更難設法，概可想見。現於上海道署薦一乾席月耳。

弟材輇任重，兢惕時深。昨復奉命補授斯缺，受恩逾重，報稱逾難，尚冀時惠麈談，以匡不逮。膠州教案，壞人藉端肇衅，肆意要挾，未審内中如何理處，能否稍就範圍？

時事至處愴然，地方情形亦迥殊今。昨莅任以來，規畫一切，不知幾費心力，始克就緒。前此梟匪洪事，良由營伍廢弛，現經調易數員，認真緝拿，地方得以安輯。惟各屬因秋霖歉收，江北徐海一帶被灾尤甚。饑民乞食，絡繹於(下缺)。

大東相招，時迫不果，悵惘無以。翼午至唐沽，景陶來，奉惠翰，敬悉壹是。到蘇後，比以塵冗，致稽裁謝，寸心千里，彼此亮有同情。辰審動定，罄宜(下缺)。144－71

按，書於光緒二十三年(一八九七)。《端方檔》。

佚名（一通）

午樵四哥仁世大人閣下：

昨承光降，備聆教言，心感之至。歸來後，檢閱尚鶴亭送到《周濂溪集》《資治通鑑續編》《太平御覽》。家存向有此本外，《全唐文》字板俱佳，擬乞兄台向彼商價。如能從廉，以便計議，否則作爲罷論。144－499

《端方檔》。

佚名（一通）

午橋尚書仁兄大人閣下：

長安馬足，共試春風，周道車塵，載馳夏節。公泛槎於鄂渚，我承軺於燕臺，薊樹荆雲，偶乖良晤，增塘傳驛，遥聽賢聲。近想安神秘閣，敷政優優，霖雨蒼生，桄被八表，朗日清嚴，華夷同祜，引睇光儀，曷勝仰頌。

湖北爲東南鉅省，天下腰膂，種族錯雜，商教繁溷。舉凡軍旅之遠規，政刑之要典，必賴有篤實含宏之彦，聰明慈惠之師，始足以勤勷帷扆，出内喉舌，康我蒸黎，輯我蕃衛。憶咸豐之初元，溯官、胡之忠藎，基始於和衷共濟，收效於廣益集思，蓋非胡不能擴壤塵細流之量，而非官尤不能竟推賢讓美之功。後之繼者亦多度越時彦，而終莫能踵益陽之盛軌，振蘭錡之芳風。天故篤生我公，上應貞元，晴旭再中，祥霙旁沛，贊化翼運，豈緊異人。

鄂中僚寀，近多英豪，弟所深知，尤以陳道兆葵爲首稱。其尊人侍郎公歷敭數省，忠清亮直，衍爲政訓。其兄亦漁，與執事故稱摯交，執事與陳道又有壬午同譜之誼，因緣契合，如魚須水。胡文忠爲知府時，曾文正以侍郎禮待甚至，形迹資格之説，誠不足爲偉人道也。

又候補知縣夏令紹範，爲陳梅生侍御之子婿，彝恂農部之哲嗣。禀承家學，年少才俊，内政外交，講求頗臻邃密。已秋調派宜昌川鹽局文案，旋委東湖，幫審結案多起。旋又委專辦川鹽局事務，減税增運，多裨餉需。今春代理歸州五日京兆，百廢具舉，紳民感頌。彝恂、梅生皆執事壬午同年，彝恂尤號通博，熱力實心，與弟有斷金之契，故敢以一言爲紹範先容敬祈。推愛及烏，登進而嘘，植之即立，畀以繁劇，亦似能游刃恢恢，無負大君子逾格裁成之遠愛。

人才爲國家萬事根本，州縣尤爲親民之官，無事不與吾民相維繫，即無事不與國脉相維繫。時局艱危，其大患在於人心不定。欲固民心，必先澄清吏治。夏令雖年輕秩小，而志趣遠大，學行整飭，與尋常風塵俗吏或不相同。執事憂國如家，求賢若渴，忠貞世篤，鑑衡最精。又適承官、胡之舊治，後先輝映，群流共仰。儻夏令憑藉拔擢，克自樹立，則聞風興起，可以進百僚於循良而無難矣。附上名條，伏乞記録。弟暫困埃壒，形神勞敝，剋期首涂，尤形鲧（下缺）。145－255

按，書於光緒二十七年（一九〇一）。陳兆葵（一八六二—？），字復心，湖南桂陽人，光緒十二年進士。夏紹範（一八六九—一九一四），字孝祺，湖南衡陽人。陳梅生即陳學棻，夏彝恂即夏時濟。

《端方檔》。

佚名（一通）

帥憲鈞鑒：

月朔由滬寄元號禀，計已上達。初六日乘春日丸抵長崎後，換火車過神户，與諸巨商一晤。昨到東京，謁公使，訪學生。

偵察前事，某逆改名高野長雄，此間實營三窟。東京賃宅於牛込區猿樂坂，並嘗借宿於某日人家，又在横濱賃有一宅，其朝夕出入不離，倚如左右手者，惟日人姓宫崎别號白浪淘天一人。諸事參謀，留學生黄軫實贊助之。《民報》主筆現在確係章炳麟，其黨從最著之人爲田桐、羅某、章楫、趙保泰等。西曆十二月二日，《民報》紀元節慶祝大會，會場設錦輝館，到會簽名五千餘衆，門外途爲之塞。孫、章、黄、羅、田某某諸人，演説排滿革命流血，頗激烈。未開會前，内地沿江各交通埠早有布置，既開會後，來電致賀孫、章者三十餘處。大約時在中曆十月中旬，滬、寧、蕪、九、漢、宜、川、湘等處皆有，現欲就近調查電局發電人姓名住址，恐不易易，且恐係用密碼。

又傳聞開會前二三日，將新購定之槍彈交日本船，載運出口進臺灣，轉運入内地，計槍五萬枝，彈三百萬丸。此外由法國購有槍炮，由越南轉運入内地。遂又傳言預約早則本年臘月，遲則來年四月，皆中曆。在揚子江訂期同時起事。近來沿江布置機關極其嚴密，上自蜀，下至蘇浙，每處必有數撥，每撥必有數人，或聚或散，行踪詭詐。湘、鄂軍界聯絡多於學界，皖、贛、蘇、寧，上蜀下浙，恐必不免，官界中、幕界中皆有隱伏。此中檢察實非容易，稍不介意，將引虎以入室，最宜慎密。

又聞醴萍之亂，煽動有因。當醴萍肇禍後，《民報》社開祝捷會於東京，是即明證。彼時嘗有號外新聞，專報革命軍戰事，僱日本苦力遍街叫賣，舍親有目睹其報者。又聞學生回國行李及購辦書紙儀器商人，箱籠夾帶軍火進口亦不少，公使例給護照，不及查詢。滬道曾有電來，查出此件，公使言護照係請查驗放行，並非請免查驗。此某逆之舉動實在情形也。

昨又忽傳聞某逆因得秘密消息，前二日離東京，居室猶在，人迹已空。彼宅非有紹介人，不能輕入其門。或謂已往台灣，或謂係往五島及某島。二處皆東南洋之小島。該處練有精兵八千餘人，粤盗頗多。此言恐不盡確。又有人言仍在日本，或離京至横濱，亦不足信。

今早晤公使，據言旬日前，慶邸有信致伊藤侯，親持往謁。伊藤言説官話，我國不能驅逐，説私情我必竭力抑制。然彼爲貴國國事犯，在我國又未犯法律，指此人爲叛逆，確無實據，指我國人爲附和，誰來對質等語。

公使自言對此事費盡心力，奈無治外法權，萬難措手。前接周玉帥電，直言拿解，實做不到。近來與各督撫通消息，非有緊急事，不便通電往來，信函又不便形諸筆墨。如此慎密，外間尚有宣泄，於事亦屬無濟。某逆決非能成大事之人，似不必持之過激云云。揆之公使意見，對此事看準官力無效，不如稍寬一步耳。

聞黄軫尚在東，已離校。從前某逆之黨，近年畢業回國學生内實繁有徒，如程家檉、現到北京，充任教員。谷思慎、請假回晋，聞將復來。胡瑛回鄂，聞已被逮，不知確否。等。尚未畢業者，前三四年逆黨皆工匠類，學生不滿三十人，近一二年學生附從始多。現在學生内尚有數人，不便言其姓名者，於寧省官界有關係也。

拉雜肅陳，餘容續禀。但無緊切確實事項，似可毋庸發電。合併聲明，務求閲付丙丁爲叩。敬請金安，秘書叩禀。嘉平十二日夜，第貳號。19－76

按，書於光緒三十二年（一九〇六）。高野長雄乃孫中山化名。黄軫乃黄興原名。《名家》。

佚　名（一通）

匋齋主人鈞鑒：

日前上一函，計呈青覽。昨日裕制帥家眷過磁，見其武巡捕黑弁，詳詢天津情形。據稱天津於十七日洋人進城，專殺拳民，而拳民登時逃走，即逃不及者，亦將紅巾撤去。最可恨者，拳民逃時，見有眷船，即令騰空，讓伊乘坐，被殺、被趕落水者，不計其數。洋人進城即安民，均未殺良民。天津各庫存銀三百餘萬，招商局存漕米卅萬石，均已資敵。裕帥與宋帥經呂道生本元軍門保護，退守此倉。距津十八里。運司楊藝翁足受炮傷，逃至保定。海關道黄花農在青縣辦糧臺。府、縣均在楊柳青，惟天津道方勉甫無下落，聞已殉難。李傅相尚未到京，皆云候傅相到，可以議和。然事已如此，不知如何議法，戰則更不可恃。翠華有西幸之意，聞爲榮相所阻。如能保守進京之路，京師尚可無礙。津京大路無險可守，殊切杞憂也。

大名一帶仍未得透雨，秋苗已枯。磁州昨又得雨，詢之磁境，尚未得透，秋禾如不收，真不堪設想矣。運河一帶義和團民搶劫叠見，凡殺死者皆云係教民，其實仍以劫財爲事。河南裕撫軍奉請飭直、東兩省會同清理運道，不知廷旨如何。大名本有吕道生數營馬隊，尚資彈壓，現又調赴天津南之府、太、東、靈、大各鎮，連之者，而務得怒聲載道。道龐劬庵、府戴彝甫皆係文士，與外邊情形太生，在此亦頗栗栗耳。

頃得省城來信，言傅相六月廿六日到申，有電來，先停戰一禮拜云云。大約仍是乘輪船來津也。此刻所盼，惟此老耳。裕撫軍俟將事布置妥協，移師駐節新德府，爲勤王之計。直省如此大，軍務亦無糧台轉運各局，一切散漫無稽，奈何奈何。

僅就所聞，奉達清聽。俟有續聞再布。

專此，敬請勛安。諸惟雅鑒，不莊。卯吏謹上。七月乞巧日。19－114

按，書於光緒二十六年（一九〇〇）。裕帥即裕禄。宋帥即宋慶。吕本元時任直隸提督。楊藝翁即楊宗濂，字藝芳，時任直隸長蘆鹽運使。黄花農即黄建筦，時任津海關道。方勉甫即方恭釗。

《名家》。

汪大燮（三通）

一

午帥大公祖大人賜鑒：頃奉手示，祗悉。廿九日寵召，准當趨擾。菊人協撰今已回京，敬聞。先此道感，覆請崇安。治晚生大燮頓首。143－451

按，書於光緒三十二年（一九〇六）。汪大燮（一八六〇—一九二八），字伯唐，浙江錢塘人。曾任出使英國大臣、出使日本大臣，時任外務部右侍郎。入民國，歷任教育總長、交通總長、外交總長、國務總理等。

一至二札均出自《端方檔》。

二

午帥大公祖大人閣下：

前在日都馬得利，接奉轉到電音，極擬一趨左右。然計其時日，赴瑞、赴比，皆趕不及，禮成之日，尚可迂道密蘭。用是徘徊，久未覆電，旋於十六在日起程。因彼處火車異常短缺，南北兩路擁擠異常，遂至巴賽納洛小作停頓，轉至馬賽。正值蔭坪上公到彼，恭送登舟。惟時因在馬得利炎天烈日，奔馳歷碌之後，復因不得睡車，連夜坐以待旦，精神疲乏，便閉不解。聞密蘭天氣亦與馬得利略同，畏心生焉。遂於二十日早回至巴黎，廿一日回至英倫。天涯咫尺，未獲重親榘範，歉仄何可言喻。旋奉電詢，刻感萬分。頑軀返英後，連服瀉藥，近已愈矣，承注并聞。

委查學費一事，另函奉答，以備轉交學部諸公閱看酌奪。此事亟宜從長計議，斟酌妥善辦法。誠恐將來魚目混珠，翻致有名無實。惟專員甚難其人，燮非敢苟爲推諉，亦不忍推諉，特才力不及，半路出家，兼顧不能周也。

比來屢自試驗，每日辦事稍稍用心，祇能以三四小時爲率，再多則腦力已竭，眩暈不能構思，不免有『何遂而今』之慨矣。此間交涉，事雖不多，而雜事甚繁。燮赴日往返，旬有八日，所積洋文文函五十四通，漢文四十餘通，殊不可解。

蔭公言與我公商略政見，頗爲融洽，新猷丕煥，拭目可俟，不勝喜躍之至。

燮在日都時，其典禮有閲操一節。以新后爲閲兵官，以君主爲指揮官，馳馬試劍，便捷輕習，兵隊整齊嚴肅，亦殊可觀。其君主受驚之時，炸弾實中王輿，斃馬折輪，遍體血漬。而神色不變，掖后出車，巡視一周，拊循傷衆，慰勞百姓，然後易副車而還，則其君亦非不可有爲也。然而國政腐敗，官富民貧，遂以日削。則政治豈不重歟？

暹羅，弱小壤也，僅弾丸耳。其民間蓬首跣足，食以手掬，無羹箸，無刀匕，其程度去我幾何。今亦與列强改訂平等條約，收回治外法權。英已允其相助，兹正與英在暹京商訂英約定則，他約亦易定。所以得英助者，不過『俊傑在位』四字足以蔽之。則政治豈不重歟？

方今列强均以和平爲宗旨，正我國家閑暇，明其政刑之時。伊旦復生，朝野屬望，惟我公肩之耳。翹企襜帷，計日愈遠，相逢何地，執手何年，屈指茫茫，倍增悵惘。長途溽暑，伏惟國自重，眠食珍衛，無任依戀禱祝之至。

專肅，祗請鈞安。恭送旌節，惟祈愛察，不具。汪大燮謹叩。閏夏廿五日。143－452

按，書於光緒三十二年（一九〇六）。汪大燮時任專使日斯巴尼亞賀婚大臣。日都馬得利，即日斯巴尼亞（西班牙）首都馬德里。密蘭即米蘭。巴賽納洛即巴塞羅那。蔭坪上公、蔭公即載澤。遇刺國王乃阿方索十三世。暹羅即泰國。

三

午橋尚書大人閣下：

敬肅者。查直刺到東，接奉惠斁並菱密電本一册，領悉壹是。續又迭承手示，殷勤雅意，情見乎詞，紉佩之私，何可言喻。

此間自義勇隊解散，風潮稍稍平息，惟各省雜誌未能停止。即便令受内務省檢查，而中、東文字不同，恐終有名無實。屢商禁絶之法，竟難辦到。前時與長岡、嘉納商，凡文科學生，無論何校，均請其監理。一切在校學生，不許私有著論，違者退校。其不入學校諸生，不以學生相待，徑歸警察管束。長岡、嘉納爲言於日政府，聞已允行。尚有別款，如定議，再行奉呈。然遲遲未肯發布，或因暑假期內，各署人員大都出外休息之故也。

意見書事，日政府查察頗爲精細，具名者十四人，惟秦、葉、董、張四人主之，薛、周兩人平日却與此四人密，自必知情。餘則搜出信件有『擅爲列名』之語，則並非事前商定可知。初請其不分首從，悉遣回國，繼請將爲首四人遣回，竟不能遂。僅召集此輩於警視廳申儆，又派暗捕常常隨之。又與辯論，則謂日本法律不能不教而誅，使之自新有路。如謂其真已犯罪，則公法於國事犯流寓別國，當聽自由，不能約束。且中日無交犯條約，更難辦理云云。推其情由，亦並非愛護此輩，特一則視爲無足重輕，二則因中國律例太嚴，恐遽置之重典，各國將議其交還之非也。棘手情形，大率如此。

上海所獲六人，未知究竟作何辦法，如能解寧，自可操縱由我。否則以官場與逆黨涉訟，既授聽斷之權於外人，而仍不能得志，則往後事益難理矣。愛國學校聞有九人來東，意欲在此開報，以復《蘇報》之舊。已囑日政府預防，且九人亦漸散去。《蘇報》陳姓到大阪後即回國，或言其赴港矣。此等事皆我内政也，何與外人？而竟苦於交涉，隨在干預，可爲浩嘆。在本國且如此，矧在異國，觀此則吾國改律之事，固不可緩矣。不設法收回轄外之權，一切甚難措置也。

王璟芳頗有才情，平日持論尚不甚偏，此次力排邪説，其功甚偉。來電獎勵，已告權量。諸生聞者，頗爲欣佩。王璟芳有弟名琨芳自備資斧，在東留學，可否特札查監督，聲明緣由，給與官費，以風示其餘，伏乞裁奪。

良弼甚有識力，崇善嫉惡，以振興武學自任。近擬有《教練八旗條陳》頗好，意欲寄呈振貝子、那尚書，並録奉台座。事如能行，甚有益也。

前與念劬交，亦取長而不輕信其短，時有規過之處。或言其宗旨偏宕，不足信也。前懇賜電召歸，蓋渠有懷欲陳，大率皆武備事，兼及將來遣派學生法。其私事則因其母來書促歸，冀一見耳。惟敝處與福島言，福島竟不許，謂聯隊例無暑假之説，隊中人全年僅得二十一日假期。此時學問正當吃緊之際，意謂可於來年一歸。未可作輟云云。福島辦學生事甚專權，惟甚關切中國武備，心術亦極平正，查察誥誡，頗不憚煩，亦良可佩，未便深拂其意。且其意見往往牢不可破，殊難强行耳。從前成城學校本係私立，福島嫌其太寬，與其本國一部分辦，改名振武學校，專歸福島辦理。嚴定規條，暑後施行。其規條未肯先以相視，度其意在從嚴，當不謬也。

渠上年在英，經西伯利鐵路回國，曾與談俄事。彼謂中國如認真整頓陸軍，俄不足畏。俄在東省兵隊不過四五萬，時時更换爲疑兵，故覺其多耳。由蒙古至西伯利鐵道旁有路十三，蒙古人皆騎，不待教練，惟操槍法便可用。蒙古有駱駝若干頭，日本人有記載。驢馬若干匹，足專轉運。若有强兵五六萬與俄人敵，而略練蒙兵突騎，焚其鐵道，則俄必屈。俄屈，則中國内治外交皆易順手。其言頗可聽。彼以唇齒之故而爲此言，雖爲己，然我自謀，亦無以易此。陸軍稍强，固不待戰而諸事自能就範。教育固治本之法，然非標本兼治，亦殊緩不濟急。國事日艱，人心思亂，譬猶陰霾久鬱，非雷霆震奮，不能撥雲霧而見青天。

大燮身居海外，有時耳聞目睹，幾於天地異色，空懷憤抑，無補事情，内疚而已，無可言也。辱蒙青睞，率臆奉陳，拉雜無文，乞恕爲幸。

耑肅，敬請鈞安，諸祈亮察，不具。汪大燮謹肅。六月廿五日。2－280

按，書於光緒二十九年（一九〇三）。汪大燮時任游學日本學生總監督。因俄軍進兵東三省，留日學生組織『拒俄義勇隊』，藍天蔚任隊長，王璟芳任分隊長，後遭解散。長岡即長岡護美。嘉納即嘉納治五郎。『上海所獲六人』即《蘇報》案。振貝子即載振。那尚書即那桐。福島即福島安正。

《容札》。

汪鳴鑾(三通)

一

水窗之敘遵改望日,船轎轉承戒備,瑣瀆皇恐。水部二書,當即寄滬交彭倅。賚投感荷,均於躬被。該倅若旋南歸,必當詣叩。

雨後新寒,諸惟珍衛。晋碑有拓成者,便中乞賜一紙。

復上匋齋尚書閣下。愚兄鳴鑾頓首。十二日。2－262

按,汪鳴鑾(一八三九—一九〇七),字柳門,浙江錢塘人,同治四年進士,官至吏部右侍郎。

一至二札均出自《容札》。

二

午橋制軍仁仲大人閣下：

日前式之歸，奉到直錫食珍多品，具徵注念慠拳，拜嘉感荷。江湖野老，豈意有此口福，分餉里鄰，詫爲得未曾有也。

兄夏間心緒甚劣，秋初一病頗憊，閲兩月，始得霍然。入冬，尚覺健適，足抒雅廑。

武巡捕許鉉，憲齋舊人也，兄初婿於吴時，即爲書僮，今隸節下，得所依歸。知其家累頗重，可否酌添一差，俾資事蓄，尤感隆施。

恃愛承瀆，敬請勛安，並以鳴謝。愚兄鳴鑾頓首。冬月初八日。2－266

按，式之即章鈺。

三

匋齋尚書節下：

聞旌麾南來，松寥小憩，即隷寧垣接篆。新猷所播，大江南北，歡聲雷動，非僅交游欣忭之也。

兹啓者，舍弟鳴鑾到省四年，僅於前歲蒙派粥廠彈壓，三月事畢，至今差事杳然。需次日久，何以支持。今幸履新伊始，各差必有調動，敬祈推愛栽培，量予一差，數年困守，藉可補苴。感荷隆施，均於躬被。又舍侄原懋到京，一無所事，擬即南歸叩誦，亦懇提携及之。瑣瀆皇恐，南荷鑒涵。

聞季孺明日即行，翦燭率布，餘宣續詳。沈旭初觀察事，季孺必面陳，無俟覼縷。兄近頗健適，極思扁舟奉詣，一罄闊懷也。

手此，敬賀任喜，不盡祈欲。愚兄鳴鑾頓首。八月初十日。

按，書於光緒三十二年（一九〇六）。汪鳴鑾爲其弟、侄謀差事。季孺即潘睦先。西泠印社二〇二〇年秋季拍賣會，中國書畫古代作品暨明清信札手迹專場814號。

沈翔雲（一通）

大帥大人鈞鑒：

自謁帥座，得遂瞻韓。都中晤熊君秉三，知賤名已承齒及，所圖報事又荷玉成，感激之私，匪可言喻。忽來蜚語，至以爲奇。惟是時正多故，告者似非無因，聽者亦難輕拒。雖倉皇南下，終以情理未符，信疑參半。

伏念大帥推誠下士，生平交好半在網羅，而翔雲區區之心頗堪自信，擬即禀請自明，深恐所聞未確，故先函詢質夫，未敢輕於發言。今質夫以先後尊電相示，乃知事出子虛。且以翔雲一介微寒，復蒙時時垂注，感極幾至涕零。然頗自信未以淺見相度，遽出憤言，爲尚能窺測高深於萬一也。傳聞之辭難憑，若是益知天下事非知真際，未可輕信人言，後此處事，愈當加以鎮定，則於閱歷上未始非有益矣。至良賚臣君，亦須轉述他人之語，出於一片愛友熱誠，或不免輕於見信，其中决無别故，可以指天代白者也。

然風來之語，必有其端，私衷擬議，却有數義。已面告質夫，想當轉稟，詳情不復贅述。來日大長，益當自勉，誓副鈞愛，不負裁成。質夫公畢返寧，或偕叩崇階，稟陳一切。肅此敬稟，祇誦鈞安。晚學沈翔雲頓首謹稟。七月二十八日。143－269

按，沈翔雲（一八八〇—一九一三），字虬齋，浙江烏程縣人，曾留學日本，鼓吹革命。辛亥革命後，曾任職於滬軍都督府。熊秉三即熊希齡。良賚臣即良弼。《端方檔》。

范源廉（一通）

陶齋制軍大人賜鑒：

拜送節麾，時深景跂，徒以才學疏謭，不能有所陳獻，未敢率爾上書。長江爲全國樞機，風氣開通先於各省，又值國家毅然變法，刷新百度，維中央無所更張，而地方自治之基各有自能，善爲預備，藎籌所及，瞻頌莫名。兹有請者，湘省幼稚園爲制軍所創設，開教育界一段光明，龐中丞謹守蕭規，辦理亦復完善。惟聞自馮哲夫監督辭去以後，湘中學界同志深虞繼任非人，致令良法美意不能持久，因擬公推俞蕃同爲監督。俞君性情和厚，歷任各學堂監督，於學務頗富經驗。而制軍在湘所遣女學生赴日本者，現自實踐女學校畢業歸國，成績頗優，且絶無時俗習氣，任以經理幼稚園事，最爲適宜。若輩得有所藉，以見其所學，亦不負制軍栽植之盛心。但若輩多係俞蕃同之親戚，若得俞爲監督，自較便於招致。然俞不得岑中丞命令，則不能負此責任。擬懇制軍貽書岑中丞，及時派定，庶制軍手創盛舉日趨擴張，則湘人士拜賜至無涯涘，非源廉一人之私幸也。冒昧上陳，尚祈鑒宥。敬請勳安。治晚范源廉頓首。十一月初八日。143－240

按，書於光緒三十三年（一九〇七）。范源廉（一八七六—一九二七），字静生，湖南湘陰人，曾任學部主事。入民國，兩度出任教育總長。龐中丞即龐鴻書。岑中丞即岑春煊。

《端方檔》。

林世燾（一通）

陶帥尚書公閣下：

昨以伯太夫人壽辰伊邇，敬獻微儀，未蒙全數賞收，歉悚之至。夙仰我公金石收藏之富，幾甲寰區，近在友人處見有棜禁拓本，嘆爲罕覯，其他如此者尚多。擬求惠賜各種一通，俾增眼福，幸甚感甚。專肅，恭請勛安。伏惟鈞鑒，不莊。年家眷晚生林世燾謹上。二月廿一日。

敬再肅者。前兩江師範教員程麟係江寧人，晚於南皮相國前一次署任時。伊在署寫摺，即與相識。今來此重晤，始悉其近年充當教員出洋，畢業回堂任事，乃復被裁。李道心知其冤，而苦於無術位置。今伊有手摺一扣，托爲代呈。我公若允栽培，範圍便廣，如何之處，出自鈞裁，不勝主臣之至。

再叩勛安。晚謹再啓。

按，書於光緒三十三年（一九〇七）。林世燾索金石拓本，代呈程麟手摺。中國嘉德二〇一九年秋季拍賣會，筆墨文章——信札寫本專場2106號。

林開謩（一通）

匋帥大人鈞鑒：

大地春回，乾坤改色，每瞻節樓日麗，鈴閣風和，龍旗照耀之中，鳳篇橫吹之地，覺江南半壁新畫出一幅好江山也，不止郇伯宣猷普霑膏雨而已。屬在下風，舞蹈無量。

開謩司學章江，倏忽一年矣，任重望輕，殊慚負荷。兼之此邦深居腹裏，風氣之開，視長江爲後。又以經濟困難，庫款奇絀，極力經營，倍形竭蹷。鵷蜂既易，漸具初桄。計省城直轄之學堂曰高等，曰優級師範，曰初級師範，曰醫學，曰實業，曰方言，曰客籍，曰區學，總匯處類，皆逐漸改良，舊觀頓易。唯各府州縣複雜紛歧，未能一律完備，故學期册報之案尚稽達部，不能不稍遲時日，以期妥善而昭慎重。

嘗謂民智不開，係乎紳智，實未有官不開通，而可與督率紳民者。近者兼理藩司，當以察吏之權爲徇鐸之警，影響所及，或當再增振作。大概用人則務取實踐，而不以新奇爲標榜，理財則力節虛糜，而不以夸大詡鋪張。以故學界尚形安謐憲塵耳。惟藩學兼司責任綦重，事務益繁，綆短汲深，時用惴惴。辦理有無不合，除隨案詳報外，萬望愛鑒逾恒，不時加以訓誨，以策駑駘，庶幾有所遵循，無貽睿慮。專候惠施，無任禱祝，悚仄之至。

沈道翊清學識俱優，此次考察各省陸軍，極其認真，昨已由江赴寧，囑爲先容幸進而教之。專此奉肅，敬叩鈞安，伏乞垂鑒。本司開謩謹禀。143－435

按，書於光緒三十三年（一九〇七）。林開謩（一八六二—一九三七），字貽書，福建長樂人，光緒二十一年進士，時任江西提學使。沈翊清（一八六二—一九〇八），字丹曾，福建侯官縣人，沈葆楨長孫，時任陸軍部練兵處行走。

《端方檔》。

林耀廷（一通）

敬禀者。前在省垣獲瞻光霽，訓誨之下，命以開道碑事件。仰見大人才優明察，職徹古今，則《寰宇記》《金石録》，以至曹士冕《法帖譜系》、黄伯思《法帖刊誤》，當重經考訂，以成一家之書。特見詳明，遥企儀型，曷勝欽佩。

卑職抵任時，親詣石門，擬將原碑呈上。但此碑刻諸懸崖，上臨峻嶺，下流長河，非白石之孤陳，令烏獲之能舉。即欲印此碑文，尚須樹梯河灘，魚貫而上，方能刷印。以古人之手澤，未鐫諸《淳化閣》，而曝諸縹緲峰。如再經歲月，日受風塵，斷碣雖存，字畫愈難明辨。觀此情形，竊嘆無巨靈以擘之，愚公以移之耳。

旋召工人刷印。據工人云，蔡倫之紙非若虞璧之完，爾時赤日照臨，用錘則紙裂，運墨則汁乾，碑本多殘，加以天氣炎熱，雖有良工，筆鋒殊難畢見。兼之河水汪洋，灘爲水淹，更屬置梯無所。一俟入秋，則日光斜度，碑旁環拱之山，可留餘蔭以庇之，河水清淺，亦堪穩上雲梯。

非故稽遲，蓋天時、地勢使之然也。茲印就大小各五十張，專差賫呈，敬乞俯納是幸。

按，蕩寇將軍李苞碑，勒于魏元帝景元四年十二月，前有晉潘宗伯、韓仲元題名一行，後有宋慶元元年南鄭令晏袤記。雖久歷乎風霜，尚堪明徵其姓字，玩銀鈎之遒勁，規模允宜著千秋；經鑒賞於賢良，聲價當更增十倍。

肅丹，敬請鈞安。卑職耀廷謹稟。143－160

按，書於光緒二十五年（一八九九）。林耀廷進呈《石門頌》拓片一百張。林耀廷（一八三二—一九〇二），四川華陽人，時任陝西褒城縣知縣。《石門頌》《李苞碑》皆爲褒斜道著名摩崖石刻。

《端方檔》。

松　壽（一通）

陶齋仁弟大人手足：

秋間入覲，聚首京華，握手潭心，情親語浹，使數年積愫爲之釋然。屢承招飲，厚擾郇厨，并蒙惠賜書畫、食物多珍。瀕行又勞枉駕，摯愛深情，感同潭水。匆匆又别，悵何如之。彈指流光，又聞臘鼓矣。就諗政躬淖祉，諸臻佳勝爲頌。

别後一路平順，廿日安抵齊州。廿四日接篆，鑑帥一見如故。莅任伊始，積牘如山，日坐堂皇録囚判牘，手不停揮。現已清理就緒，此後隨到隨辦，使案無留牘，作爲每日功課。賤軀耐勞，一切粗安堪慰耳。

爲此，敬請年安，臨穎不盡，馳依如懷，兄松壽頓首。婦子侍叩弟大人雙綏，侄輩均吉。

按，書於光緒二十一年（一八九五）。松壽（一八四九—一九一一），字鶴齡，滿洲正白旗，時任山東按察使。鑑帥即李秉衡，時任山東巡撫。

《端方檔》。

杭慎修(一通)

敬稟督帥大人鈞鑒：

在京仰蒙厚惠，并承傳諭，訓勉周摯，感激之私，匪可言喻。抵籍以後，始見公牘，知已奏革，交檻車過鄂，即附書夏隨員轉稟，代達謝忱，計邀垂察。此間官場未悉此事原委，視同欽犯，又誤以『禁錮』二字爲監禁，州尊修建獄地官嚴加禁錮。現經闔邑士紳公稟力争，故尚在吏目署中暫禁，眷屬無可依托，仍隨同居住。日昨諸紳又赴省環稟撫憲，并申明『禁錮』二字故實，懇准保收，由具保紳董領收看管。如有逃亡，各紳願任其責，未知能否邀准。

茲特將公稟鈔塵鈞鑒，伏乞電致浙撫，准邑紳保領，畀得在梓桑略盡義務，不特慎仰戴高厚於無窮，而敝邑亦蒙澤非淺矣。如蒙不棄，附片奏調，銜結之報，誓非空言。雖不敢遽求昭雪，即戴罪效力，棄瑕録用，成例固多。奉旨遣發及永不叙用之員，廣西道何昭然、廣東道錢錫竇，均未及三月，一留北洋，一留四川。慎修才雖不逮，而區區愛國之熱誠，實不敢因折挫而頓灰初志。維大帥柱石東南，憐才愛士，不棄微末，用敢不揣冒昧，上瀆威嚴。伏祈俯賜察核，逾格矜全，再造之恩，感逾没齒。迫切上陳，衍越典儀，統祈涵恕，不勝惶悚，待命之至。

專肅，祇叩勛安。革員杭慎修謹禀。十月十六日。

謹附呈海寧閤州士紳公禀省憲原稿。

敬再禀者。敝邑士紳以州主郭誤解『禁錮』之義，擬處監禁，公禀力争，禀詞與上省憲者略同，解釋『禁錮』二字甚爲明白。頃奉州批，稱禀内解釋『禁錮』字義，引證雖博，究嫌浮泛。惟既聯禀，輿論可見，似應量予通融，在監獄另設一門，以示特别。第恐層憲聞之，未必均以爲然。該紳既赴省具禀，能否日久如斯，姑候奉批遵辦等云。維有叩求恩帥，速賜拯援，畀免永沈獄底，不勝盼禱之至。

特肅，再叩鈞安。慎修謹再禀。143－264

按，一九〇六年，北京《中華報》被查封，幹事彭詒孫、主筆杭慎修遞解回籍。次年，處彭以十年監禁，發配新疆。

《端方檔》。

易順鼎（一通）

大人鈞座：

日前侍坐匋齋，備蒙食誨，寸衷感篆，莫可言宣。命題之件，苦於儉腹枯腸，勉綴一詩，羌無故實，知不免爲媕雅者所笑也。繳呈，祈察入是幸。

舊藏明畫三事，敬求法鑒。

即叩福安。職道順鼎謹稟。正月廿九日。

敬再稟者，職道家貧，親老進退兩難，萬不得已，始爲北上之計。幸得遭逢憲節，感恩知己，迥異尋常。不揣冒昧，仰求憲恩，賜一手書於略相前，厚爲噓植。倘不鐵鞋枉踏，寶山空回，則螻蟻貪生之年，皆犬馬酬知之日也。挽回造化，惟在栽培，臨稟不勝感涕屏營之至。

恭叩崇安。職道順鼎謹再稟。廿九日。143－52

按，書於光緒二十七年（一九〇一）。易順鼎呈命題詩作，又請鑒定舊藏明畫。《端方檔》。

金蓉鏡（一通）

頃將領詩扇寵行，並荷佳拓之賜，顧頤東歸，橐裝爲不薄矣。『摛藻』一聯，法轉得之老杜，貧薄生涯，以資津逮，賞音何云稀耶？拜謝拜謝。

陶齋尚書閣下。　蓉鏡頓首。2－263

按，書於光緒二十九年（一九〇三）。金蓉鏡辭行，謝贈詩扇、拓本。金蓉鏡（一八五六——一九二九），字甸丞，浙江秀水人，官至永順府知府。《容札》。

周宣（一通）

中丞大人閣下：

敬禀者。竊維逆氛孔熾，玉宇晦蒙，强虜横張，金甌破碎，中原多事，救國何人？欣逢大帥熱情教育，鋭意維新，崇武侯聯吴之謀，抱仲連拒秦之想，良謨偉算，親仁善鄰，故中外希風，士民望澤，必能重扶日月，再造玄黄。然而越人目論，何補遠猷；鯫生膚言，奚當大計。惟是瞻拜戟轅，班多漏促，區區下懷，未盡傾貢者，謹爲帥座一陳焉。

明知芻議爲時流之殘唾，而揆厥湘省近狀，如教務權之涣散，警察權之廢弛，軍政權之虚枵，宗教權之糁雜，皆當迅速整頓，不容須臾緩者。若徒曰已知之，姑俟之，待舉之，將害深禍烈，有難於收拾者，甚非我公之所忍出也。

以教務權言之，日本全國學校教育，令必依文部省，頒行教科書，必經文部卿審定。今中國京師雖設編書局，迄今三載，尚無片簡，精神涣散。職此之由，竊維各省中學、師範、高等各校，固宜俟京師編定書籍，認定課本，庶議論齊一，階級程度無彼疆此界之懸殊。若蒙、小學，則無須京師頒定，應就各省學務處選聘通儒，考其位置、土宜、性質、習尚，於地方有公益，於兒童易養成者，編印成書頒行，各屬一律遵用，方能求實。伏讀憲暫定小學章程，通飭各屬舉行。然不先頒給教科書，學堂雖開，將何以施教？勢必仍然講義參差不齊，異説倡言無忌，長少年浮動之氣，爲人心風俗之憂，其害莫可名狀也。如云編校雖應急需，正不妨先編輯，上學期以分行，再按學期、學年逐次賡續。例如修身、國文、算術各科，審定甚不難，擇人彙輯亦易於蕆事，不過三五星期，即能告成也。如此督率，自無門户水火、學徒攻擊之患。且小學原爲國民之教育基礎最宜注重者，應飭各屬加意培植。前部院趙以湘陰小學志趣卑下，因縣試投考而全班鬨散，通飭各屬引爲鑒戒。此雖學生之咎，抑亦教養者不得法。始而傳諭全堂學生應試，繼而因奉欽章，學堂自有出身，不准應試，恐上峰詰責，忽又吩示學生，凡投考退學。反汗至此，何以勸學？遷延今日，全無起色，雖欲整頓，而滯礙諸多。

以警察權言之，警察爲行政法之要部，日本司法警察官有檢查一切權，皆屬於對内公法，而内置警視警部，往來交際，稽核周至。至於治外法權，大有關係。今湘省警務員非由學堂出身，警察兵非經學堂訓練，上下袖手若尸，不知警務責任，以致内多奸民，爲虎之倀。勾引外人，擅賣航路者有之，私售礦山者有之，盜市鋪屋者有之，種種腹疾，膜不關心。即如西關外水府廟之輪船碼頭，非《馬關條約》所載，何以竟任其立埠？此已失之地權，莫可收拾。而將失之地權，在礦山與都市二事。自光緒二十七年外務部開礦新章有華洋合辦一條，於是奸民赴滬招引外人紛争各省者，不可勝舉。我湘省遂有誘英商璞來克采購湘礦，至今鑽營未休。稍涉游移，即開門揖盜，噬臍莫及已。若都會市鎮，各國傳教内地，原有居住自由、租賣自由一条和約，商民除租界外，并無雜居内地之文。今西關内觀音寺前，公然有將鋪户租與英商，開設豫亨泰洋行者。不勒主退佃，勢必各房主利其重租，趨之若鶩，將省垣無一乾净土，皆入外人勢力圈，害可勝言乎？現又有英商擬雜居城内，購買行棧，藉口教民租買自由，胡爲賤商而貴教？殊不知傳教聽其自便，以往從者皆吾民，雖名曰教堂，實則中人公社，若開行立店，其地即爲彼生産，以後永難贖回。租猶未可，而况乎買？然今日祇能責成警局嚴禁部民之不賣，不能禁外人之不買，擅賣者殺無赦，以後欲買者或無隙可乘。警察有治内治外之職權，關係最重，詎易易乎？前部院趙挑選優生資送留東，學習警察，現卒業匪遥，應俟回國，一面將保甲總局改爲警務學堂，加意研究，一面招選法政留學生講求條例。警察學生祇知警務之編制，法政學生能理對付外人之法權，二者缺一，仍無濟也。

以軍政權言之，列强鷹瞵虎視，迭争雄霸，人人皆識練兵爲亟。京師無論已，各省雖奏設武備學堂，養成干城，以濟緩急，以近狀察之，武備各校非不講兵式也，非不講營壘也，非不講測量也，然徒資技藝熟，而不注重教育，一旦臨敵，罔識效死勿去之義，鮮無忠君愛國之心，有不鳥奔獸散者乎？日本陸軍學校分步、騎、炮、工、輜重五者，各部組織完全，合而後組織成軍。而尤注心教育，不學無術引以爲耻，將官、下士均知親上死長。一人臨敵，衆志成城，前者被創，後者立補，無一人無將才，無一人不致果，非徒收指臂之效，且無虞血税之艱。此軍政團結，能驅强俄而雄長於東亞也。今中國留東陸軍學生召還回國者多矣，事權不相屬，用之不以長，而或頑陋者壓於上，浮囂者混於下，欲求武備振興，士心策勵，不亦難乎？

以宗教權言之，中國不言宗教，何能有權？但能收人之權以爲我權，庶不致全授人以柄。夫闢佛佞佛，兩無所益，尚墨尚儒，各尊所聞，雖屬古今之通義，而究非救急之良謨。且現今召外侮、釀奇辱者，多起於教，戕一教士，殺中國數十性命不足抵償；毁一教堂，傾中國億兆脂膏猶難賠補，百端要挾，谿壑難填，此誠椎心泣血之巨禍也。今欲藉教以保國，莫若遣派高材生往奉彼教，如詐降覆敵然，如反間攻交然。有一二學士秉教理以維持於其上，而新、舊《約》諸書又用經典翻譯，知彼所謂道德者，仍不能出中聖範圍，非保我國，且能保我教。而端人正士羼入其中，自無奸徒恃教爲護符，煽結黨羽，魚肉善良，以致怨積恨深，釀成巨案，賠款割地，而無已時也。日本國内，凡西人傳教，皆科學優長，而日人入教，大都博學，陽從教以收攬驅使教民之權力，陰求學以促勵學界之進步。邦交敦好，民教相安，非持之有故，何克臻此？

舉人自奉諱歸來，目擊湘省情形，諸多因循固陋，而强鄰勢力日增長而無窮，令人烏咽。伏祈大帥爲我湘造福，切實整頓，以固根基。彼徒博好士之名譽，襲取外洋之皮毛，凡一切華而不實之舉，願極力廓清之，吐棄之，則湘省幸甚，天下幸甚。今日者倚裝東渡，行色匆匆，一片葵私，匪能筆罄，而他時身入該校，課程繁密，既不獲親見桑梓之事業，又不暇常肅鯉箋以塵清聽，徒有此心而已。

耑泐叩辭，敬請鈞安，統希霽鑒。京師大學堂奏派留學生湘陰舉人周宣謹禀。143－252

按，周宣，字瑞伯，湖南湘陰人，京師大學堂師範生，一九〇四年派遣赴東京大學留學。

《端方檔》。

周　馥（二通）

一

午帥仁兄大人閣下啓：

崔道來臨，到粤數月，勸捐不遺餘力，該道尚有才幹，祈酌用。吴道學廉、陳道維彦久未見來，弟處實缺人用，望垂鑒見允是感。崔道匆匆上船。專布，即頌台祺，不一一。愚弟馥頓首。二月卅日。

按，一至二札均出自西泠印社二〇二〇年秋季拍賣會，中國書畫古代作品暨明清信札手迹專場814號。

二

敬再啓者。近日聞萍鄉匪徒四竄，皆已擊散，又聞公飭弁拏會匪多名懲辦，當可斂迹。然長江一帶未可一日鬆勁，現仍用李鐵定明否？廣東緊逼港澳，盜、會各匪出没無常，月擒數百殺之，亦不知惧。孫汶餘黨間在其中，然其稍狡黠，即絶不敢竄入省城。現奉旨嚴拏逆黨，恐聞風匿於租界與南洋各島矣。

廣東盜匪多而且悍，大都劫財，非從革命。歷來清鄉緝匪，皆用粤將奏功，粤將能通言語，知山僻路徑。方耀、鄭紹忠，其明效也。蘇松鎮徐紹楨，如公允交粤委用，則事易濟。粤東現有一總兵告病，指日疏請簡放，擬密請調徐，而蘇松一缺即由公保一人替之，似乎兩得其用。倘卓見謂然，請於接此信後電示約片，某總兵開缺摺到京，由公挈弟名電樞請旨可也。

專布密商，敬請午帥仁兄大公祖大人春祺。治愚弟馥再叩。十二。

周　馥

周樹模（一通）

陶齋尚書祖台坐下：

正月八日奉到寶塔洲賜書，兼承垂念，北地之寒，所以呴濡之甚厚，紉感其何可言。牙刻扇碟二事，精雅絶倫，棘端母猴不是過也，謹當什襲珍之。唯有投無報，歉也如何。自大旆離鄂，一歲之中，忽吴忽湘，殆無暖席。然所至之地，譬如雨沛苗生，蓬蓬增氣，雖所施未竟，而大體已立。吴人官京師者群焉，惜公之去，而慮繼者之難。況我鄂人蒙澤尤深，其爲慕戀依倚，當又何如耶？

長沙小作回旋，以公足知多謀，自有餘地。湘人以氣力自雄，士囂而民健，不逞者往往雜出其間。如御馬然，疲者策之，奔者勒之，在隨俗爲移易耳。明公以爲然乎，否乎？

此間内容腐敗，無以異於舊時。模時時妄發，恒苦機牙不應，事與心左，世事竟似百創并潰，一針一灸，何能奏功？要當以求田爲上策。久點此職，同在慚赧之中，殊不安也。

風便尚望頻惠德音，有以匡我。臨穎所懷不盡，伏惟垂察，敬承起居萬福。治晚生周樹模頓首。

左慎。2－256

按，書於光緒三十一年（一九〇五）。所用箋紙印有『沈觀齋』。周樹模（一八六〇—一九二五），字少樸，湖北天門人，光緒十五年進士，時任江蘇提學使。《容札》。

胡玉瀛（一通）

午橋四兄同年大人閣下：

趨賀不遇，歉甚。兹有懇者，閣下奉命督理農工商總局，所用執事者必多。胞弟玉澤，人尚明白，如委員額内可以安插，敢祈推情録用，賞派差使，則感荷隆施，正不獨小弟一人已也。肅此奉懇，即請勛安，諸維愛照，不宣。年愚弟胡玉瀛頓首。144－511

按，書於光緒二十四年（一八九八）。胡玉瀛，字志雲，正藍旗包衣，光緒壬午舉人。《端方檔》。

韋華棣（一通）

敬稟者。去冬駕臨敝書院，得瞻光霽，幸領教言，良深欽佩。頃聞移節吴中，不日南下，伏思豪傑乘時展布，足令人感發者，在於時局大有關係。公撫鄂以來新政新猷，果斷力行，尤注意於教育，凡男學校、女學校，竭力維持，期垂久遠，實大有關於時局。敝國一切政治教育家，凡有關世界者，必請署名，以示人觀感。公所措置本愛國之忱以愛衆，誠堪欽感。希將台銜官印手書二紙賜下，俾得一懸座右，一寄敝國，以昭欽感，是所至禱。即乞賜教，不勝欣幸。

肅脩寸丹，敬請午帥大人鈞安。諸維荃鑒，不宣。美國女士韋華棣謹上。

按，書於光緒三十年（一九〇四）。韋華棣（Mary Elizabeth Wood，一八六一——一九三一），時任武昌文華書院英語教員。

上海嘉泰二〇〇五年秋季藝術品拍賣會，古籍善本專場1709號。

俞樾（一通）

午橋大公祖仁兄世大人閣下：

前由瑞士寄示照片，仰見游踪所至，奇境天開，千古壯游，一朝盛事，使伏處牖下之陋儒舌撟不下，輙賦短歌，書箑奉贈。詩既不佳，字則老眼昏花，醜劣尤甚，不足當法家一哂也。

頃聞台旆已莅滬濱，想遠謨辰告，勛望加隆，莫名欣抃。弟自别後，衰病彌增，偃仰斗室中，眠時多而坐時少，既自憐復自笑。小孫因此不能入都供職，長年家食，亦復爲難。自公撫蘇，時籌給每月百金薪水，至今賴之。然家中人口頗多，人事應酬，又不能少俯仰事，畜不敷殊甚。伏思海内雕劲，生計艱難，惟滬上一隅，地大物博，道路較寬，而薪俸亦較他處優渥。然非大力招呼，雖過屠门，無從得肉，春風夏雨，全在北洋。惟我公念舊情殷，而小孫又承垂愛有素，倘道出津沽，與袁慰帥一言，俾於滬上位置一席，自較他處爲佳。慰帥本有世誼，未必知悉，然得九鼎一言，亦不存此。如需小孫往見，亦不妨也。恃愛瀆商，餘由小孫面述。

手肅，敬請勛安，統惟惠鑒，匆匆不書。治世愚弟俞樾頓首。
再啓者，近作拙詩一首呈政，此事昔旌上即駐吴時已有所聞，今始告成，想公亦樂聞其事也。樾再拜。

按，書於光緒三十二年（一九〇六）。俞樾欲爲孫俞陛雲謀職滬上。附函作歌行一首，咏端方登瑞士布拉德山。袁慰帥即袁世凱。

北京孔網拍賣二〇二一年秋季文物拍賣會，名人墨迹·版畫影像1024號。

俞陛雲（一通）

朱闌絶巘凌黄鵠，翠拓雄文證赤烏。招手古朋追季漢，建牙新略振東吴。長箋潑墨江聲壯，短履衝寒雪片粗。更喜尖棦奇字在，南樓清興倘重摹。

《匋公亭雪夜看碑圖》，楡盦督部賜誨。陛雲敬題。143－459

按，或書於光緒三十二年（一九〇六）。俞陛雲題端方藏清初拓《天發神讖碑》附《雪夜看碑圖》七律一首。俞陛雲（一八六八—一九五〇），字階青，浙江德清人，光緒二十四年進士。

《端方檔》。

俞廉三（六通）

一

陶齋尚書閣下：

伻來承示並蒙惠《竹垞圖》展玩，筆墨之妙，沈静而飛動，絶無匠氣，國初諸老精力樸厚過人，迥非道咸以後所能仿佛。如此至寶，慨然下贈，滄江夜舸有驚虹貫月者，必此物也，蕓臺詞足爲歸人寫照。拜荷厚意，感謝無任。

明日黎明本擬解纜，既承尊囑，有所見諭，鵠俟晤教後再行東發。妄題各秘本，不以污卷見斥，尤感尤愧。

此復，敬請晚安。愚弟俞廉三頓首。143－376

按，書於光緒二十九年（一九〇三）。俞廉三謝贈曹岳《竹垞圖》卷。俞廉三（一八四一—一九一二），字廙軒，浙江山陰人，時由湖南巡撫移任山西巡撫。蕓臺即阮元。一至四札均出自《端方檔》。

二

陶齋尚書左右：

連日挹聆雅教，惠飫郇香，送抱推襟，搜豁積痗，欣謝何如。承示漢魏墨寶五十餘種，精收博考，確有依據。我公誠今之永叔，而李、王、鄧、褚諸君又能曲證旁通，達其所見，則兼有蕓臺幕府之盛。不意黄鵠山顛，瞻此海星聯曜。他日林泉習静，倘得目力漸復，尚欲從公盡窺秘藏也。趙書雄逸，細玩當在《止齋記》上。世間美物，並歸清閟，未免且欣且妒。兹學率應命舟次，不及細審，殊自愧耳。楊息柯舊臧《三闕銘》，已發函湘中，得覆再布。

附去履歷請閲。該將長於緝捕，雖係軍功出身，祈扶植而成全之，其人血性尚可用也。

弟朔日黎明解纜，不及走別，萬勿再勞騶從。我輩至今，斷不在形迹間也，回首層城，尚覺寶光燭。謹附去致小兒電，求代發，感感。手肅，敬頌台綏。愚弟俞廉三頓首。143－379

按，書於光緒二十九年（一九〇三）。俞廉三贊端方幕府之盛、收藏之富。李、王、鄧、褚即李葆恂、王瓘、鄧邦述、褚德儀。楊息柯即楊翰。

三

午帥尚書鈞鑒：

昨啓元奉謁歸，傳述訓言，仰蒙厚意殷拳，成全逾格，感激同深。廿三日擬赴寧謁庭，再令趨叩崇階，面聆鈞誨。

前呈湘中士紳投贈詩文卷，諒蒙賜以題識。兹有要便赴蘇，擬求家曲園題首，特遣僕往叩，即祈擲還是感。

弟所患小癤已愈，月内當渡江奉訪，兼伸謝悃。專此，敬請台安。小弟俞廉三頓首，廿一日。143－383

按，書於光緒三十二年（一九〇六）。

四

陶齋尚書鈞座：

昨肅寸柬，亮荷青垂，數彈指之韶光，彌眷懷於遠道。比諗奥居安善，拱衛崇隆，翹企江雲，曷勝禱祝。

弟以右目昏甚，乞假療治，雖小有效力，而難竟全功。近已兩次續假，安心静攝，多年痼疾，恐未易一旦復元耳。知關廑注，用特附陳。

敬有懇者，海州謝牧元洪頃蒙奏補斯缺，須禀請委代，始能赴引。公牘至院時，敢祈俯賜批准，俾得早日北上，至感至感。

瑣瑣上瀆，臨楮悚皇。專肅奉布，敬叩勛綏。愚弟俞廉三頓首。143－385

按，書於光緒三十三年（一九〇七）。謝元洪（一八六二—一九二六），字苞庭，浙江山陰人，光緒二十一年（一八九五）進士，時任海州知州。

五

倫子晏係溧陽人，與公同里，收藏最富，金石家所載退谷、蒼巖遺物皆爲所得，亦足見名震一時矣。兹於穰梨館物色得之，特以獻之清閟，即希哂收。手甬鳴謝，敬請勛安，諸惟愛照。弟俞廉三手狀。啓元侍叩。俟感冒痊愈，專稟函謝。冬月望日。

按，書於光緒三十年（一九〇四）。俞廉三以倫子晏氏舊藏相贈。退谷即孫承澤。蒼巖即梁清標。

北京保利十周年秋季拍賣會，簡素文淵——香書軒秘藏名人書札上册2626號。

六

匋帥尚書座右：

昨奉函章，綣結之情，流溢楮墨，淵謨盛情，貺我良多。敬維簪綬宜春，蒼黎遍德，紓兩宫之南顧，率萬派以朝宗。事賴重臣，人推節相，緬懷偉抱，曷任欽遲。吾浙民氣不靖，重煩籌畫，遣將徵兵，綏謐鄰疆，功德無量。讀致京挽留代表電文，兩省朝紳同深感佩。惟此事轉圜不易，尚未知如何結局耳。仲帥回籍，不知何時可以來寧。資政院規章，初因倫貝子東渡稍稽，近甫開議，有添副員十人八人之説。因是日慶邸未到，故未能定議，大約年内外必可發表也。弟初任館事，日與子惇侍郎和衷商榷，以之辨析毫芒，經緯萬事，誠如尊論，良未易賓。惟有率同奉派各員，勤加討論，或者與鄰邦法典不致顯相刺謬耳。此次館員多取材法部、大理院，慎選東西洋畢業學生，外省數令亦同調一二學有專門者。常年經費已蒙照准，惟人數衆多，仍不免竭蹷也。手此，敬賀年喜，祇頌台安，不盡。愚弟俞廉三頓首。嘉平望。

按，書於光緒三十三年（一九〇七）。俞廉三時任修訂法律大臣、協理開辦資政院事務。仲帥即李經羲。慶邸即慶親王奕劻。子惇即沈家本，時任法部右侍郎兼修訂法律大臣。館事、館員皆指修訂法律館。

西泠印社二〇二〇年秋季拍賣會，中國書畫古代作品暨明清信札手迹專場814號。

袁世凱（二通）

一

陶公四弟大人左右：

日前奉二十一日惠函，拜悉感慰。兩日遣人往車站候駕未遇，想因近日稍生風潮，頃在京商定應付之略，乃可就道，以期内外協力，一綫到底。此次朝廷一再宣布，洵可謂仁至義盡，而仍然無理取鬧，亦足見人民程度之太低也。

兄曾有四願，一收管海關總税司，改用華員，一收管郵政，不可附在税政，一收管幹路，以便國防交通，一大借歐美債，大興實業，隱以抵制强鄰，便我得多延喘息，專意振作。此四事經營數稔，迄無一成，而杏老任事數月，已舉其三。才略高下，判然可見。惜从前誤聽人言，又爲人所持，未得與此老早共謀之，成此大舉，悔不可追。復承此老堅守初衷，殷勤期望，尤令人慚服無地。但兄衰病日增，行將就木，牛眠之區，去冬已卜得一段。志氣頹靡，此可概見，不足再言功名事業。惟有將杏老三大舉筆之於書，藏諸名山，以誌景佩而示後人。惟望當道諸公才略魄力多得如此杏老者，東北兩大何足畏哉？兄亦得長作治世老農，何幸如之。兄因溽暑伊邇，常患頭眩心悸，亦衰朽之一端也。肅此，祇請勛安。如小兄凱頓。五月廿六日。

按，書於宣統三年（一九一一）。

上海圖書館藏《盛宣懷檔案》017035號。以下簡稱《盛檔》。

二

陶公四弟制軍賜鑒：

京畿首善，聯軍未退，雖非外人勢力範圍之内，然隱伏外人控制之機。常論非得有雄才大略如公者，不克因應維持。忻聞公初到析津，水土不服爲念。津土水甚不佳，兄在津時，曾高路局帶唐山水食之，尚宜餐衛，請嘗試之。力疾草草，不盡欲言，肅覆，祇請勛安。如小兄凱頓上。七月廿二日，克定來省，在此進叩。

按，書於宣統元年（一九〇九）。

上海嘉泰二〇〇六年春季大型藝術品拍賣會，古籍善本專場1338號。

袁勵準(二通)

一

午橋制府大公祖年大人鈞鑒：

昨由仲綱五哥處轉達賜電敬悉。家嚴甫莅湘省，旋膺要差，仰承鼎力揄揚，致獲上游器重，感荷大德，浹髓淪肌，固非楮墨所能覼縷也。敬譾勛績日高，起居曼福，至爲忭頌。

晚羈迹春明，如恒儽負，重以長沙之逝，同舟失侣，索居寡歡。而時事復多所感觸，往往累日不怡，於邑情懷，不堪爲我公告也。

東三省督撫業經宣布，其中之濫竽充數者，不免『竈下爛羊』之誚。比年以來，遼河流域危如燕幕，亟圖自治之不暇。倘再不得其人，復何有收回之望耶？

今春與仲綱五哥談及，擬於萬柳堂爲特科同年觴咏之所，醵金補種萬柳，賡續鴻博故事，可惜爲協巡營所踞。明春當預令移出，成此雅集耳。江北春賑不知已否告竣？平疇已成澤國，則二麥難望有秋。我公擘畫萬全，勤恤民隱，言念桑梓，銘感曷深。肅此申謝，敬請勛安，伏祈霽鑒。治年晚生期袁勵準謹肅。1－41

按，書於光緒三十三年（一九〇七）。袁勵準（一八七七—一九三五），字玨生，順天宛平人，光緒二十四年進士，時任高等實業學堂監督。一至二札均出自《容札》。

二

陶齋尚書大公祖年大人鈞鑒：

前承留饌，並惠瓊瑶，厚意拳拳，感佩無量。

棨戟不日出都，兩江士民翹企德化，當遥飛一盞，敬爲江山賀也。兹倚裝繪扇一柄，並恭獻一詩，亦取出入懷袖之意，伏乞訓正。並呈酒盞、茶葉、徽墨，戔戔微物，聊寄别意，祈哂納爲叩。

日内如乘興揮豪，能否賜我寸縑尺楮，以壯行色？暇時尚擬趨辭，並道行旌也。肅上，敬請勛安，並賀節喜。年侍生袁勵準謹肅。1－46

按，書於光緒三十二年（一九〇六）。

夏壽田（一通）

弟准於初一早往港下船，回首鈴轅，輒用悵惘。

昨夕叨陪盛餞，醉德不忘席次，惓惓於牙捐一事，具佩繫心邊事，鄙意月來尤齗齗於此舉。昨晤麥蘊石主政，尚歷言此事滋訟。彼徒知其不免於擾商，而毫不計防海之費於何出，亦今日士夫不明大體之一事也。憒憒如許，又何責於顓愚乎？

頃聞絲行緝獲走私一事，此不可不力顧餉商而嚴懲奸宄者。牙捐能否辦成，以此事。即目光所在，幸分付辦事員弁，勿令狡展，以此亦一大宗。若紛紛偷漏，則此後不可問，而牙捐之事亦畫餅矣。使之知有懲儆，然後商民均奉法，公僕不以爲迂闊而忽之。

承布，敬請督部大公祖大人台安。弟田頓首。三十午。1－1

按，書於光緒三十一年（一九〇五）。夏壽田（一八七〇—一九三五），字耕夫，湖南桂陽人，光緒二十四年進士。《容札》。

徐郙（一通）

午橋仁兄大人足下：

接手書，知前二函已達，藉諗升禮迪吉，凡百如意爲頌。京中一切如常，惟窮而已。蕭條之狀，不能殫述。弟今年多病，心緒不佳。乙山神情，大有大權在握，不餘旁參之勢，鞭長莫及，竟無善策。急欲賤值以售，已有一二處談起，尚無眉目。蓋事非不可爲，苦于無人可靠，若拱手而送之旁人，心實不甘，初不料破財之運如此其巧也。憂心如焚，以致進退皆爲所掣，乃噓恩又趣畀銓衡，一時未遽請過。樞廷局勢危如累卵，琴川之禍，尚未有艾，壽州得請，令人生羨。弟則故交逾少，家累愈深，衰病日增，兩腿酸痛。欲退則無可憑藉，欲留則一籌莫展，其所謂差命人也。一男四女，尚未婚嫁，奈何。

聞王廉生云，閣下津中亦有特閱，同病相憐，我不如君遠矣。伯羲一病幾殆，弟爲覓一良醫，今已漸愈。近事不敢相告，謡言日起，可怕之至。

己未，年侄賈豐蘂其尊翁致電同年，現官涇州，病貧不能歸，爲其子捐一希徑。屬爲一言，伏冀噓植。杜門枯坐，興趣毫無，草渤數言，交賈倅面呈。順頌升祺。弟郙頓首。

按，徐郙（一八三六—一九〇七），字頌閣，江蘇嘉定人，同治元年進士。乙山即李振甲，山東樂安人，光緒十八年進士。

中國嘉德二〇一九年秋季拍賣會，筆墨文章——信札寫本專場2101號。

翁斌孫（二通）

一

匋齋四叔大公祖大人鈞右：

前日失迎旌節，惶恐惶恐。明日擬便衣上謁，從者何時有暇，乞示。德律風呼之不應，謹稟啓以聞。敬賀秋嘉，不次。治世愚侄期翁斌孫頓首，中秋。143－429

按，書於光緒三十年（一九〇四）。翁斌孫（一八六〇——一九二三），字弢甫，江蘇常熟人，光緒三年進士，翁同龢侄孫。《端方檔》。

二

匋齋四叔大人鈞右：

前上一函，知塵青睞，政務殷緐，未敢樞謁。明日仲魯、瑞臣兩丈見招作陪，當可面聆教誨也。

粗肴四簋，出自家庖，虞山風味，公試嘗之，何如？

敬請鈞安，不次。侄期翁斌孫頓首。廿四。2－289

按，書於宣統二年（一九一〇）。仲魯即劉若曾。《容札》。

陳籙（一通）

師帥大人鈞座：

敬禀者。生籙於正月念三日，由張君崇午處奉到鈞諭，敬悉福體自服東醫青山藥後，甚有明效，日見安康，孺慕私中，爲之欣慰。同日又奉到蒙賜梅花五十韻，跪領之餘，感懼交迸。籙猥蒙培植十有餘年，今雖學業粗就，濫竽秋曹，然裁成深恩，末由圖報，此心耿耿，與日俱長。又蒙哀憐寒困，賞賜逾恒，少賤固不敢辭，荷戴益復深重矣。

歐西返棹，倏將一年，學步京塵，時虞隕越。幸案頭敬懸大人前在拿波里所賜相片，朝夕恭臨，如聆訓誨，立身行事，差覺有所遵循耳。籙於去年夏月，蒙憲政編查館札調，嗣以參擬諮議局及地方自治章程，頗蒙館憲稱許，已於年内奏請留館，派充編制局科員。至修訂法律館事，尤爲繁難，現時正在修訂民法，調查頗有頭緒，親屬承繼草案業已開辦，大約年底可以奏呈。然紙上文章，實行非易，誠恐於國計民生仍無補益也。

肅此，敬請鈞安。門下學士法部主事陳籙謹稟。145－239

按，書於光緒三十四年（一九〇八）。陳籙（一八七六—一九三九），字任先，福建閩侯人。一九〇三年公費留學法國。入民國，曾任外交總長。因出任僞政權外交部長，遭刺殺。

《端方檔》。

陳三立（十六通）

一

昨還寧，想體中勝常爲念。節厂函言有詩存公處，能檢示否？日内弢師到滬，又須一往聚，容再承教也。劉雲樵封翁托以照稿代呈，意在自白耳。

寶華盦主人。三立上。廿六日。143－54

按，書於宣統元年（一九〇九）。陳三立詢梁鼎芬詩稿。弢師即陳寶琛。劉雲樵即劉廷琛父劉畬祺。

一至十六札均出自《端方檔》。

二

覆示謹悉。專函辦法亦妙，惟聞昨已擬批。或請先發一密電，言鐵路呈請暫緩批函詳等語，何如？聞幕批竟言有聞必録，報館通例。公司借外款，究屬不合，仰新衙門提訊等語。此則滬道亦大不以爲然，已屬他幕另擬，而仰新衙門提訊則仍而未改云云。滬道蓋亦存畏報館不肩責任之心。以錚錚者尚如此，無怪李薌垣畏之如虎也。如滬道固執，三立當以個人直訟，擺去腐敗之公司，以行己志，不過内潰貽笑耳。又《中外報》館丁酉、戊戌間在南洋注册開設，改挂洋旗，竟未注銷。亦乞速飭查爲感。

湮陽督部同年。三立上。143－397

按，書於光緒三十三年（一九〇七）。《中外日報》指江西鐵路公司私借外款，時任江西鐵路協理陳三立，赴上海與之興訟。滬道即時任上海道瑞瀓。李有棻字薌垣，時任江西鐵路總理。

三

頃滬上人來，言滬道於所遞一呈，批飭新衙門提訊，此與前議大反，了結愈難，特懇明公速密電滬道，衹須由道一傳不到案，便可登告白了事，萬萬不可權授新衙門，此爲至要。滬道幕友類皆偏袒報館之流，懇公切實聲明此意，免長彼刁風而延長訟案也。千萬拜禱之至。

浭陽尚書同年。三立上。江。143－399

四

示悉。能如此了法，實爲斬截，非公之力不至此，想江西亦無異議也。袁與濱尚留候否？本即走談，因寒雨如絲，姑有待耳。匋帥同年。三立。廿五。

王聘三同年精醫理，公舊恙未除，似不妨令一印證病源也。143－401

按，書於宣統元年（一九〇九）。陳三立時任江西鐵路名譽總理，與日本三菱公司交涉九江龍開河車站地基歸屬事。

五

鈞示及滬道電敬悉。此事未嘗不可遵調停，但不知筱帥批詞全文尚有何辦法，將來又如何調停耳。晚間九、十鐘詣教，何如？

陶公尚書同年。三立上。初十。143－402

按，書於光緒三十三年（一九〇七）。筱帥即時任江蘇巡撫陳夔龍。

六

九江車站地基事，頃路局派往滬與商會接洽之人到，言滬領回國，尚不知何日抵滬。有寧波袁子莊者，久商日本，情形最熟，渠爲葉所信任之人，挺身躭任了妥，堅邀路局員同往漢口料理，袁日内即來寧謁公云云。滬商會諸君亦極主此説，謂袁既出力，不可失此機會，因屬局員定計，偕同赴漢。公若晤袁時，仍懇重托以遵照日政府只依時價略加利息之語，并全將基地收回，至爲感禱。得公竭力贊助，必可迎刃而解矣。

匋帥同年。三立。廿五日。143－403

按，書於宣統元年（一九〇九）。

七

頃由九江還留一二日，即赴滬興訟。公何時得暇？乞賜示，便趨謁承教。

陶公尚書同年。立上。上巳。143－405

按，書於光緒三十三年（一九〇七）。

八

昨甫抵寧，伏承政躬佳勝。袁道、日商尚留此否？漢口有無回電？容再趨候。匋帥同年。三立。廿四。143－406

按，書於宣統元年（一九〇九）。

九

陶齋尚書同年：

節下與報館交涉事，委曲求全，渠尚不肯更正，勢非興訟不可。初至滬時，即告以同是中國人，自應在中國法堂控訴，渠答函聽便，是彼亦已允許。兹將來往各稿録呈鈞覽，乃頃晤商瑞莘翁，以仍請律師控之新衙門爲宜。惟上海公堂已成埃及混成裁判，彼既未用洋牌出面，似無先向新衙門控告之理。莘翁以租界提訊，必須領事簽字爲難。鄙意俟彼時提訊不到，或以洋牌出面，再斟酌辦理，其操纵尚可由我。望公密切囑莘翁鼎力相助。擬日内即上呈，用代表人候訊，三立於遞呈後回寧面陳一切也。

忽忽。敬叩勛安。三立謹狀，三月十七日。143－407

按，書於光緒三十三年（一九〇七）。瑞莘翁即瑞澂。

一〇

頃得九江路局電，三菱已簽字了結，屬代叩謝大惠。惟前潯道電須寄呈底稿，不識已到否？立擬初五還南昌掃墓，兩日内當走別。高橋領事電想公已酌覆矣。

匋帥大公祖同年。三立。冬亥。143－410

按，書於宣統元年（一九〇九）。

一一

頃見報登蘇撫批全文，謹呈鈞鑒。似此案已撤銷，則調停并可不必，敝公司亦擬就此收場。如蒙公處批示，恐剛柔兩難，可否擱置不提，轉可少一痕迹。是否，乞鈞裁。汪甘卿帶回題件，明日奉繳。

陶帥尚書同年。三立上。真。143－411

按，書於光緒三十三年（一九〇七）。

一二

頃接汪頌谷覆函，係得第一次電所發，其頑悍如此，非急與搆訟不可。復聊答一函，信筆狂草，不知可用否。如承教酌後，不妨遞去，即或仍由公處飭各報館登載較爲妥速。可否？候裁奪。

陶帥大公祖同年。立上。廿日。143－412

按，書於光緒三十三年（一九〇七）。汪頌谷即汪詒年，時任《中外日報》主筆。

一三

本擬偕劉浩如赴九江，因有侄女歸寧將至，須候一見，故稍留耳。《中外日報》十四日所登論説，坐實陜、甘、江西爲賣路，而牽引升吉帥及敝局借款人，擬即往滬興訟，勒令交出賣路確據，否則必按律坐誣。賤子等一閑人耳，與之訟公理，訟法律，天下人不能藉口挾强權壓力也。該報近日愈肆意狂吠，悍然不顧，驕横至極，其摇惑煽動，影響於前途甚大。爲報界計，似不可無以懲挫之，卓見以爲何如？汪頌谷兄弟三人皆與賤子知舊，乃忍而出此，尤爲可痛。日内所致汪電并録呈哂教。

陶公尚書同年。立上。143－413

按，書於光緒三十三年（一九〇七）。劉浩如，時任九江鐵路公司總理。升吉帥即升允。

一四

今日又發一電致葉浩吾，乞速屬各報館彙登爲感。陶帥同年。立叩。143－415

按，書於光緒三十三年（一九〇七）。葉浩吾即葉瀚，時任《中外日報》日文翻譯。

一五

秉三函奉呈密覽，其所陳社會情形及爲賤子個人計，皆無以易之。念敝省路工幾經挫折，而後始圖借款，復幾經審慎，而後始圖得此款。然華商確鑿，合同具在，但可保其實無後患，而不能保其虛造浮言以摇撼我上下之人心。目今款尚未付，不難作罷，但作罷後路事立即瓦解，全局俱敗，他日或竟爲外人乘隙侵奪，亦不可知。賤子勢處兩難，無以爲計。明公於公誼則維繫大局，於賤子則素辱知愛，敢請爲我一決之。不勝感禱。

敬上陶公尚書同年。立叩。十六。143－416

按，書於光緒三十三年（一九〇七）。

一六

鄉人江都令吕道象君來函送呈察覽。吕夙稱幹吏，今去志決而且速，豈真病不可支耶？伏候裁奪。

匋帥同年。三立。十三夕。143－418

按，書於宣統元年（一九〇九）。吕道象，江西德化人，光緒十六年進士，時任江都縣知縣。

陳慶年（五通）

一

陶帥大公祖大人座下：

日内慶年因有家祭，明日凌晨即須返舍，請賜假數天，不日即歸也。《墨緣彙編》序，與李審言商量一稿，尚擬再改，先寫呈詳誨。審言頗思得我公《吉金録》一部稍加研究，計必蒙分贈耳。敬請崇安，治晚生陳慶年叩上。初八日。143－313

按，陳慶年與李詳商量改訂新刻《墨緣匯觀》序言，又代李詳索《陶齋吉金録》一部。

陳慶年（一八六二—一九二九），字善余，江蘇丹徒人，曾任江楚編譯局主辦、江南圖書館會辦等。據其《横山鄉人日記》，書於宣統元年（一九〇九）三月初八日。

一至四札均出自《端方檔》。

二

陶帥大公祖大人座下：

《列國政要續編》見在上緊撰集，擬於書成後，仍請飭派黎道往滬石印，期與前編可以一律。惟黎道編譯局會辦一差，去歲早經停薪，昨聞軍械所葉道已報丁憂，該差如須另委，可否酌派黎道之處？伏候鈞裁，不敢請也。

鮮厂書札是否檢得爲念，敬請崇安。治晚生制陳慶年叩上。二十五夕。143－314

按，據《横山鄉人日記》，書於宣統元年（一九〇九）二月二十五日。端方搜羅黄紹箕詩文函牘，擬委陳慶年爲其編刻遺集。黄紹箕（一八五四—一九〇七），字仲弢，號鮮庵，浙江瑞安人，光緒六年進士。黎道即黎經誥。

三

鈞示謹悉。承諭先就拙見，節《明史》一過，謹當遵辦。前呈《五代史略例》一册，尚有副本，明日晤鮮盦，當屬其仍呈精鑒。張魏公書札蒙允録示，企幸之至。肅復，敬請勛安。陳慶年謹上。二十夜。143－315

按，書於光緒三十年（一九〇四）春。陳慶年擬借《宋名賢詞翰》册，過録其中張浚書札。並以己編《五代史略例》，交黄紹箕代呈。

四

陶齋尚書大人閣下：

日前飫聞誨示，至爲慶幸，感慰之私，不僅醉飽。

承賜觀宋元書簡，古香騰躍，爲曠世一大快。其中張魏公書一通，言鎮江建康軍食事，向著《京口兵事通紀》，于南宋書多所摭拾，惜未見此。擬欲得其原文，略一考證，或可推見彼時委曲。如蒙允飭録賜，至所企幸。

東萊《十七史詳節》，《宋史》本傳未著，然劉知幾曾作《釋蒙》，本傳亦不著，何足爲病？正史浩博，約爲簡覽，事烏客已。往年節歐史，未見呂書，以爲準式，曾以己意略言詳節之法，謹付寫官録出一册，恭求誨正。

肅請鈞安。陳慶年謹上。十四日。143－316

按，書於光緒三十年（一九〇四）春。

五

陶帥大公祖大人鈞座：

李審言於開皇間皇甫鳳詳造象記，謂語多不可解。今以意求之，覺其文事頗有趣味。其云『佛弟子皇甫鳳詳在石豆堨𠆩仳』當爲句，堨即堰字，石豆堨者，詳所在之堰名也。𠆩當是作字，仳借爲穅秕之秕，作秕者，謂爲鑿米之事也。下云『亽、人焦晚地』，亽、當是令字，焦謂燒去其草，與樵通。《公羊·桓七》傳：『樵之者，何焚之也。』晚與輓通，《史記·貨殖（侍）[傳]》：『輓，近世借輓爲晚。』是晚、輓得以通借。《説文》：『輓，引車也。』『焦晚地』者，謂燒草糞，除輓而去之，所以平治其地也。下云『得外營兵□似『錢』字一百廿，詳分得二似『六』字十』，謂外營兵以價酬焦晚地者，錢一百廿也。外營兵以詳鑿米於石豆堨，鄰舂素稔，屬其雇人治地。詳因令一人爲外營任其事，然少取其值，固足以爲報矣，乃取其酬價之半，詳亦甚貪矣。其兒旋病，詳怵於貪禍，妻誓捐所得錢以造象，而冀其祟之可禳。俗所謂財去人安樂者，即詳與其妻之心也。然造一象，而僅此分得之六十錢乎？果然，開皇時之物價亦何廉也。

憑臆妄説，幾如射覆。若其言而是，當可再得佳證，爲此文舉例，若其語而非，日内或可更得一説易之。姑先博我公一笑耳。

專肅，敬請鈞安。治晚生制陳慶年頓首。二十一日。2－292

《容札》。

孫萬春（一通）

敬稟者。竊卑職履任之初，即聞宜君野猪之爲害，無法以治之，思得一活者以察其性情，何物能醉之，何物能迷之，或可除其種類，而百姓均云向來無人能捉活者。卑職求之既誠，竟得一隻，養之一年，已犢之，人不食者彼亦不食，竟無物使之困斃也，豈天生害稼而人不能絶耶？是亦奇矣。按野猪不見於經傳，惟《説文》云『古有封豨修蛇之書』，夫豨亦安足爲害？則封豨必爲野猪無疑。又李白《大獵賦》『拳封貒』注『貒爲野猪』。野猪見於書者衹此而已。茲又得一鹿，一並送上。昔舜居深山之中，與鹿、豕游，若是家猪，人人得與游，又何足奇？則豕必係野猪也明矣。是此二物，當年曾伴聖人，亦瑞獸也。特遣人昇省，伏乞賞收是幸。再，卑職物色一年，《廣武碑》已成廣陵散矣，奈何奈何。專肅，恭請勛安，衹維鈞鑒。

卑職萬春謹稟。143－74

按，書於光緒二十三年（一八九七）。孫萬春，字介眉，直隸青苑人，同治十年進士，光緒二十二年任宜君縣知縣。《廣武將軍碑》，前秦建元四年（三六八）刻。明末清初已有拓本傳世，乾隆初石佚，畢沅《關中金石記》謂石在宜君。一九二〇年重新發現於陝西白水縣，現藏西安碑林。

《端方檔》。

孫萬春

孫慶祺(一通)

桃月上旬，接奉蘭函，誦銘葭篆，恭維午帥大人茀躬迪吉，揆席榮膺，忻頌奚似。弟從公歷碌，乏善可稱。惟平時常默誦《歸去來辭》，如老嫗之持觀音咒，委心任運，時或忻然自得。然有不能釋然於衷者，祇子女輩事耳。

小兒兆麐之事，仰承雅教，紉佩殊深。向來凡有指示，皆係真實良言，敢不凛遵。今且令小兒暫緩來寧，日後若有機緣，尚求栽培於格外，是所切禱。

兹又懇者，小婿彭詒孫事已定案，係發往新疆，業經出京。但其家中親丁十餘口，向賴小婿養贍，一無儲蓄。今以萬里罪囚，詎能再顧家口。然於無可如何之中，不能不求一生路。若於夏秋間路過甘省時，得蒙升制軍留其在甘效力贖罪，自生機勃然。伏乞大人酌奪，函商升制軍，可否留其在甘，則感戴盛德無及矣。

弟本不敢瑣瀆，然出萬不得已，持愛叩懇，并祈原鑒，不以冒昧見責是幸。

專此拜求，敬請鈞安，諸維荃照。愚弟孫慶祺頓首。

外有小婿禀一件，親供一紙，敬乞垂鑒。143－261

按，書於光緒三十三年（一九〇七）。一九〇六年，北京《中華報》被查封，幹事彭詒孫、主筆杭慎修遞解回籍。次年，處彭以十年監禁，發配新疆。升制軍即升允，時任陝甘總督。

《端方檔》。

孫寶琦（一通）

陶齋四哥世大人左右：

久疏箋候，無任馳仰。新年敬維因時納祜，即事多欣，允如所頌。公解畺苻，優游都下，處此艱虞之會，獨能超然物外，曷勝健羡。

弟待罪東邦，一籌莫展。中央集權議會成立，畺吏負責任而無實權，用人理財，俱多牽掣，智勇兩窮，心力交瘁，來日大難，杞憂曷已。

公與項城脱離政界，固並爲公等賀，然徘徊天下，豈能任公等久享清閑之福？世有公論，非一二知交之私祝也。

晦若可恒見否？爲俊卿遭不白之冤，憤鬱可知。中德交通社弟所發起，我公亦曾贊助，聞會中人頗盼公爲主持，以期發達，度大雅君子必不漠視。鶴雛來此三月，無計維縶。此間談友甚稀，離群索居，能無鬱鬱。鵠華、明湖，風景不惡，公能惠就肯來，共數晨夕，曷勝企盼。

正月底汽車可到德州，四月可達河干，往來亦極便也。率泐布臆，敬頌春祺。弟寶琦頓首。初四日。2－276

按，書於宣統二年（一九一〇）。孫寶琦（一八六七—一九三一），字慕韓，浙江錢塘人，時任山東巡撫。鶴雛即施愚，時任山東巡撫顧問。《容札》。

陶駿保(一通)

大帥大人鈞鑒:

敬禀者。竊職道渥蒙憲恩,派赴日本考察憲警等事。叩别後,於三月二十二日由上海乘日本郵船東渡。二十七日,抵東京,謁見日本外務省,殷殷以大帥之貴體垂問。答以早占勿藥,辦公如常矣。

四月初六日,參觀警視廳,得悉日本方議增加警察,蓋因東京日見繁盛,警察之多寡,約占人數六百分之一。蒙贈《近年警視廳一覽表》一件,凡行政警察、司法警察、本廳組織及權限、警察署組織及户口,暨消防組織、决算經費,皆按次臚列,班班可考。

初七日,參觀消防本部。有消防器械二具,舊者購自德國,新者甫自英國購來。東京多火灾,故于消防隊極其注意,現充勤務者約一百三十餘人,義勇消防隊約一千餘人。我國人民于救火一層大都願盡義務,惜乎消防器械不精耳。又消防本部有瞭望臺二,其上皆有警鐘,舊者高六百尺，係用木製，新者高一千二百尺，係用鐵製。下午參觀京橋區警察署。京橋爲東京第一繁華之所，該處警察較他處尤爲嚴密。警察署所設之電話，皆是另設一綫，不與一般之電話同，一則傳話迅速，二則可免泄漏消息。南京各警局電話尚未裝配齊全，此爲缺點。至分派巡警之法，計分甲乙二班，每班三人，一站崗，一巡回，一休息。從前皆在派出所休息，新改爲在警察署休息。因休息之警察聚在一處，有要事仍可全出，其力較厚。甲班當勤務一日，第二日全休息，以乙班代之，遞次輪回，以均勞逸，并可密查民間情形也。

初八日，參觀巢鴨監獄。規模宏大，約可收容罪犯三千人。現止有一千四百人，有中國罪犯十四人，内有一廣東人，在監獄三年，已儲集工錢七百元。罪犯在監内工作甚勤，其勤者獎以工錢，多與飯食，不勤者減其工錢，少與以飯。所做軍服及軍用品甚多，儼然一大工場。星期日有僧侶爲之演説道德，病者有病院，腦病者有腦病院。全監一千數百人，整齊嚴肅，不聞謦咳，如入脩心古刹。臨行時當在罪犯製品陳列所略購品物數件，以爲紀念。

至於鄉間警察，擬于初十日參觀。憲兵司令部、陸軍監獄、近衛師團、士官學校、幼年學校，均定于中旬參觀，約計月内考察完畢，便即回國，不敢稍爲遲延。午節前總可馳回南京銷差，以免有曠職守。

職道此次來東，彼邦士夫招待甚周，皆賴大帥之聲望也。先此敬禀，餘容再申。恭請勛安，伏乞垂鑒。職道駿保謹禀。四月初八。143－277

按，書於光緒三十四年（一九〇八）。陶駿保（一八七八—一九一一），字璞青，江蘇丹徒人，時任江南憲兵司令官兼巡監局副監。《端方檔》。

盛宣懷（四通）

一

陶齋仁兄大公祖大人閣下：

昨奉電詢財政條陳，屬爲抄寄。具仰留意民瘼，芻言必采，莫名感佩。弟閉户養疴，自問終老巖谷，當代鉅公莫不視爲廢物矣。

去年萍鄉匪亂，公獨毅然幫助，江淮協振，公獨推心置腹，且於疏中揄揚及之。非具特識，豈能於隨波逐流之中俯加青目耶？感泐之私，非言可喻。

弟居恒嘗謂新政大行，豈無人無財所能辦？加税、圜法及推廣郵政，皆平日縈回胸際。食鹽一事，印度榷課實足爲法。西林在滬面談，頗以爲可，瀕行，索取回條，兹特録呈台覽。鹽政兩淮爲天下樞紐，公若以爲可行，請加研究，奏明派員前往印度，詳細查核辦法。如果有利無弊，方能諸實事。其餘之端，則弟確有把握。圜法、郵電可自爲政，非比加税，尚須他國肯照英、美、日、葡一齊畫諾也。昨與友縱談權量法度，何以不能畫一，弟曰：『皆由人心不能畫一而起。』此語可發公一笑。

日來天暖，咳病略愈，刻書一聯：『有病方知無病福，看花須識种花難。』頗確切。

敬請台安，不盡欲語。治小弟盛宣懷頓首。四月五日。143－391

按，書於光緒三十三年（一九〇七）。

一至三札均出自《端方檔》。

二

陶齋仁兄大公祖大人閣下：

頃援郇厨，快甚感甚。

現擬另鑄銀圓祖模，中間『壹圓』二字環繞升龍，頃蘇堪寄函謂必自古畫本摹出乃佳。公處如有圓式陳墨以及畫中、金石玉器中有龍形精透者，乞賜借一摹。現原有蘇州、廣東兩畫工，苦於無本可摹，非公助我，決不能求勝於世俗也。禱甚感甚。公明日必不入山，務祈撥冗見示。鄭函閱後付還。

敬請台安。治小弟盛宣懷頓首。十六。143－394

按，書於宣統二年（一九一〇）。盛宣懷欲參考端方所藏金石玉器書畫中龍形鑄銀圓祖模。蘇龕即鄭孝胥。

三

午帥尚書仁兄大人閣下：

六月廿六日手布寸緘，度邀惠覽。嗣奉電示，亦以錢道爲深穩精細，所識幸不參差，惜難分身。

李文石觀察深知其學問淹博，操履端謹，卅電稱『素未謀面』，乃因尊處豔電『直隸候補道』之下漏一『李』字，以致復電誤會『葆觀察』，一時意中竟想不到。昨承示李道兼官書局總辦差，須事清起程詣滬，當即電復，另有函達矣。

查漢路局總辦，直管至黃河北岸爲止。蘇堪在局，爲洋人所最佩服，而於稽核出入，實亦無暇詳求。季渚代辦數月，其優長在洞悉語言翻譯帳目，然於敝處禀告亦甚疏略。工程雖重，數年之事耳，行車則數十年之事。沙多意在以一大員統之，不欲再添一總辦，是以季渚去後，弟左右思索，僅得一宗令得福，大含細入，可望勝任。昨日沙多來，稱鄭去不數月，兩易其人，若再更動，實於工程大局極不相宜，如要更動，凡事必宜熟悉。如宗必要去，請即派鄭道清濂，從前曾在漢局。弟復以宗令委缺，斷不能留，鄭道係派總稽核，即魏季渚之原差，亦不能兼。

現與尊處商派大員，必是勤能勝於鄭、魏者。彼云用人之權固在督辦，但切不可有兼差，亦不可有嗜好，此則彼公司之所求耳。渠初聞弟欲派王道、高道，人皆傳言高有嗜好，王有兼差，故出此言。近來洋人口雖言不敢干預，實則難免干預。弟慮後來嚕嗦，故以錢道爲請。錢不能來，弟確想到一人，係林文忠之孫，江蘇候補道林賀峒，老成練達，有體有用。弟亦素不想識，昨聆其丰采，確是獨當一面之才。如果李道有省城兼差，適與沙多所請有礙，或請台端訪察林道。如彼此意見相同，再行電商。

魏午帥尅日調來，總之路務以得人爲最難。互相商搉，不厭求詳，想公亦不以爲煩瑣也。肅此，敬請台安，不一。愚弟制盛宣懷頓首。七月初八日。145－222

按，書於光緒二十六年（一九〇〇）。錢道即錢恂。季渚即魏瀚。沙多即比利時人Jean Jadot，時任蘆漢鐵路總工程師。漢路局總辦即蘆漢鐵路漢口分局總辦。

四

陶帥仁兄大公祖大人閣下：

聞台駕小駐金焦，正擬附輪餞別，奉到冬電，乃知途中未便久延，徑發黄海。望塵不及，繫戀尤深。秋間賤恙如果全愈，倘有應商事件，或當赴北一行。屆時聆教，亦未可料。素蒙不棄，猶冀德音遠賁，慰我契闊耳。

手此送別，敬請鈞安。治小弟盛宣懷頓首。六月初三日。2－290

按，書於宣統元年（一九〇九）。時端方赴任直隸總督。《容札》。

許星璧（一通）

大帥鈞座：

敬稟者。竊知府昨向范道德培索取書目，兹接復函書目十本，昨交繆筱山先生閱看，容取回送來等語。謹以稟聞。肅叩崇安。知府許星璧謹稟。143－439

按，書於光緒三十四年（一九〇八）。前江蘇候補道范德培因虧空遭革職，署江寧府知府許星璧謂已向其索得家藏書目，擬以藏書賠抵。《端方檔》。

許鼎霖（一通）

大帥鈞鑒：

敬禀者。鼎霖由通至滬，諸事猬集，自當兼旬，始能就緒。刻因窗片玻璃廠已裝成，須偕福司德君赴宿驗視出貨，不及至寧面陳通事，懷歉萬分。

前聞福體違和，當經美醫治痊，仍祈節勞加餐，格外珍攝爲叩。

鼎霖此次至宿，約住一月，再回海州。宋道想已抵海。商埠各事俟鼎霖返里後，再與會禀，請示開辦。鼎霖創辦實業較多，精力恐難兼顧，近有蘇龕表弟施弼在日本高等工業學校畢業，學製玻璃五年，英文亦極嫻熟。現約同赴宿廠，與福司德君頗能接洽，果能盡得其所學，則宿廠可交施弼管理。特蘇龕欲留施弼創塞門土廠，不卜肯相讓否。

專肅，敬請崇安，伏惟垂鑒。職道許鼎霖謹禀。八月十九日，寶應舟次。

敬再禀者。薛令振東疏濬贛榆五河，數世感受憲賜。該令素精計學，又能事必躬親，是以費省功倍，不無微勞足録。前稱該令治河之能，蒙允酌委釐差，以示激勸，感佩何可名言。該令家境困難，辦公毫無苟且，吴道學廉亦知其人。現聞荷花池釐卡期滿，可否仰祈憲恩，酌委薛令接辦之處，出自鴻施。鼎霖目睹該令治河賢勞，不敢壅於上聞，冒昧陳請。

再敬鈞安。鼎霖又禀。

附呈薛令銜條一紙。143－211

按，書於光緒三十三年（一九〇七）。實業家許鼎霖（一八五七—一九一五）報宿遷耀徐玻璃廠已建成，並舉薦贛榆縣令薛振東。《端方檔》。

康　誥（一通）

午橋仁弟大人閣下：

久未通問，馳繫之私，無時或釋。返想起居清勝，潭第吉羊，以欣以頌。啓者，兄自拜辭後，日月如梭，光陰似箭，不覺又一新春矣。去歲五月間，蒙藃觀察委辦豫省寶豐等處鹽務事宜，至年終核算五處，惟寶豐長錢五十餘吊。每年辛金不過百餘金，利小害大，毫無意味，觀乎情面，不好辭退。

昨有相好云及，張虎頭家中有應頂一座，今將圖樣帶上，吾弟以爲何如。大約出售總在三萬金，如閣下有意，即示回音，或者此物可售若干。便中來示，亦有人想留。

特此敬請升安，並賀年喜。愚兄康誥頓首。

二嬸母老太太前叱名請安，諸位兄弟及四太太並侄等均吉。144－299

《端方檔》。

梁誠（一通）

午帥尊兄大人閣下：

昨承賀電，驪溢私衷，遠盼使星，光分大陸。伏承歷聘名都，兼臚善政，施勤能於四事，進幸福於群黎，祜集軺軒，勛崇泰岱。

弟竊慚一介行人謬領中書秘監，三年奉使報稱，未能留差之説，本非敢期，日來亦並無消息。近正以續約未諧，運動改良禁例，汲長綆短，昕夕屏營。今夏議院散會雖遲，然目前尚未切實提議，恐須併入冬春議期，始有就緒。倘果集事，則弟經手已完，遠役思歸，亦不欲再爲久駐。内閣事簡，籍息仔肩，聊藏鳩拙，此則區區之私願耳。肅此布謝，旌旋有日，望乞預示，以便通幽也。

專請台安，惟希軺監。愚弟梁誠頓首。三月十九日。

附湖北來函一械。145－203

按，書於光緒三十一年（一九〇五）。梁誠（一八六四—一九一七），字義哀，廣東番禺人，同治十三年出洋肄業官學生，時任出使美國、秘魯等國大臣。《端方檔》。

梁鼎芬（一通）

鼎芬與公同爲鮮民，安有樂事？每逢生朝，尤所凄愴。山居電告華厂五月底有孤山之游，恐使來寒亭，托詞阻之耳。别歲寒臺兩月，王息存、黄全一先後住此局，合芬爲三友，因題此名，擬乞書匾。歸則書件堆几，如一小阜。謹先讀賜札，獎借至此，何以爲答？公不作生日，今世有之，不使人知生日，則今世未有也。過損嘉惠，情深而道不恕，愧謝愧謝！大聯文章之妙，當代無儕，今尚懸之廳事，使客來欣賞贊嘆，非欲人知公譽我也。李深之忠謀直諫，生平最敬慕之人，以之相况，真是百分無一。東坡再召，與温公論事多不合。追思此二十四年間，知慧散落，不知何處？精神毋弗，不知何事？垂垂老矣，可愧可懼，真如一夢。又若一日，又似一世，此正東坡所謂老于憂患，心迹灰冷，如槁木伐之無聲，如死灰吹之不起也。螻蟻餘生，乞天之憐，不使常常有病。小病、暫病，惟天永命。

時時來游半山亭，與公論世談詩，雒庵、炎之、伯嚴、礪若、猛庵、留垞、善餘諸君子徜徉水石，流連文史，樂有加於此乎？此間往還多以詩爲贈，非所敢承。佳句有楊鄰蘇『百年强半歷艱難』，紀悔軒『晚晴幽草容天意，陡壁喬柯見歲寒』，黄叔頌『身如野鶴閑能健，心似冤禽老益堅』，爲學生所傳。仲綱弟以鐵鼎石先生五言聯爲貺，真稀世之寶。

玉泉山隱居精舍電文曰：武昌織布局梁學蘭學贊昨五十生朝，感慨萬端，食素一日，寫經一帙焚化，資先母冥福。此學東坡。鹿翁陽。

戊申六月十二日，自寒亭回，書此報陶齋尚書四弟台坐。鼎芬上。

按，書於光緒三十四年（一九〇八）。梁鼎芬謝贈壽聯及端緒贈鐵鉉五言聯。王息存即王秉恩。楊鄰蘇即楊守敬。紀悔軒即紀鉅維。黄叔頌即黄紹第。

廣州華藝二〇〇七年秋季拍賣會，憨齋珍藏法書372號。

張謇、熊希齡、鄭孝胥等（一通）

午帥大人鈞座：

敬稟者。中國公學自蒙提倡，各省相繼輔助，校中經費賴以維持。凡屬士林，莫不感佩。查本年五月，曾由該公學職員王敬芳等稟請，前浙江撫臺馮中丞撥款資助，已蒙批：『稟摺、章程、報告書，均閱悉。該生等就交通最便之區，爲公同講學之地，破除省界，立約自治。始則各盡義務，拮据經營，繼而奔走呼號，將伯誰助，姚生洪業至以身殉。而諸君子貞心毅力，百折不回，縱極困難，公學屹立，精誠所感，金石爲開。兩江端制軍奏撥鉅款，給予校地，蘇、贛二省亦分認常年經費，三款所入以銀計者萬七千兩，再稍收學生學膳等費，常支當無不敷。查該公學現在已有浙學生廿四人，將來蘇、浙鐵路接軌開車，就學人數必遞加無已，尤宜竭力扶持。仰藩、學、運三司會議，自今年起，每年籌撥銀三千兩，作爲常年經費，一次給領。浙省財政困難甲於他處，此次所認竭蹶萬分，想諸君子不以爲非薄也，繳。等因在案。』

自增中丞到任，該校尚未及往領。誠恐各省庫款支絀，一經催領過急，或又援蘇省爲例，則公學不可支持。本期校董会議預算，本年出入尚缺經費六七千元，若浙款解到，便可彌補半數。

竊思此校始終賴大帥提倡，惟有仰懇電商增中丞，將批准該校之常年經費三千金即日給領，以應急需。可否准行之處，仰候鈞裁。

肅此，敬叩崇安。張謇、熊希齡、鄭孝胥等謹肅。十月廿一日。145－247

按，書於光緒三十四年（一九〇八）。一九〇六年，罷課抗議歸國的留日學生在上海開辦了中國公學。因經費不足，運營困難，學生姚洪業憤而自盡。張謇、熊希齡、鄭孝胥等均任該校校董。馮中丞即前任浙江巡撫馮汝騤。增中丞即時任浙江巡撫增韞。《端方檔》。

張　謇（七通）

一

陶帥大公祖大人鈞鑒：

西林咯血，復疏已上請開缺，意在得請乃已，然恐終須去粤一行也。導淮無疏，而以爲除害興利，開東南大局，頗加詢問。鄙意公於江南主位也，未可使客代爲謀。顧前擬之疏猶有漏義，初擬俟得再幕府。

山煤礦聞已試采，火力如何，擬請發三五噸試用。通州天生港埠已否附奏？專恃此賴歸還平麟之借。乞示。

謇再叩。143－370

按，書於光緒三十三年（一九〇七），所用箋紙印有『光緒三十三年四月初一日通州師範學校紀念日運動會箋』，下同。西林即岑春煊。

一至四札均出自《端方檔》。

二

陶帥大公祖大人鈞鑒：

倪君錫疇，思九商業慎篤不妄之君子也，公在蘇日，當亦稔之。比以家累重，圖於滬上兼營一事，赴寧修謁，謹爲介紹，伏祈進教。

地方議會已奉明詔，自治法尤不可不講，通州率乞早允行，俾早布置。諮議局草案一二日上道，由道轉詳。至費口舌者，上下之財政也。

祗請大安。治侍張謇頓首謹狀，九月十四日。143－372

按，倪思九，時任蘇商總會協理。

三

俞旨後詳陳。比得沈雨辰書，則紹侍郎深以借款無可抵償爲慮。紹爲溥膽，無以安之，議必差異。今補陳如別紙，備公采擇，叙入疏稿，蘇、皖何能不分任耶？餘更瀆聞。

敬叩大安。治侍張謇頓首，五月十三日。143－374

按，沈雨辰即沈雲沛。紹侍郎即紹英，時任度支部左侍郎。

四

上海十二日禁烟館之令，實行頗有精神可嘉，請通飭州縣查照辦理。地方官持之以類，當不難漸致也。

謇頓首。143－375

按，端方時兼禁烟大臣，上海所有烟館於是年五月十二日一律奉令關閉。

五

陶帥大公祖大人鈞座：

敬啓者。通如食岸，上年十月接辦以來，比時正值菜市，銷數尚可。然比較光緒三十三年官棧，已不及半。本年正、二兩月平平，閏月稍好，滿擬三月間醃切之時，銷路漸佳，不料轉形疲滯。察其原因，無非私鹽充斥，若不設法補救，則國課商本損失堪虞。兩淮駐岸緝私之船，止此十二三艘，僅紮官河一帶，猶且不敷。內地港汊紛歧，豈能保無疏漏？如謂添派艇勇，經費又無所出爲急。則治標之計，惟有以狼山鎮標原駐地方之防營兼事緝私，較易爲力。查鹽法志，地方文武本均有緝私之責，是責成狼山鎮營汛，亦非分外。除由岸商稟請候示外，謹再肅函奉懇，務乞札行狼山總兵遵飭辦理，無任感禱之至。專此，敬請勛安。治侍張謇頓首。四月初二日。

附通如岸商稟。

按，書於宣統元年（一九〇九）。

上海陽明二〇一六年春季拍賣會，故紙繁華·中國之老股票與債券專場2608號。

六

午帥大公祖大人閣下：

淮北灾民重煩藎慮，承命就商，比亦以義振籌畫，待九香來合策，稍稽即路。此次淮北之灾，爲數十年所未有，非工、振並籌，不克全濟。竊擬標本兼治，議其籌款，必須倚重鎊餘，能得百萬，協之以義，振庶可措手。

昨與九香邀集盛、吕諸公，倡議發起，承表同情。定於明日遍邀旅滬諸君，妥商辦法。議有端緒，十一、二日，再當赴寧，面白一切。附上芻議一通，幸賜省覽。

專肅，祗請勛安。治愚弟張謇頓首。初七日。

按，書於光緒三十二年（一九〇六）。

中國嘉德二〇一九年秋季拍賣會，筆墨文章——信札寫本專場2103號。

七

陶帥大公祖大人鈞鑒：

昨晚以合議議會分合及研究會公呈，未獲趍陪，歉悚歉悚。現將晚間應面陳之事先行開具呈上，候公審察，再聆鈞誨。附九香屬上之件。

敬叩勳安。治侍期謇頓首。初二日。

西泠印社二〇二〇年秋季拍賣會，中國書畫古代作品暨明清信札手迹專場814號。

張之洞（二通）

一

午橋仁兄大人閣下：

日前肅布一緘，亮登清覽。辰惟鴻祺懋介，豹直宣勤，式孚欣頌。《耆獻類徵》一書，前因卷帙繁多，未便並寄。兹乘貢差進京計，全部分裝三篋，特交帶上，藉供公餘瀏覽之用。又湖北省城蠶桑局織錦緞四匹并呈，即希莞存是幸。耑泐，敬請著安，諸惟雅照，不備。愚弟張之洞頓首。1－15

按，書於光緒三十三年（一九〇七）。張之洞托貢差寄送《國朝耆獻類徵》全帙。

《容札》。

二

兄廉正練核，正筦䣺綱，亦是百年獲逢機會，務請精心核比，密開清單見示，以便面商。若宣言於衆，加價困難，減費亦不易也，如此説必示行。此外有何籌畫巨款之法，亦希速示。日日搪債，日日披索，真是苦境，然無可奈何也。此布，午橋仁兄大人閣下。弟期洞頓首。

按，書於光緒三十四年（一九〇八）。

中貿聖佳二〇一八年秋季拍賣會，萬卷——古籍善本專場1011號。

張仁黼（一通）

冗碌未及挹叩，渴念之至。承手諭，極感。家嚴、慈精神俱尚康健。只得驅來，容面罄壹是。曾件費心，與感與感。

清恙大痊，聞已復元，深慰繫念。

午橋老弟左右。兄仁黼复上。即刻。5－1195

按，張仁黼（一八四八—一九〇八），字劭予，河南固始人。光緒二年進士，官至吏部侍郎。

《清代名人書札》，北京師範大學出版社二〇〇九年版。

張以翔（一通）

午翁仁兄大人閣下：

前所拓吉金，天池兄欲亟得一分，祈即擲下是幸。昨接家言，又出古銅數件，弟擬乘此機會，於收麥前到舍，祈將歛齊之項，即交去人帶下。倘猶未齊，仍祈再勞清神，前所交拓本共壹百五十乙件，屏十二幅。速爲歛齊，俾弟得早到東，則感佩益深矣。再聞李山農現在澤門，已將所臧古銅盡皆典出，只可另思巧計，倍價轉贖耳。草此，即候辰安。愚弟張以翔頓首。十八日。144－457

《端方檔》。

張曾敭（一通）

陶公左右：

五奉手教，備承垂注。既病且冗，久稽裁答，竭蹶之狀，即是可推。吾公碩畫閎猷，力扶時局，東南唇齒，同倚長城，旦夕欽馳，蹲蹲起舞。

徐次舟短長互見，誠如電示所云，其老練警敏，統帶鹽捕，最爲相宜。屢荷鼎力斡旋，非深承知愛，何由得此。公私紉感，莫可言宣。

承示筱帥咨抄條陳，此件前已咨到，所論蓋出自梟黨，意在傾軋，次舟辦事之難如此，已面囑其加慎矣。金道妙年穎敏，昨委陸軍小學堂總辦，並兼監督，必能勝任愉快。錫眷臣畏潮濕，畏學界，然浙省何處無濕無學耶？衢、嚴較好如願，回任甚易，否則須待機會，不敢忘也。潘守人亦老成，惟浙派較重，容徐徐圖之。李道宗棠已蒙差委，弟愛其才而薦之，他不深知，願公留意。施仲魯、廉静明通在此經年，深資臂助，感公知遇，且欲謀菽水之資，故投效麾下，公必有以拂拭之也。

蒙惠埃及石刻，得廣眼界。公殫精金石，搜及殊方，竹汀、覃谿遜斯博洽，至爲感佩。弟無材寡學，疆吏本非所勝，加以時事艱難，浙中積弊深錮，勉竭駑鈍，迄無少效。去夏感受潮濕，觸發舊疾，一病半年，求退未允。近日濕氣漸發，病又復作，誠不堪爲世用矣。深幸屬望，良用慨然。附呈新茶、蔣腿，聊以將意，目笑存之。敬請勛安，諸希澄照。愚弟張曾敭頓首。145－213

按，書於光緒三十三年（一九〇七）。張曾敭（一八四三——一九二一），字抑仲，直隸南皮人，同治七年進士，時任浙江巡撫。《端方檔》。

張鳴岐（一通）

匋齋尚書左右：

一昨芹曝之獻，乃蒙錫以齒前，三復惠箋，彌增汗愧。玉體微郄，深繫鄙懷。日來氣候漸寒，復望善衛崇重，早慶康復爲祝。鳴岐翌晨前訓，後日亦尚有俗冗，過此稍得清暇，即當走候興居。

肅復，上叩霍安。鳴岐頓首。初四夕。143－430

按，張鳴岐（一八七五—一九四五），字堅白，山東海豐人。官至兩廣總督。《端方檔》。

黄　誥（一通）

大帥鈞覽：

敬肅者。舟中送別，轉瞬光陰。回溯旌節遥臨，趨承之下，諸凡簡慢，反蒙惠賜多珍。昨接鈞函，又蒙齒及，彌深慚感。敬惟一帆風順，安抵京華，行見嘉謨嘉猷，入告我后。凡百政治日臻富强，此固舉國人民同深頌抃者也。

誥黽勉從事，碌碌如恒。囑寄石頭箱一件、畫箱二件，已由拿波利店主代寄上海。誥又在羅馬寄往上海小箱二件内載相片及書籍等，均經函致上海道，請在海關存貨處取出，寄呈鈞處。至於米朗賽畫三張，誥到米朗業，與極力磋商，畫原訂價六千六百佛朗，僅減至五千七百五十佛朗，并須立候準信。誥因爲數太昂，未審鈞意如何，特於六月初四日發電寄上海道云：『轉端帥賽畫三張，五千七五佛，購否電覆。』誥現尚未奉覆音，惟有囑其將畫暫存，聽候來示而已。

謹此，敬請鈞安，統祈垂鑒。黄誥謹肅。145－235

按，書於光緒三十二年（一九〇六）。黄誥字宣廷，廣東駐防漢軍旗人，光緒二十四年進士，時任出使義大利國大臣。拿波利即那不勒斯。米朗賽即一九〇六年米蘭世界博覽會。

《端方檔》。

黄紹箕（一通）

午橋老弟大人閣下：

春暮濒别，得惠假款以行，感助不可名狀。比維起居佳勝爲頌。日來公私有何見聞，極爲懸念。紹箕侍行，於四月廿四日抵汴。自家君以次，均尚順平，足慰存注。有新出唐誌出售，索價卅兩云，不能甚少，拓本呈上。又有隋姓前主簿墓志，係前五年出土拓本。145－66

按，書於光緒二十一年（一八九五）。

《端方檔》。

黄嗣東（二通）

一

陶公尚書左右：

前奉電訃，擬約集同志親往奠唁。而鄂中酷暑中人，旱魃爲厲，道殣相望，行伍一空。衮衮諸公，貸粟施藥，不遑暇食。惜府庫徒有虚名，倉廩早改爲學舍，無米之炊，天實爲之，謂之何哉！衰朽餘骨，不欲玷賢侯之臺，室人交讁，遂不果行。兹特專足送呈挽幛、挽聯兩具，乞代懸伯太夫人靈幃，以當芻獻，并懇我公勉節。猶子哀慕之情，爲國爲民，崇護不宣。嗣東謹上。七月廿一日。

荃臺先生近狀如何？拙道公子許賜刻書，久未見寄，乞一促之，并念。樊山何時履新，乞

代致區區。143－295

按，書於光緒三十四年（一九〇八）。所用箋紙印有『竹素軒製箋』。據《藝風老人日記》，端方伯母病逝於是年七月初五日。黃嗣東（一八四六—一九一〇），字小魯，湖北漢陽人。荃臺即汪鳳瀛。樊山即樊增祥。

一至二札均出自《端方檔》。

二

陶公尚書鈞座：

前史令來拜，辱埃及摩刻之賜，不及申謝。又奉手教，并頒歐磁小瓶一座，對使拜受，感悚交并。高誼稠叠，不知所報，惟祝至誠感格，天降屢豐而已。

附呈短歌四章，聊申謝悃，兼頌新年，伏乞鈞誨。嗣東謹拜手上。除夕。143－300

搴來滄海石，遠問楚冤禽。不有奇文賞，寧知別恨深。
守口今知戒，離懷老更親。荒齋何所用，留待一枝春。
頭白仍憂國，穹蒼已厭兵。山中忘甲子，海内卜昇平。
半畝篝車祝，八荒文軌通。江南無一事，閑殺黑頭公。

陶齋尚書清鑒。嗣東。143－297

按，書於光緒三十二年（一九〇六）除夕。

程式穀（四通）

一

午橋四兄暨令弟諸兄有道左右：

雒盦回里，藉悉政體康和，家閏宣鬯，至慰至慰。承賜《隸篇》《金石聚》兩書，爲南方最難得之本，置諸几案，足洗眼光。复承厚遺白金，爲游人佽□其□杭游之約，至今猶未□□敬，當轉奉堂上，以爲母壽，庶不負故人□誼。揭□十二分，已珍收篋衍，凝稍遲將前後各本碑目詳細開列未至者，冀有以補闕焉。

江西七天，頗能知道近日之愛金石者，足下及王蓮公。蓮公以大考高等，偁名較易，足下無所資藉，而聲光甚遠，固知所好成□□□名之矣，聞□□□。

足下□日又有痛陳時事一書，忼慨質實，不減同甫書。雖未上，然直聲亮□□□知。惜未得□□於□□古□□□□肅將复簡同達□忱。

即請道安。弟程式穀頓首上。五月初三日。19－127

按，雒龕即程志和。王蓮公即王懿榮。

一至四札均出自《名家》。

二

午橋仁兄大人左右：

五月中旬，由雒庵處附呈一函，□報高誼，當已早登籤室。比惟金聲宣𢡟，著述隆富，敬羡無量。

石搨已將目録約略編出，未譾已得尊處全石否？有缺請補寄。此目係隨意分就，故無叙次，成書時當再加斟酌，並乞達者有以督教之。諸石大約八月内可以謄竣，弟頃又倩人爲另寫一通。因初謄本有未畫審定者，有審定後多鈎乙塗改者，必另寫始得明朗。俟寫工告成，即先行郵寄，以紓雅望。其初謄者，即留爲考證底本。

近時信局重件頗不易寄，此書之成，約有兩卷，考證不在內。不識由何局寄去，較爲妥當。乞速函示爲禱。

又尊處諸瓦未得一分，石記内似不宜獨缺。此種前見令弟六兄拓藏不少，宜有以惠詒也。弟縣今歲大旱，大無麥禾，而吏役催科急如星火，民不聊生，恐不免作逃亡户耳。

草草布意，祇請道安。弟程式穀頓首。

令弟五、六、七兄統此致候，世兄近好。六月二十四日。19－129

按，程氏爲端方編纂《陶齋藏石記》。

三

午橋仁兄大人左右：

甲午揖别，匆匆三年，筆墨雖違，莫喻結轖。比想政事楙昭，著述宏多，甚頌甚頌。弟去歲鄉居授徒，脯脩微薄，承不遺在遠，餽遺多金，併當歲終，衣食裁足。頻歲以來，半賴文字故交爲之佽助，却之不恭，受之良愧。舊有句云『衣冷秋風黄仲則，竈寒冬雪馬章民。窮途不信黄金賤，天地茫茫有古人』，蓋紀實也。

碑帖稿一通，去年十月由信局交乾門外蔣君茶葉行代收轉交，亮無失誤。漢碑有『如律令』三字殘石，稿内題曰『殘檄』，蓋以漢檄均有此三字也。嗣考漢公府文多如此，擬改題『殘石』，達者以爲何如？

弟今歲課徒粤西，兼主講潯州書院，自慚庸下，不足爲人師。然有此一年，足輕夙累，以後即可安守故廬，娱侍老母。倘得選一冷官，更理舊業，異時成就，或有以報故人也。

碑帖考跋陸續有得，遲當録呈正定。令弟五、六、七兄造就當更卓越，然五兄久無一言見惠，何也？此次作復，直寄廣西潯州府署交某收，信局以全泰盛爲妥。

草草布意，藉請升安，諸惟朗察，不及。弟程式穀頓首。19－132

按，書於光緒二十三年（一八九七）。

四

午橋仁兄大人足下：

都門别後，曾肅一緘，上候左右，計早登閲。比維政體楙和，心頌無量。

穀自去歲十一月抵里，即閉户家居，不復問人間事。暇時檢點各碑帖，尚少《吴高黎墓誌》一篇，此文曾於經笥堂見之，搨工漏搨，故未入行篋。又武后時造象殘石，得之新疆關帝庙者，其石側亦漏搨。此石側可以證陸心源《唐文拾遺》之誤，願爲補之。

方格所携不多，恐不能編録。今春已别鏤一板，大小與前式略同，惟改作十一行，行二十一字，蓋仿《集古録》而爲之也。前所録者，與此不符，輒复棄去，謹當更録一通。正月不得暇，二三月之間，擬往餘杭，一訪葛嶺、孤山深處。此書之成，或在秋後。總之，『不負知己』一語足以書之。

今弟今歲托何人門下，能爲之師者，頗不易易。易、費兄弟自相師友，敢爲足下望。雖所處時勢與彼懸異，而一室怡怡，督教肫至，穀實親見之，而以爲世俗所難者也。

去歲曾求得盛百熙、王廉生兩先生書及足下楹帖，江行時爲胠篋者所得，乞屬五、六令弟再爲穀再請數行，由雒庵處郵寄。若以穀爲俗人也者，則不必强之。翟文泉《隸篇》、張少薇《金石聚》，窮鄉難得此本，能贈我兩書，尤感。北望神馳，不書縷縷，即請道安。五、六、七弟同此道意。弟程式穀頓首。19－135

按，所用信箋印有『源泰號』。

程志和（三通）

一

手諭敬悉。以賤軀故，時勞廑念，足徵關愛逾恒，至感至感。

鍾畫開夏珪等南宋畫苑之先聲，以愚揣之，南宋物，非元、明本也。已送還方伯，并約其明日午刻至謝墩登高，聲明帥意，度必樂從。友人以鼻烟求售，直頗廉，行家云係佳品，和門外漢不敢贅一詞也。

今日傷風咳嗽均愈，已遵諭服金雞納矣。榮電奉繳，已另函謝。

松寥閣舊有『雀巢』兩字，不如移之水晶庵，俾名實相副，何如？公致潤帥一書，擬寄家稻村轉呈。大帥鑒。汪山民謹上。143－387

按，書於光緒三十一年（一九〇五）。程志和議鍾師紹畫風及修復焦山松寥閣事。汪山民即程志和（一八四三—一九一五），字樂安，江西新建人，同治七年進士。潤帥即張曾敭（一八四三—一九二一），字抑仲，直隸南皮人，同治七年進士，時任湖南巡撫。稻村即程道存（一八五六—一九三四），名式穀，後以字行，江西新建人，光緒二十四年進士，時任襄陽府知府。

一至三札均出自《端方檔》。

二

日來寒暑中人，賤軀微覺不適，致未趨謁，至歉至歉。

昨伯岩以家藏舊器拓本見示，字不見精，然究門外漢，不敢下斷語也。屬呈帥座鑒定真贋，乞为示悉。前漢甫世兄一書極言之，不敢欺蒙大帥，此事必有缘起，惜未晤譚，一詢其究竟耳。

秋燥可慮，擬至城外靈谷寺避暑，獨行無侶，殊爲悶損。秦淮久已絕迹，庸脂俗粉，無一可

與言者，反不如對牀頭婆子，轉有真趣也。穢褻之詞，公不憎我慢傲否？敬叩大安，溎陽尚書。汪山民謹上。143－389

按，書於光緒三十四年（一九〇八）。陳三立托程志和以家藏銅器拓本代呈端方，鑒定真僞。漢甫即王懿榮子王崇烈。

三

大帥鑒：

抵滬之次日，致益三先生一書，問帥安好。尋又上書鈞座，乞伯太夫人照片。許久皆不得報，馳繫無似。

志和本擬早日赴杭，舍親張守牧九南山先生曾孫，節厂胞表兄。以闊别多年，堅留過夏。張守雙目失明，既不忍遽舍之去，復以苦雨兼旬，天時漸熱，湖游亦不能暢，不如且住爲佳，俟新秋再行，已假劉向谿花園下榻矣。

昨晤狄楚卿先生，名葆賢。云擬開書畫研究會，已構鋼板印法書名畫。蒙帥慨允，若携之來滬，恐不能放心。擬先偕東瀛好手數人往寧，以泰西照相法照之以爲底稿。惟須借用照相玻璃房，乞帥先爲租定，王式如等所用照相館，似可借用。志和未得帥一言，未敢明指其所。以便到寧即印。緣楚卿携帶人多，日久則所費不貲也。乞示复爲盼。

昨夏道敬觀言蓮溪方伯調甘肅道，遠西地寒，必不赴任，行止各何求，一并詳示。

志和頑健如故，足慰廑懷。敬叩鈞安。汪山老民志和謹上。六月十一日。145－231

按，書於光緒三十四年（一九〇八）。有正書局狄葆賢欲以珂羅版印《中國名畫集》等，擬派員往南京拍照端方所藏名迹，程志和致函代爲請示。

喬樹楠（一通）

樹楠於金石學向無考究，承示秦權，雪兄歸，當與同觀。公必有考訂文字及獲此始末，請示觀而自以長歌檃括之，如覃溪、東洲諸老金石諸篇，或萬一形似也。

午橋大中丞，樹楠頓首。廿九日。

按，書於光緒二十八年（一九〇二）。喬樹楠（一八五〇—一九一七），字茂萱，四川華陽人。覃溪、東洲即翁方綱、何紹基。

北京百衲二〇一六年春季拍賣會，尺素文心——信札詩稿專場2234號。

馮端（一通）

午橋四兄世大人閣下：

前讀來示，雅誼拳拳，溢於言外。敬諗經綸日富，閱歷日新，大受小知，無施不可，洵爲儒林生色。

弟館事紛紜，如恒奔走。同文館三年一保，弟於丙戌歲杪充該館副教習。初入館時，正教習沈君從不到館，弟兼攝其事。丁亥二月，副教習謝蘭芬進京驗看，離館共五閱月，其館課亦弟代理。一身共兼三席。及謝君回館，服官本省，又在興都統處教讀。以官以館，曾不開缺。然近日賄賂公行，事難逆料，弟萬不敢以人例己。且館中有三四保而不出館者，未有不保而聽出者。弟在館業已兩年，倘因會試離館，或被人賄通上下，開去此席，則保舉一節功敗垂成。本擬函致月汀，托其始終周旋，自顧未免煩瑣，且中堂亦何敢屢瀆。恃愛過深，迫得仰懇鼎力周全。或親函致大帥，或轉托當道轉致，但函内必須聲明。

端於丁亥年二月至七月，曾代理謝蘭芬五個月館事。他日會試，無論中否，離館不過四五個月，館事自可著謝蘭芬代理。則上下雖各有他意，而無辭可遁。倘蒙賜諾施行，庶無意外。且弟既一枝可安，又可來京會試，如有寸進，實荷（下缺）。145－54

按，馮端，光緒十二年（一八八六）起任廣州同文館漢文教習。月汀即景星。《端方檔》。

勞乃宣（二通）

一

大帥鈞鑒：

仲昭及摺并來都。兩奉手諭，叩聆臺是，伏承拄躬納祜，至慰至仰。乃宣黽勉從公，衰軀尚可勉支。館中日來正商酌國會期限事，大約不日即可宣布。洪令咨文已收到，適接來電，仍須改繕，容俟續到，即行代投。桂摺已到，業奉批允。慰公言且俟洪令到京，再行設法。聞慰公口氣，似欲留内。洪令來時，我公再函懇慰公，或可仍發江南，伏乞鈞酌爲叩。

陳令廷英以舉人赴部，揀選考取第一名，以知縣分發江南。其人雖略有書獃氣，而志趣要好，頗有向學，似尚可以造就，尚乞有以成全之。此函托其帶呈，諸乞涵鑒。肅泐，恭叩鈞安，伏惟霽察。勞乃宣叩伏。六月十九日。143－432

按，書於光緒三十四年（一九〇八）。勞乃宣（一八四三—一九二一），字玉初，浙江桐鄉人，同治十年進士，時任憲政編查館參議。慰公即袁世凱。《端方檔》。

二

大帥鈞鑒：

前月郵寄一緘，計蒙鑒及。近日禔躬想益康勝，敬念無已。乃宣近尚無恙，足抒垂注。述軒以知縣保薦，而仍得知縣，殊屬蹭蹬。惟得發江南，近隸麾下，尚爲如願以償耳。秋瑾墓一案，前經電陳一切，不識浙中近日如何辦理。報章載吴紳公呈轅下，乞賜保全。我帥作何處置？昨瑞臣侍郎言曾見世相，談及此事。世相言無毁墓之理，不過作碑而止。看此口氣，政府洵無成見也。

兹秉述軒回南之便，手肅寸函，恭請鈞安，伏惟垂鑒。乃宣謹肅。十月望日。

再，洪琴西先生汝奎，爲咸同間耆宿，曾、李諸公交兼師友，學業行誼爲世景仰。以讞獄罣誤，士民惜之。冰相在粤時，奏調前往，積勞瘁故。當經奏請，開復原官，宣付史館，未蒙俞允。近其子直隸道員思廣謁見張、袁兩公，面諭再由江南紳民呈請具奏，先辦開復一層，必可從中爲力。現已商明紳民，即日呈達鈞座。洪道具有節略一件，並紳民呈稿一件，囑乃宣代爲呈請鈞覽。求俟公呈到時，據情上奏。伏思我帥樂成人美，定肯主持，用敢代爲轉達。尚乞俯如所請，同深感戢。

再叩福綏。乃宣又肅。

計呈節略一件，呈稿一件。2－268

按，書於光緒三十四年（一九〇八）。御史常徽奏請平毁秋瑾墓。世相即世續，時任軍機大臣、文淵閣大學士。冰相即張之洞。

《容札》。

惲毓鼎（一通）

午橋吾哥大公祖同年閣下：

前由令弟送到賜寄《山谷集》一篋，當使節啓程，行李倥偬之際，猶蒙料簡及此，遠道相將，感荷盛情，非言可罄。

下車伊始，必有條教頒行。敝邦士民困於盗賊剽劫久矣，惟公有以嚴戢之也。桂禍日亟，湘防可虞，長江伏莽，憂其嘯應。綢繆未雨，鎮安三吴，亦非公莫屬也。

弟因兵事需才，特疏舉劉雨三方伯，幸蒙采納。此公沈深有謀，善撫士卒，或可紓朝廷南顧之憂。都下暑雨頗多，近且連三日夜不止，若更淋漓盡致，農田恐致受傷。時事艱難，惟盼年穀豐登，稍安人意。誦朱子『憂國願年豐』之句，詢不虛耳。

兹乘直州同曹樹培到省之便，敬布拳拳。曹係甲午孝廉，與舍侄同年，其人殊敏練，幸格外善視之。

溽暑敬祝興居萬福，賀任喜，不莊。弟毓鼎頓首。六月廿一日。143－50

按，書於光緒三十一年（一九〇五）。惲毓鼎（一八六二—一九一七），字薇孫，直隸大興人，光緒十五年進士，時任翰林院侍講。劉雨三即劉春霖，曾任云南布政使。《端方檔》。

費念慈（六通）

一

匋齋尚書督部閣下：

昨答書達未？洪君蔭之到省，承優睞，甚感感。今挈眷赴鄂，聽鼓軨下。才人寥落，爲此粗官，可勝長喟。蔭之閱歷既久，涵養遂深，有終爲粥飯僧之意，非復曩昔豪邁無前之概，而其識慮，實緩急可用。今到省頗難，但求尋常局差、文案之類，以資糊口，隨公以供驅策足矣，唯憐才者圖之。同日别書交頌良。

草草，敬頌台安，小弟大功念慈頓首。廿五。143－20

按，書於光緒二十八年（一九〇二）。費念慈舉薦洪述祖。洪述祖（一八五九—一九一九），字蔭之，江蘇常州人。早期以游幕爲生，後任職於湖北、直隸。入民國，曾任内務部秘書。因主謀刺殺宋教仁，被處絞刑。

一至六札均出自《端方檔》。

二

陶齋尚書閣下：

到滬與公相失於路，旋聞拜撫湘之命，江南福薄，爲之索然興盡。惟祝聖恩優異，還我使君再移節金陵耳。

適有嘉定之行，句留十日，十九始返滬。又聞仲飴侍郎言，公廿一必到，遂候河干。嗣得家書，知啓節在月尾。衝寒而歸，小有感冒，晚間當詣談也。飴老有濰縣陳氏金石書畫拓片價目，屬携呈。又邑子徐桂寶亦有藏石十二種，擬歸清閟。統容帶交。

先頌台安，不具。念慈頓首。廿六日。143－22

按，書於光緒三十年（一九〇四）冬。費念慈擬代吴重熹呈陳介祺藏品價目，並代徐桂寶售藏石十二種。

三

陶齋尚書大人閣下：

江干判襼，黯然魂銷。孫道道毅，將門賢裔，能讀父書。現適歸里，願依軨下，薪脩、保案，皆非所求，惟以仰慕勳名，請效奔走。想大匠之門，儲材必廣也。

陸畫杜詩忘在案上，并屬帶呈。

此頌勛安，不具。念慈頓首。初六日。143－318

按，費念慈舉薦孫道毅。孫道毅（一八六六—一九四一），字叔方，江蘇無錫人。

四

陶齋尚書大人閣下：

正闇赴湘，草草布一函，昨得電，知已達覽。賤恙承注，感謝感謝。近日小差，午後總覺不適，倚枕讀書，不能伏案，甚憊。

學務處滿屋散錢，昨定爲五科，各自分辨，當可有頭緒。高等學堂開除劣生兩名，此外皆守規矩。惟教員沈亮棨沾染習氣，從而嘗試。昨略整頓，有手示三紙，附博一笑。

頃到滬，晤贊希，即晚至湘。匆匆奉達，餘屬贊希面陳。甘卿日内亦渡江奉謁，統容瀆布。疾作不多及，即頌台安。念慈頓首。初六日，旅中倚枕。143－320

按，書於光緒二十九年（一九〇三）。費念慈時任兩江學務處參議。正闇即鄧邦述。贊希即榮銓。甘卿即汪鍾霖。

五

陶齋尚書閣下：

前晚薄暮甫歸，讀手教，迭承惠貺，愧謝愧謝。下走爲齒牙所累，不得歸，兒輩出其不意，攻其無備，遂有此舉。比馳歸，則木已成舟，只可將錯就錯。蘇俗例有謝客之筵，山荆敬請公夜談爲别。一月所欲言，不知凡幾矣。岳君一函乞飭交。敬頌台安，念慈頓首。二十辰刻。143 – 323

六

陶齋尚書仁兄大人閣下：

得書大慰，子戴月尾可行，玉板已還。量俟到滬爲訪之，然頗疑其贋。大曾侯未免昂，姑置之，力不足也。歲底得山形父丁觚、魯原鐘、太師事良父敦蓋，皆精。於是所獲三代器四十有二，亦足豪矣。又獲一建安十二年鏡，可敵公元興也。過上元，當搨贈墨本。又見吴氏漢鈎十，有一大司馬鈎，必當歸公。如能得，當分其半與公。窓齋兩權，已托廉夫矣。

道希又偕木齋歸江右，二月初方來滬。昨托江寬船帶上十三刀紙、小硯匣。《會昌一品集》收得未？《石鼓》卷當交子戴。

弟爲塵雜所累，一時未能渡江，然必來也。孝章病後，至今未出房。正初又喪一愛妾、一孫，心緒極惡。

税事尚無眉目，頗存退志，甚闌珊。贊希事，須又致函促之。藝帥於學堂極留意，而吴門官紳無可助之者，下走只作壁上觀耳。

夫己氏歲底已遁去，若與僕相避者，藝公亦甚惡之也。掃葉之舉，德公力不足，奈何。乘黄樓便，草草具記。

勝之在此，二月可至鄂，公學一席，則屬芝房矣。

敬頌新釐，弟期念慈頓首。十三日。143－325

按，書於光緒二十八年（一九〇二）正月十三日。費念慈謂新得三代銅器皆精，擬搨贈端方建安十二年鏡。子戴即宗舜年。窸齋即吴大澂。廉夫即陸恢。道希即文廷式。木齋即李盛鐸。藝帥即恩壽，時任江蘇巡撫。勝之即王同愈。芝房即汪鳳藻，時任南洋公學總辦。

瑞澂（一通）

午帥四哥大人閣下：

在寧囱領訓言，莫名感幸，别後時以清恙爲念，想吉人天相，早占勿藥矣。

弟回滬以來，百憂叢集，環顧内政外交，無一順手，實有不克久安其位之勢。蓋弟本無才，又復多病，當此國勢危亡之際，人心變詐之時，棘地荆天，進退維谷。以弟素性，豈能久耐？雖我哥待弟情逾骨肉，所以爲弟計者無微不至，論公誼則時勢艱難，固非臣下偷安之日；論私情則感深知己，亦萬無恝然引去之理。弟具有天良，能無感舊？無如勢處萬難，無能爲役，若再鬱鬱居此，將有辜恩溺職之懼。

竊念弟到任接辦之事，以公塋一案爲最鉅，現已議有端倪，一經外部主持，不難就此了結。弟亦無所用其規避，此時求去，似尚可告無罪。所有稟懇奉請開缺之件，早經繕就。本擬發申，特恐我哥不允，用敢不揣冒昧，預爲披瀝函陳，務求曲體下情，俯如所請。密商政府諸公，速覓替人，俾得早釋重負，則感荷成全，實無涯涘。弟於此間，不能全無感情，將來如有可以效勞之處，仍當不避嫌怨，爲我哥貢其一得之愚。此請並非矯情，亦非牢騷，所謂實逼處此耳。鵠候諸言，以便發稟。專肅，敬布胸臆，祇叩鈞安，伏乞垂鑒。如弟瑞澂謹肅。143－424

按，書於光緒三十三年（一九〇七）。瑞澂（一八六四—一九一五），字莘儒，滿洲正黄旗，曾任蘇松太道，時任江蘇按察使。《端方檔》。

楊度（一通）

午帥中丞大公祖大人節下：

前上一書，并寄《粵漢鐵路議》數部，想皆邀覽。邇維公事憂勤，政躬康適，如頌爲祝。頃從楊星使處交來札文一件，乃以此間湘派學生照料須人，特派使館參贊馬君拱辰爲其監督，而令度隨從范君源濂幫同照料，以聽馬守指揮。

度自思經去歲趙次翁在湘時曾囑其幕府致書於度，因彼時選派師範、警察兩班學生來東入學，課程一切特托度爲審定。度以交情上之關係，曾爲一理，旋即辭去。趙知此事重大，又復繁瑣，度不足以任此，故僅以函托，而未以公文相畀也。況今者本有范君經理此事，又復得馬君總其成而指揮之，亦必已勝任愉快，不必更待不才如度者爲之贊助也。故特將華札封繳，以明不敢辱命之意。有辜惠寵，伏祈原宥，不勝幸甚。

特此，敬請崇安。治下楊度頓首。三月廿七日。

按，書於光緒三十一年（一九〇五）。楊度（一八七四—一九三一），字哲子，湖南湘潭人，曾任留日中國學生總會館幹事長。馬拱辰即馬廷亮。

西泠印社二〇二一年春季拍賣會，中外名人手迹暨三寧齋舊藏專場3265號。

楊　晟（一通）

敬肅者。查中國自與外人通商，海關歷年報告册輸入貨價總額，每歲常超過輸出數千萬元。金銀流出爲一國莫大之隱患，數十年來所賴以彌補漏卮者，實全在出洋商民。出洋海程以南洋爲最近，人數以南洋爲最多，故生意亦以南洋爲最大。且美洲、澳洲、南非洲之華商，其貨不過售之華工，與洋人交易者不多覯。日本向無華工、華商之貿易，祇有販賣而無實業。若南洋華商，生意既不盡恃華工，又所在多據實業，如新嘉坡新山之胡椒、甘蜜園，加拉巴之稻田、蔗園、咖啡山，吉冷、芙蓉、大小北叻、汶渚、勿里洞之錫湖，其業主類皆漳、泉、潮、嘉人。此外鋪店業、山林業，各埠亦復不少。其資本之雄，氣魄之大，常有操縱市價，頡頏洋商之權力。故歲由香港、厦門、汕頭、海口接踵南渡者，實盈千累萬，誠我國海外之一大殖民地也。

考南洋群島，就現今而論，菲律賓屬於美，巴布亞屬於德，帝問分屬於法、葡，新嘉坡、檳榔嶼、麻六甲、大小北叻、吉冷、芙蓉、北慕娘屬於英，其餘悉爲荷之領土，而以加拉巴爲總埠。華人僑居荷領者，殆不下百萬，皆閩、粵兩省人，大抵漳、泉人居其半，潮、嘉人居其三四，廣、惠、瓊人居其一二。蓋自明中葉以來，數百年於兹矣。其中頗多巨商富賈，其起家大半由地頭、華人購地開礦、種植，謂之地頭，猶言地主也。縛碼凡大宗生意，招人投票，承餉多數者得，謂之縛碼。兩種，有積貲至數百千萬者。閩人因内地官紳欺壓洋客，積爲習俗，類多輕去其鄉，掉頭不顧，相率而入荷籍，置田宅，長子孫，數世以後，並祖國之語言文字茫然不解者。

朝廷軫念僑民，無分内外。近歲以來，屢奉明詔，開海禁，通飭沿海各省地方官切實保護出洋回華之商，海外商民同深感頌。惟在外埠受荷官之苛虐，類於法之安南，而甚於美之舊金山等埠，華人處水深火熱之中，無所控告，前此已有迫而入英籍者。近年日本進步黨魁大隈伯爵乘此時機，欲吸集南洋華商資本，藉以圖我國工商各業，曾先後派其黨人到南洋運動。中有副島八十六者，常留巴城四年，能操巫來由語，與我國商人頗稱熟習，廣爲要結。自日勝俄後，荷官畏日如虎，華商欲托庇其宇下，恃作護符者，竟紛紛入日籍。日人至稱之爲歸化之民，甚至有望加煞。埠閩商陳熾昌者，去歲曾親至日本，謁見大隈伯爵，擬率全埠華商三四千人入日本籍，求爲該處之領事。卒由公使館員及留學生設法勸阻，是以不果。

夫以華人而受外人之虐，既屬吾民之隱痛，以華人而入外國之籍，尤爲我國之巨患。及今而籌補救之術，竊以爲其要有四，一曰設領事，二曰興學堂，三曰開商會，四曰注册籍。學堂以國語、國文爲本，所以起其愛國之心也。商會以合群團體爲主，所以集其禦外之力也。册籍以稽查其人數及所營何業、資本若干、贏虧如何，爲將來立憲後得享有國民權利，選舉議員之根。此又所以絶其棄内向外之念者也。若領事爲商務專官，上承公使，下轄商民，凡荷官處待華人，有出乎條約公法之範圍者，皆得據實陳諸公使，與其外部交涉並爲之，主張興學、開會、注册一切要務，又時以各埠商務情形報告商部。其關係之切要，似尤宜視爲先著而急亟施行。聞荷屬商人盼望領事之設，如歲旱之望雲霓，從前曾屢遞公禀於駐德兼荷公使，及閩、粤兩總督。卒因荷政府托詞推宕，而此議中輟。按公法，兩通商之國，彼可派領事於我國，我即可派領事於彼國，彼可拒我領事使不往，我即可拒彼領事使不來，是之謂平等。我若堅持定見，想彼亦無詞以拒我也。

今者晟雖不復兼充荷使，未敢漠然置之。除與駐荷陸使函商外，謹將荷屬華商情形及管窺所及，冒昧上陳，伏乞酌核主持，以慰商民而維大局，不勝仰企之至。肅此，敬請鈞安。

楊晟謹肅。八月十七日，柏字第一號。143－58

按，書於光緒三十三年（一九〇七）。楊晟（一八六七—一九二九），字少川，廣東東莞人。早年留學日本、德國，曾任出使奧地利、荷蘭大臣，出使德國大臣等職。駐荷陸使即陸徵祥。此後陸氏經與荷方的長期談判，於一九一一年就清政府在荷屬東印度設領和華僑國籍問題達成協議。大隈伯爵即大隈重信。

《端方檔》。

楊士琦（一通）

午橋仁兄大公祖同年大人閣下：

昨王道來見，接奉手畢，並傳盛指，愧荷昌極。弟自九月放洋，周歷十四埠，回環三萬里，使車所至，萬衆歡迎。演説之時，肫肫以闢邪説、正人心、廣教育、興實業相勸勉。仰賴國家福蔭，兵艦聲威，一切均稱順手。惟南天炎瘴，水土不宜，兩艦員弁病者甚多，弟亦積受暑濕。歸途又值祁寒，到滬即病，不得已請假一月調治。仰蒙恩准，明正假滿，即行北上。所有考察詳細情形，暨應辦事宜，俟到京後奏明辦理。南洋爲公轄境，當隨時咨達冰案。

前讀大疏，具佩畫籌。此次撫慰以後，朝廷威德深入人心，邪説詖辭不禁自戢，殊堪告慰藎廑也。明日赴江北就醫，倚裝匆促，不盡所懷，詳情由王道面達。

專復，敬請勛安，祇賀年禧。治年小弟楊士琦頓首。十二月二十四日。145－218

按，書於光緒三十三年（一九〇七）。楊士琦（一八六二—一九一八），字杏城，安徽泗州人，時任農工商部右侍郎。《端方檔》。

楊士燮（一通）

匋齋四弟中丞大人閣下：

兩肅手書，亮承鈞鑒。京師變生倉卒間，非意料之中，内外城阻隔者匝月，目下尚未通行。聞二伯母大人及五弟等閤眷已隨大哥同行，計已安抵秦中矣。

兄冷署趨縮，本無建樹，兹則無署可進。前月具呈報效，願隨前敵戎行兩正，望亟爲許可。嗣以李筱彦右丞及王蓮生世叔督辦團練，税局文案代奉之説，遂罷。此次中外失和起於拳民，内訌乃助此攻彼，而又不克。事理已紛如亂絲，意旨亦朝更夕改，兄身無寸柄，憤悶交加，求死不得。弟勤王之師係吉甫同年統率，能函薦兄襄助軍務否？或能加一卿銜，幫辦吉兄之軍，則身隸帲幪，尤爲忻幸。

刻下情形大有和意，而天津既夫並未停戰，總要連得勝仗才妥。天象尚無大妨，而鬼星刻已出地，至八月中則在正中，彼時總以早有成議才妥。此半月内我得天時，或可僥倖得一大勝，則和局既遠，且不至於大虧。

合肥尚無委任，聞記室與封圻各公有聯銜奏記，未知確否。歷觀畿輔内外各軍，敢戰者多，惜謀勇不能兼擅。祝帥老成持重，似少堅鋭之氣，星帥最勇，乃置之小用，精鋭頗傷。鑑帥尚遲遲未至。陳軍訓練略有歲月，張軍則皆新募，午後可面矣。兄頗願招募鳳、潁、六、泗、南、汝、光、淮、徐、河、兖、沂、曹等處兵勇，無如既無事權，又無賠墊，且恐緩不濟急，亦屬徒勞耳。

京師自大栅欄一帶被焚，市面蕭條，不堪入目，銀號縱有存項及外匯，甚均不發付，貧富一轍，無不窘甚。兄擬將妻子送回家鄉，俾一身得以竭忠盡命，無如資斧無出，再一成月，舉家有餓殍之患。前承函致月汀兄匯款，兄亦函詢，迄無回音。此時軍書旁午，何敢計及身家，惟未免有情，亦得誰能遣此邪？春曹已爲祝帥咨調司丞，亦南歸矣。玉甫已下詔獄。子久狼狽移居伯先處，於己封聞。

此請勛安，閤署均祺。年如兄燮頓首。萬壽節。19－102

按，書於光緒二十六年（一九〇〇）。楊士燮（一八五〇—？），字味莼，安徽泗州人，光緒二十年進士。李筱彦即李端遇，時任京師團練大臣。合肥即李鴻章。祝帥即宋慶。星帥即董福祥。伯先即世譱。

《名家》。

楊文鼎（二通）

一

大帥鈞鑒：

敬稟者。昨專差赴省，賫呈兩稟，諒蒙垂鑒。

連日迭奉憲電，覆三菱借款，聞度支部不允，深爲焦急。昨奉電諭，飭查淮海兩屬春賑需款若干。職道通盤核算，約略估計，除義賑外，共需八十萬千。此尚係從省而言，若稍寬濫，恐不止此。益以徐州五屬，是春賑查放一次，官款總在一百二十萬千之譜，兩次則斷斷無此財力。其各屬濬河各工，尚須另籌，不在此數。許道鼎霖所議海、贛兩處河工，估需工費銀十餘萬，謂可安置强壯饑民十之三四，固屬甚好。惟賑款仍未必减少，『以工代賑』四字，不過爲將來報銷張本。實則辦工與放賑，衹能分作兩事。詳譯憲電，蓋亦洞悉原委，無待贅言。

昨囑魏守赴山陽、安東、桃源等處查勘各處灾情河道，俟其回浦，當與從長計議。如力能興辦，自當勉力爲治本之計。否則，衹可稍緩再議，一時實難應付。竊謂江北各州縣河道淤塞失修已久，偶遇盛漲，即被淹没。若爲永弭水患起見，必須將各屬河道一律勘明地勢、水勢，通力合作，其有利於此處而不利於彼處者，尤須統籌全局，斟酌盡善，不能專顧一隅，轉啓争執。

兹事體大，非急切所能決議。職道俟魏守回浦，邀集許道詳加酌核，籌度財力，再行禀辦，似未便枝枝節節，敷衍了事。未識鈞意以爲何如，尚求訓示遵行。導淮事早經設局，昨測量各員生到浦，已妥爲安置照料，督同萬倅計畫一切。

現以楊莊黄河口爲起點，分作三路。一路由順清河到運口，由運口到張福口，赴蔣壩、三河、洪澤湖。一路由楊莊赴舊黄河，到雲梯關海口。一路由楊莊赴桃源、成子河。現來員司五班，擬分三起往勘，以期迅速。職道將舊存河圖檢交，並遴選熟悉河道地勢之員弁，帶同河兵隨往導引。連日雨雪連綿，道路泥濘，俟天晴道乾，再行分往。惟舊黄河一帶居民甚少，各員生逐日測量，晚間無處栖止，必須籌食宿之所，方爲周妥。

蕪湖運來之米，已分設五局，添派委員，趕緊驗收。各屬平糶，需米甚急，隨收隨發，應俟驗收完竣，核計霉變若干，虧耗若干，再當稟報。惟奉飭分撥各屬之米，共需十萬石，現僅到七萬，除剔退外，不足七萬之數。前湯董言尚有三萬石已裝未運，擬請飭令迅速運浦爲要。

職道現飛札各州縣，趕緊預計春賑之款，除以米價核抵，每處實需若干，限三日内稟覆，以便統計轉報，及早核撥。現查各屬運錢、運米、運衣之事，無一不由職道經理，僱車、僱船，應接不暇，終日忙冗，萬分勞憊，不堪言狀。而所難者，船隻過閘三道，牽挽艱難，車輛無處覓僱，搜刮不易。職道現飭閘官多添閘夫，嚴定賞罰，每日至少須挽過二十艘。車輛則設立官車局，派員專管，以供轉輸之用。

地方官多不得力，事無鉅細，皆諉之於職道，雖痛加申斥，亦置若罔聞，此則無可如何者耳。

職道此時所最爲愁急者，以春賑之款必須於正月望前解浦，隨時兑錢，分撥各屬，趕解趕運，隨查隨放，否則仍要延誤。極遲到二月内，總要開放，方能接濟民命。前擬向上海各商號借款五十萬，以賑捐款抵還，如能應手，春賑勉强支持。惟此事必須職道親自赴滬商辦，或可就緒。無如此間諸務叢集，一時難以分身。然事已急迫，除此無法可想，擬俟正月初五後抽暇一行，或請憲台電飭瑞道，就近商籌以速爲要。查各省賑捐，一年内如竭力勸辦，似五十萬之款尚可凑集，不致虛懸，此刻救急要緊，他不暇及。

省城解來軍衣已收到，查看均係單片，尚須添購衣裏。其中坎肩不少色雜紅、黃，有衣無褲，祇能爲半臂之需，未足備禦寒之用。張殿撰運來散碎棉花二百擔，需價洋二千七百餘元，仍須彈成絮胎，方能裝用，益以做工，拆改添裹，較新製爲費，殊不合算，似可無庸再運。

專肅稟陳，祇叩鈞安，伏乞垂鑒。職署道楊文鼎謹稟。十二月二十九日。145－193

按，書於光緒三十二年（一九〇六）。楊文鼎（一八五三—一九一一），字晉卿，雲南蒙自人，時任署理淮揚道。

一至二札均出自《端方檔》。

二

敬再稟者。竊查候補知縣藍光策前經職道派委，赴徐屬銅、邳兩處辦理牙捐，收數頗旺。嗣因揚州房膏捐疲欠已久，復飭該員設局整頓，較前加至一倍，於籌款甚有裨益，曾經稟蒙前署督憲批准，酌委有案。職道此次辦理賑務，派委該員管理糧米，密查各廠員司勤惰，並隨赴揚州籌辦資遣，均能實心任事，破除情面，不辭勞瘁，毫無官場習氣。查其志趣，頗知向上，若畀以地方之任，必能盡心民事。現查職道所轄各屬州縣，庸懦者多，明幹者少，如有更調治處，可否飭司酌委該令署理，以期得力。職道爲整飭吏治，任用需人起見，非有所私於該令也，伏乞垂察是幸。

再叩鈞祺。署道文鼎謹又禀。145－208

按，書於光緒三十四年（一九〇八）。楊文鼎舉薦藍光策。

楊守仁(二通)

一

大帥鈞鑒:

遷延滬上,逾歷季序,翹仰旌節,依戀彌深。敬維政躬休祜,恩施翔洽,繫東南之歌頌,分宵旰之憂勤,非獨九州人士想望維新事業者之所景從,抑亦爲寰球各國君相師儒盱衡遠東時局者之所傾注,雖司馬公之身任安危,范文正之心存憂樂,風猷所樹,未足云多也。

守仁自托庇蔭以來,遭回市井之間,不能稍自振拔,良以宦情既澹,又於世事多疏,不能與高材捷足者競得失於炎涼,則亦控地搶榆,自安卑薄。滬上風氣庬雜,文雅道喪而游宴時多。久於此間習而俱化,詎能不追逐儕輩,湛溺宴游。適友人創立神州日報社,以文事相夥,且謂與其放浪絲竹之場，銷耗精神，虛縻歲月，不如收斂視聽，潛心文史，尚可以疏瀹情思，派遣歡悲。既旅處無聊，亦藉賣文自給，非復別有旨歸宗趣存乎其間，乃亦無復恩怨愛憎之可以自由攄寫。而忌者不察，以此相中，此則筆舌之所無從置辨，而實事理之所不必相符也。

凡日報組織，看似簡單，實則複雜，分門別户，必非一人精力所能兼顧，勢不得不分寄無數人。而此無數人者，亦非復肯受成命於一人，文人結習，各雄其伍，分畺畫畛，率不相下，非獨今日然也。大帥觀之風雅壇坫之間，詎不然歟？何有以個人指歸披靡儕偶之事？以此言之，則忌者之口未足置辨矣。

至有言滿漢問題者，則亦非深達人心之論也。果其研究政治事情者，於此種國家存亡安危絶大關係，不應一無紬繹而但從俗，而稱之曰滿漢也，種界也。夫滿漢種界乃歷史事情之一節耳，過此以往，終必有渾融之一日。豈獨滿漢而已，即黄白棕黑，亦必終有渾融之一日。當其未渾融時，從歷史事情而稱之，則曰滿漢種界，固不必其無界也，歷史事情之痕迹使然也。及其既渾融後，所謂界者何在？且復成何種意味？惟當其欲渾融而未渾融之過渡時代，乃有此種有無兩見之辯説，一則欲以爲有，一則欲以爲無。以爲有者，固有以爲無者，亦未見其渾融也，此則生心害政之根據所爲潛伏者矣。三百年來，漸趨渾合，而痕迹未能净盡者，坐此害之也。達人知其害，則亦屬目而不留。六祖答人問月蝕曰：『乃心清净所見，非蝕。』又言：『風動旛動，心動者自動。』故知達識所存，山河大地，了無纖翳。惟忌者之心自墮魔障，隨鏡取色，揉目生花，求其本來，既非有花，抑何有色也？

入春以來，每得自寧來申者，傳言左右，頗以文字之間將有所歸罪，且或牽及政治上之議論。如守仁不謹慎自陳列，恐終貽忌者以口實，而攖方來之禍。守仁竊以言大帥之明達，終當察人於微，固不必待以喋喋之辭，妄瀆清聽。顧以守仁所取足於斯世者，不過澤雉飲啄之微，而論者乃或侈其辭，以爲妄欲激揚清濁，分別封畛，以投世網而取虛譽，則似有未盡知素心之所存者。且忌者先入於勢已深，如默而不宣，則亦有乖言志之義，敢貢其實，以待平亭，非敢妄有所矯飾也。

肅叩金安，伏乞慈鑒。候選知縣楊守仁謹肅。九月二十七日。

敬再禀者。神州報館自創辦以來，迄今已歷半載，編輯雖殊欠完善，而經濟則綜計前後所需，爲數已屬不貲，中更回禄，受創甚鉅。頃來銷數雖未爲大劣，而欲圖擴張一切，則於事頗難，勢不得不需有增入之貲本，乃能促進其成長之度。現在憲政萌芽，明諭昭垂，實以增進國民智識爲先務，而東南輿論又夙仰提倡誘導之功。《神州日報》久托帡幪，發生長養，得至今日，藉此基礎，可與善成。可否曲與獎藉玉成之處，統出鴻慈□□總經理人葉景萊仲裕君，專爲此事趨叩崇階。所有一切情事，均由景萊面陳。

仰候鈞裁，伏乞慈鑒。候選知縣楊守仁再肅。九月二十七日。143－218

按，楊守仁（一八七二—一九一一），字篤生，湖南善化人。光緒三十三年（一九〇七），與于右任創辦《神州日報》，任總撰述。一至二札均出自《端方檔》。

二

大帥鈞鑒：

守仁謬以菲材，辱承拂拭，筆札自效，遂歷秋冬。學殖蕪淺，無能爲役，徒以感激知遇，勉竭疲駑，以蚊負山，誠用自哂。幸以戢主政之主持大體，東友二三子之鳩集群材，又得本國學界聞見博洽、詞筆閎駿者各出所長，以相埤益，遷延時日，僅得有成。雖廣集夫衆長，難自矜於一得，悚及何已，慚汗何已。

此次成書將及六十種，編帙繁重，而法律名詞多爲本國律例所不具。如海軍一門，本國海軍部未及成立，所有官職制度無可比擬。陸軍一門，練兵處奏定章程理當援用，以爲迻譯之根據。然德國軍制與本國軍制實有難以吻合者，以小隊、中隊、大隊、聯隊、旅團、師團與鎮、協、標、營、排相比較，尚少一階級。擬議失倫，則累排成鎮，人數相差當至一倍，而其隊伍之分合集散亦窮於詞。日本軍制統以德國爲藍本，故於此二者，不得不全用日本名詞。

財政一事條理繁賾，而本國法律多所未具，故亦有不得不仍用日文名詞術語之勢。雖別立名詞，未爲不可，而既爲本國人士所不習見，反恐易滋疑竇。故且仍東譯，以待將來。此外則力避畸詞，務求習見。然學識鄙淺，精力羸弱，昕夕從事，日月不居，倉猝圖成，易滋訛誤，每一展卷，深用汗顔。

自始事以來，役役於此，訖無餘暇，體力疲悴，腦病大作，睡眠減少，神思枯涸。休養一二月之後，不能從事文墨，每日就醫求藥，藉以蘇息尫羸。始意蕆事以後，即當趨叩鈴閤，申謝恩慈。

得見前賜戢主政電文，繆承垂眷，感激無地。竊意以時訖事，瞻仰威儀，庶映日月以餐至言，得牖愚蒙而開茅塞。顧以體弱，不勝遽遘采薪之患，大睽初願，皇恐彌深。

朱廳丞見招報館主筆一事，計長安人海，材駿朋興，自揣微材弱植，尤難勝任愉快。請俟腦病少痊，精力休復，即當北上，以審所宜。陳力就列，不敢冒昧承命，但以駑鈍無能，尋加拂拭，雖暫違階闥，而依戀彌深，異日如有所驅策，更當一效所長耳。

十一月薪水用費未蒙賜給，已要求戠主政埶付。惟年歲遒盡，貧病交迫，典衣求藥，窘苦異常，更盼西江一勺之波，以蘇涸轍寸鱗之命。敬懇賞給十二月薪水用費，藉拯窮途。猥以下情瀆陳鈞聽，無任竦息，待命之至。

肅叩金安，伏乞慈鑒。舉人楊守仁謹肅。十二月初六日。143－226

按，書於光緒二十九年（一九〇三）。楊守仁等湖南留日學生於光緒二十八年在東京創辦月刊《游學譯編》，共出十二期，刊載翻譯論文和圖書，停刊後將圖書裝訂成册出版，約五十餘種。

廉泉（一通）

匋齋尚書制軍鈞座：

宣元展慶，敬頌藎躬萬福。

泉自去臘來南湖，日日飲酒看山，時或打冰出游。至孤山放鶴亭看梅，人日題詩二首。其一曰：『山色撩人万柳絲，祇因春雪誤歸期。勝游一過休回首，流水斜陽送別時。』其二曰：『翠袖單寒怯晚風，笑聲直撲斷橋東。野梅花發家家好，一入孤山便不同。』證以去年所寄《別孤山》一首，其身世可知矣。

南湖小築行將落成，前承題額，因尺寸過大，擬覓良工重製，以志光寵。北高峰建塔刻經，此邦士夫亦多贊成者。《楞嚴書後》一篇呈教，敬乞賜題數字，橅刻蕳首，使寫經者得托以不朽，并望提倡募資，成此勝迹。其爲功德，尤不可思議也。

湖上今歲尚未見報紙，於近事一不曉。頃過孤山，遇游客傳述，節旄將于元宵前莅滬。因索紙筆，在林處士墓側肅此，敬頌新喜，幸恕荒野。惶恐惶恐。

學晚廉泉謹上。正月十日。

附呈《楞嚴書後》二葉，閲後仍乞擲下。如蒙賜題，其版式照此，以便裝入册内。今晨在孤山搨蘇堪詩一首，併呈覽觀。

按，書於宣統元年（一九〇九）。廉泉謝賜題額，並爲《楞嚴書後》求序。廉泉（一八六八—一九三一），字惠卿，江蘇無錫人。

《盛檔》082036 號。

溥頲（一通）

午橋四弟仁大人閣下：

極目江天，輖飢正切，辱承賜翰，感慰交迸，拜大著之遥頒，彌先睹以爲快。敬諗匡時經濟，名世勳猷，擎一柱於東南，釋兩宫之宵旰。望孚中外，以頌以欽。

兄蜷屈京曹，一籌跼蹐，杞憂時局，寸念徬徨。於百忙中得讀鉅製鴻裁，舉彼都之政界、學界、軍學、商學，以及内治外交，靡不擷其精華，嚴予采擇。想見目光如電，胸括全球，取歐、非、米、亞組織之完全，以鑲我祖國，此編直不啻納須彌於芥子，是何神智而令人不可思議乃爾。我邦誠能一一仿行之，豈徒轉弱爲强，直可駕群雄而上。如公者真堪造世，四百兆神明之胄，實陰受其福矣。莊誦一周，無任頂禮。

專肅申謝，祗請勛安。惟希荃照不既。如兄溥頲頓首。143－231

按，書於光緒三十三年（一九〇七）。溥頲謝贈《列國政要》。溥頲字仲潞，宗室，時任農工商部尚書。端方、戴鴻慈考察歸國後，整理聞見而成此書。《端方檔》。

趙鳳昌（一通）

頃與人論俄日戰罷，各國必踵開維也納、柏林大會，我不預籌，必被屏居局外，尽失主權。似宜承美宣保我地，速派專使赴各國，請俟戰結，至京會議，保東方太平。自我倡議，庶可預會達言云云。

鈞意爲然，可否密達樞省，幸保將來大局。卅。

按，書於光緒三十一年（一九〇五）。所用箋紙印有『上海九華堂環靈箋』。《盛檔》063952號。

端緒（一通）

四哥大人鈞右：

冬月初十，接到十月廿九信，匯票叁百，又老殷百金，功牌三紙。潤電并讀悉。老殷匯券，因大順患痢疾在家養病，暫存弟手，俟渠病好，必給老殷寫回信。雍格之看媽信一封，已喚其家中來人面交，並付銀十兩。

潤齋爲購漢石經，爲天下鴻寶，可喜之至。信寄到時，必覓妥便寄。陝密電本已交信局寄去，並付保險費，當不致謬事。并致潤一電，屬渠收到密電時電復，弟并電達陝也。弟致潤信已將現在情形細述，並告以通挪之事，將來尚須由陝密電徑商也。

高少農爲先格薦明師郭君，妙極，尚願少農時時從旁考察爲有益。馬襄伯事初三已發電，雲師云四哥格外謹慎，甚好。大哥十九引見銀庫，此次略公處竇臣已爲招呼，大哥托竇臣轉求者。或可有望，俟得後必電。

聞七爺病已大好，尚未出屋子，日日以看書讀八股破悶，飲食起居均能謹慎，渠自己亦有寫信矣。

廉生信並奠敬百金均送交。廣宅事已向渠説明，已允年前必少還利息。四哥現在景況廉生深知，亦頗感四哥厚意也。伯兮病已見輕。樊山師信已送，此次無回信。餘無可陳。

冬月十三日，弟緒謹禀。144－612

按，書於光緒二十五年（一八九九）。高少農即高增爵。馬襄伯即馬相如，同治元年進士，時任陝西按察使。略公即榮禄。廉生即王懿榮。伯兮即盛昱。

《端方檔》。

鄭杲（一通）

午橋仁兄大人：

去冬今春，四次奉書。頃接伯羲書云，前有賜復之書，亦未之見。尤可怪者，三省亦無信來，告以辦法及諸多端，懸心已極，竟至今無一字，亦無來信告急。此間與帶銀去，須寄京，而京信來云尚未寄去，則彼中之窘況益可想見。然索性並告急，亦不來矣。且此項地租如何辦法，是否辦妥，抑或不妥，如何情形，尤屬著急之事，而竟無回音。頃有二人忽然閧傳被掘，雖承肝膽人親往數次，明查暗訪，知係訛言，然何能不膽落乎？然竟亦未能親身奔回一看，又無氣力買地，僱人看守，殆不可以爲人，故非將家眷送回即墨不可。合此以上諸端，是以決計遣人往取，當夜決計抓得五十金，明日便行。如不得，亦遲一日定行矣。

渠輩往豐登，荷蒙鼎力，今又僕僕爲此，繼由運寒事難不由人。得豐登來信，内中附言，舍下兩婦皆病，甫愈而三省及宗兒皆病，窘狀有加甚不支之勢，更令人焦急。亦無信來告急，真令人不解。弟今夏病困，至秋甫有瘥，感此而不加劇，豈非葛天民乎？渠是否荒唐，如有所聞，務賜一紙。弟又身羈不得已，遣胡敦佐即輔臣往視，並取家眷速來此間。如租事已就緒，即速同來，如未安，即令其先遣眷以就道。渠多留幾日料理租子事妥，然後回濟南算也。是否能取來，俟得確端，再以奉告。

聞與伯羲快游甚樂，乞並以此函示之。

專此，即請大安。弟杲叩。144－129

按，鄭杲（一八五一——一九〇〇），字東父，山東即墨人，光緒六年進士。《端方檔》。

熊希齡（二通）

一

欽憲大人鈞座：

頃接經理譯事之學生張伯良來函，准於初五前後向日本啓程。但其譯費尚恐不足，乞鈞座電告楊使暫墊數百元，俾符所用。兹擬電稿敬陳，乞裁發爲叩。

專此，恭請鈞安。希齡謹禀。

原函呈鑒。143－359

按，書於光緒二十九年（一九〇三）。熊希齡（一八七〇—一九三七），字秉三，湖南鳳凰人，光緒二十年進士，時任常德西路師範學堂監督。一九一三年，任國務總理兼財政總長。楊使即楊樞，時任駐日公使兼留日學生總監督。

一至二札均出自《端方檔》。

二

大帥鈞鑒：

連日爲報界事屢晤諸君商榷，皆於南京諸政各懷疑慮，且并疑及於齡。雖或面從，實非心許，齡亦不便將鈞諭提出，恐其藉此明登報紙也。大約近日中外之事相因而至，北京陸軍部以鳳統制爲各鎮鎮統，南京適以赫某爲防營管帶，遂令此間人民咸疑京、省存有滿漢之見。實則用人行政滿漢并進，平時本視爲故常之事，及值騷動之秋，則以訛傳訛，幾成市虎，有解之而不能解者矣。月前滬上各報難以理勸，惟乞帥座持之以静，方足安反側而定人心。事關大局，帥座必有權衡，當不待齡之贅陳也。

容即詳陳一切，先此肅奉，敬叩台安。職道希齡謹稟。十九日。143－360

按，書於光緒三十二年（一九〇六）。所用箋紙印有『海月箋 上海朵雲軒監製』。鳳統制即鳳山，時任陸軍第一鎮統制。赫某即赫成額。

鄧邦述（二通）

一

匋齋尚書鈞鑒：

禄來奉手教，未能即復。比當盛夏，唯襟履冲宜爲祝。述淹滯京師，欲歸不得，差信已如黄鶴，八月初間，還當來就使君耳。

兹敬懇者，何季方大令毓驥甲午孝廉爲何子永舍人季子，與侄家有世誼。去年在鄂充武備學堂教習，曾接戟嚴。今以知縣分發江南。丐述仰求，賜函向魏午帥、恩藝帥兩處，爲之嘘植。渠意欲在南京當差，知公與邵陽尤密，倘得一言，必可增重。

其人趨向中正，才幹優長，真一吏才。務祈推分吹嘘，至爲感叩。冒昧上瀆，餘事禄兒歸時詳陳。

專此，敬叩勛祺。姻年如弟邦述頓首。六月望日。143－340

按，書於光緒二十九年（一九〇三）。鄧邦述（一八六八—一九三九），字正闇，江蘇江寧人，光緒二十四年進士，入端方幕府。何子永即何慎修。魏午帥即魏光燾，湖南邵陽人，時任兩江總督。

一至二札均出自《端方檔》。

二

大人鈞鑒：

敬禀者。皖變之生，重念大人負天下之望，必爲群邪所忌，深爲懸懸。止庵行後，樞垣無執筆之人，意公必當其任，乃擇一聾老者，用人殊失衆望。頃聞聖壽節後，又有更動，清容交歡承澤，頗有秉樞之説。公繼其後，雖不能副向者之願，然旌旆北來，較之南中，庶少安也。至職道私懷，則公既北來，便可重依宇下。年來所以遲遲不捐省者，正爲有待耳。欣盼之情，正未有極。

清容條陳，謹全録一分，敬祈鑒入。惟此摺臧否甚多，雖已交議館中，已將劾人諸語删去，只擇六條爲集議之本，餘不發鈔。此摺務求秘存閣中，不必付文案，至叩至叩。

家叔熙之名嘉緝，前在玉帥幕中，歸來後，欲求公謀一編纂之役，如繆小山、鄭蘇龕諸公之位置。家叔文譽在江南，與繆、鄭正在輩行，早在洞察之内，敬祈留意。萬一我公移節畿輔，則家叔更無可依之地，故不免汲汲。如蒙見委詢，小山編脩當知家叔住處。

謹此附懇，恭叩鈞安，伏惟慈鑒。職道邦述謹稟。六月廿六日。143－343

按，書於光緒三十四年（一九〇八）。止庵即瞿鴻禨。玉帥即周馥。繆小山即繆荃孫。

樊增祥（二通）

一

元旦朝賀，需用補服，易雪雁爲獬豸，此間遍覓不得。公陳臬時必有舊者，乞撿賜一副。昔桓宣武輕殷領軍，曰：『吾幼時所棄竹馬，殷輒取之，渠定不如我。』白香山亦曰：『吾銀青時微之已著緋，及吾衣緋，而微之又賜紫。每先我一階。』偶舉二事，發公一笑。

此上午橋仁仲中丞大人。節下如兄增祥頓首。1－27

按，書於光緒二十六年（一九〇〇）。端方時任陝西巡撫，樊增祥時任陝西按察使。《容札》。

二

午橋四兄大人閣下：

前承寵召，距躍三百。詎弟連夕失眠，晝復不寐。今晚樵公亦約夜譚，孱軀恐不能勝。又值秦友電西返，心旌摇摇，雅約竟不克赴。足見良友聚談，亦關福分，俗吏不當屢尋此樂也。貢上雙弓一咢，聊佐清宴，遲一半日再詣尊齋，盡攄積愫。此請勳安。弟祥頓首。

仲經四弟均此。臘八日。

中國嘉德一九九六年春季拍賣會，古籍善本518號。

劉世珩（二通）

一

匋公夫子大人尊右：

奉示敬呈《小忽雷》拓本，季丈題就，惠下付印，何返清秘？大雷音已爲珩獲，尊藏小雷音，求交下一審，如蒙賞賜，又爲雙如意之續，其將爲雙雷齋榜矣。一事爲偶，無不成雙，亦一佳話也。吾師許乎，否乎？

飽窺寶藏，自詣府君，能飭典守，隨時賞看。引看竹之例，最償願也。

《匋集》景得，已返鄴架。《史記》《草堂雅集》，年内准歸趙，祈紓念是叩。

十六晚小集敝齋，求賞光至幸。十三日，彊庵閣學處再求教益。

甬上敬叩道安，惟恕不莊。受業世珩謹狀。九月十一日晚。143－25

此箋爲蘇堪書贈，合併聲明。

按，書於宣統二年（一九一〇）。劉世珩謂《小忽雷》拓本已付印，望賜小雷音，與其所得大雷音合爲佳話。又謂影刻宋本李公焕《箋注陶淵明集》已畢，百衲宋本《史記》、元本《玉山草堂雅集》亦年内可成。蘇堪即鄭孝胥。所用箋紙印有鄭孝胥書『小忽雷閣』四字。

一至二札均出自《端方檔》。

二

匋公夫子大人尊右：

頃詣辭歲，未獲登堂。奉到賜書，如承親炙。經塔拜收，當付石景，畢事仍以奉完。

百衲《史記》業經影竣，傅梅若在漢覆勘，言定年底應寄京，至今未到，或以鄭重，不敢輕率付郵。一表即上，千乞勿念。愆期之咎，已無可辨，尚希原恕。初五小集，既我師有南山之游，遵諭改於元宵節後，并求賞示日期，至爲企叩。歲序匆匆，頃刻間又一年矣。惟頌吉祥止止，與歲俱新。

受業世珩頓首。除夕。

新刻《拜月》《燕子》二種，縢函呈教。《春燈》《燕子》，夙爲并稱，『先來燕子所入春』，燕喜之義，順叩年禧。受業世珩再拜，上匋公夫子道履。143－29

按，書於宣統二年（一九一〇）十二月二十九日。劉世珩謂百衲本《史記》影刻已竣，《暖紅室匯刻傳奇》新刻成《拜月亭》《燕子箋》二種附呈。

錢葆青（一通）

匋齋尚書節帥大人鈞座：

旌旆北來，趨謁行邸，摳衣未遂，悵歉彌深。

曩者武昌之别，荷公以秦權詩扇枉惠，行裝增重，彈壓風濤，四載奉揚，一字未報。自慚非分，未敢妄通。耿耿寸心，銘之夢寐。

比公星軺遠邁，驪駒在門，此役爲中國第一大舉，海内外觀瞻所繫，忻企之忱，遏不能已。謹成長律四首，媵以漢竟打本，録之扇頭，藉伸積愫。下里巴曲，不應上溷雲英之聽，抑以瓊玖爲投，許通李報。輶軒所采，不廢壤歌，芹獻區區，伏乞垂諒，閔其愚聱而進教之，榮幸曷勝。

節麾將發，政務殷繁，深恐晋謁末由，竟違顔色。聞公鬚髯豐美，迥異昔年，擬求玉照一片，以慰鑄金畫扇之思。依戀之忱，流爲瀆請，異日黄鵠山頭，將以輿情，爲公刻畫竟成之，亦部民職也。瀆冒尊嚴，無任悚皇之至。

祇承起居，伏希垂鑒，不宣。治下晚生錢葆青謹上。八月朔日。

按，書於光緒三十一年（一九〇五）。錢葆青以己作長律四首書扇贈端方，以報四載前秦權詩扇之贈，並索照片。

中國嘉德二〇一九年秋季拍賣會，筆墨文章——信札寫本專場2106號。

戴鴻慈（四通）

一

午帥我兄大人台右：

承惠食物，飽嘗佳味，謝謝。寶星捎已預備，專候片稿寄來即奏。舒吉甫、金峙生、朱伯言履歷已咨部，温、熊、高、馮俟將改獎，寄到彙奏。唐露園另案已保知府，亦可改獎，統俟彙奏時叙入。外省官制尚未議定，謹此報聞。兹藉來使旋便，附上食物四種，希爲察入。順請鈞安。功鴻慈頓首。十二日。

按，書於光緒三十二年（一九〇六）。舒吉甫即舒清阿。金峙生即金鼎。朱伯言即朱綸。温、熊、高、馮即温秉忠、熊希齡、高而謙、馮祥光。唐露園即唐元湛。除高而謙曾隨載澤出洋考察，其餘皆爲端、戴考察列國憲政團同行隨員。

上海敬華二〇一八年春季拍賣會，箧櫝珠璣——古籍善本名人手札專場1078號。

二

清和節届，敬惟台祺萬福。

昨外務部送到俄阿署使交來森得堡瓷器廠所贈瓷瓶三個，係當時往觀該廠，送兄及弟者。計貳箱。除將小瓶貳個一箱留用外，其大瓶一個一箱謹托令弟寄上，祈察入。又有人送來參一盒，敬以轉贈。弟不辨其高下，不審可用否？併望哂存。

午帥尊兄台鑒。弟慈頓首。初一日。

二至三札均出自中國嘉德二〇一九年秋季拍賣會，筆墨文章——信札寫本專場

2104 號。

三

接复電，敬悉貴體復常，近想福履增勝，爲念爲禱。敝門下馬昌期幸隸仁帡，瀕行，堅乞一函爲晋謁地。人尚穩妥有學問，幸進而教之，將來量材器使，皆洪鈞所陶鑄也。

即請午帥尊兄大人台安。弟鴻慈頓首。三月廿四日。

四

午橋制府我兄大人執事：

去臘得書，敬讅藎躬康健，忻慰無量。公腦氣過人，但未免太勞，醫者所言，洞中肯綮。政務雖賾，仍望以時頤養爲國。自至江南賴公保障，朝廷嚮用甚殷，不可不自保衛。

賤軀漸臻强固，惟血脉似未盡和，一俟春融，當可全瘉。自維庸劣，萬分無補，亦未敢遽萌退志。項城退後，朝局如常。日間聞郵傳尚書有查辦之件，未知確否耳。王省山在浙頗能辦事，然心甚欲效勞於左右。倘有機緣，幸挈提之。雙栢新咏，紉佩良深。有野葠之苗，來自吉林，謹以伴函。伏希鑒納，敬請鈞安，不宣。弟鴻慈頓首。初二日。

按，書於宣統元年（一九〇九）。王省山即王豐鎬，時任浙江總理洋務。

西泠印社二〇二〇年秋季拍賣會，中國書畫古代作品暨明清信札手迹專場814號。

藍光策（一通）

大帥大人鈞座：

敬禀者。竊知縣久隸帡幪，渥荷培植，兹承恩遇有加，委權銅篆，深恐駑駘下駟，難任馳驅，戰戰兢兢，時虞隕越。

本月二十日，于道來徐，頒到憲聯一副、《列國政要》一部。祇領之餘，莫名欽感。仰見憲台惠眷，屬僚獎勸，殷勤之至。意知縣受事以來，迄今將逾兩月，銅山爲附郭首邑，政務殷繁，盜匪橫行，號稱難治。所幸上賴憲威，率易就緒，尚無僨事之虞。知關仁廑，敢爲一一陳之。

朱家廟耶穌堂教案，經知縣到任後，隨同道府吳委員，與洋教士白秀生切實磋商，和平了結。道府另禀有案。知縣復慮案雖議結，鄉曲愚民或恐各存意見，仍不免於生事，因約洋教士顧多馬同詣該處，安慰勸誡，民教尚稱和洽。嗣據白秀生來稱，近日下鄉考查朱家廟去歲起釁之民教，自經知縣勸誡後，咸服秉公處置，相安無事，握手鳴謝，並云大刀會已無人練習，實因知縣迅速拿辦。許德瀛父子俱懷畏懼，當即備筵，敦請袁道、田守及知縣，復由袁道等酬席，情誼歡洽，毫無隔閡。查徐州耶穌、天主兩教，耶穌規矩謹嚴，絶不干預他事；天主收人混雜，涇渭不分，該堂司鐸艾賚沃時有干涉。知縣折之以理，彼亦無辭。前日知縣捕獲數匪，訊供在五段該教學屋對碼即聚匪之説。出外搶劫。知縣抄録供單，親赴該堂，飭令自行清釐，不得容留匪類。並囑如有匪人，不得袒庇，藉詞挾制，不任地方官捕拿，庶於彼此兩有裨益。該司鐸均已認可，諒以後辦匪，不致掣肘。

知縣竊謂徐州古之彭城，盗匪充斥，强悍殘忍，最易倡亂。倘使大刀會徒不早爲剪除，久必混合匪黨，將黄巾、米賊之流與朱三、黄巢等輩，揭竿響應，聯爲一氣，則大局决裂，不可收拾。

仰維憲台憂深思遠之謀，藉籌地方懲一儆百之慮，故任事以來，總以嚴禁刀會、密捕盗匪爲第一要務。近兩月間，雖盗案出有數起，然皆隨報隨破，均得巨魁，俟訊有確供，即當另稟請辦。惟距城七十里，西北鄉之五、六等段，界連山東，地濱微湖，爲盗賊逋逃淵藪。東民墾種，良莠不齊，頃因曹州嚴辦，清鄉結隊南來。鎗械精利，肆行搶劫，兵少則公然抗拒，兵多則潛匿團内。董保大半戚鄰，防營習氣太深，窩匪庇賊，此拿彼竄，捕治良不易易。欲清盗源，非另换精兵，辦理清鄉，不克濟事。特是爲患只在一隅，捕匪又地方官應盡之責，未敢遽行瀆請。知縣現在嚴飭團董，就舊有連莊會挑選壯丁，整頓團練，清釐保甲，隱寓清鄉之意，步步吃緊，逐漸剪除。復禀商鎮道本府，輔以兵力，縱不能拔本塞源，亦急則治標之意。極承憲台知遇之恩，敢不竭盡心力，靖衛民生。仰慕古循良虞詡之治朝歌、龔遂之治渤海，雖不能至，心嚮往之。檮昧之見，是否有當，伏候訓示，俾有遵循。

肅此，敬請鈞安，伏乞垂鑒。知縣光策謹禀。143－89

按，書於光緒三十四年（一九〇八）。藍光策，四川資陽人，時任署銅山縣事。白秀生即 Hugh. W. White。顧多馬即 Thomas Grafton。艾賚沃即 Leopold Gain。《端方檔》。

闊　柱（一通）

大帥大人鈞鑒：

頃接紐約敝銀行來電，云紐約中國保皇會交到風灾賑款洋壹千元，匯呈帥座等因。兹謹寄上收據正副二紙，請簽上台銜，派人來滬領取爲盼。此請勛安。上海花旗銀行總辦闊柱謹上。西正月十日（華十一月廿六日）。

按，書於光緒三十二年（一九〇六）。闊柱應即 **J. K. Moir**。

《盛檔》009369 號。

繆荃孫（四通）

一

匋齋尚書鈞鑒：

昨承賜臘八粥及佳肴，謝。龔半千、金節徵兩君畫卷先繳。張令不敢領價，乞公題跋時附其名爲幸。又合肥書家劉澤源爲包安吴再傳弟子，奉其師沈石坪墨迹兩種及思古齋舊帖呈政。懇賜題，以爲是書增重。附呈一聯，敬求鈞誨。羊毫小大十二枝，係自選毫仿包法所置者，以供臨池之用。并望題畢，仍交荃孫轉寄爲禱。

肅泐，敬請勛安。治年晚繆荃孫謹上。143－2

按，據《藝風老人日記》，書於光緒三十四年（一九〇八）十二月初九日。繆荃孫編纂《壬寅消夏録》，送還此前借閱的龔賢《畫法》卷、金鸞《菊》卷入督署，並代劉澤源呈思古齋《黄庭經 蘭亭序》及沈用熙《石翁臨禊叙書譜》合册，均請端方賜題。所用箋紙印有『烟畫東堂』。

一至三札均出自《端方檔》。

二

陶齋尚書鈞鑒：

荃孫自領學務，曾條陳學務事宜一件，又因府學腐敗連上二件，均屬不待録稿呈覽。高等整頓開拓，責無旁貸，必能實力奉行。款項雖少，以蒯禮卿從前所辦學堂爲則，款歸收支，所用所報，不特委員、教習所共見，學生亦可閲賬，胡、穆兩總辦總攬大綱而已。惟府學如要開拓，頗有地基，惟須添款。至辦事須另擇人，非荃孫所能遥領。從前勉應之者，以三堂階級不可異，因故事，今宜責學務處經理。堂中款項，向撥萬金，仍舊照撥。非改面目，不能振作，亦俟各縣高等小學畢業所收雜人，較有條理。高等小學因貼飯食每日只三元，思益每年學生飯費至六十餘元，無一本地人。六十名亦不滿，元裔人見識如此。

此上，敬請升安。荃孫頓首。143－4

按，繆荃孫自光緒二十八年（一九〇二）任江南高等學堂總稽查，領高等、中、小三堂事。蒯禮卿即蒯光典。

三

大帥鈞鑒：

長紙《碑目》兩部呈政。昨論編輯金石，夔生欣然，興化李審言詳亦托禮卿函招，明正可來，住書局，薪與夔生同。月致五十金。局中略有編輯事宜，暇則討論金石。夔生書局事減，學堂每日有一二堂功課，亦可兼也。今日晚間，夔生入署，荃孫須明正再説，身體總不甚强。

此請鈞安。治年晚期繆荃孫謹上言。廿七日。

再者，優等師範畢業獎舉人，初等師範畢業獎貢生，欽章均指本科而言。現兩皆畢業，尚是速成班，至優不過獎以廩、增、附生，各省並無成案。如屬過優，無人肯學本學，轉於學業有礙。又師範學堂並非武備學堂，學生翦辮者不少，乞牌示不留辮不給獎，庶足以挽頹風，伏候酌辦。敝堂前扣文憑四人，杜龍翔、喬岐鳳二名繳清款項，領憑而去。右如是，均各存觀望也。《碑目》至昨晚二鼓始訂來，今日補呈。省垣各局所年底例支明正薪水，以爲卒歲之資。書局因未定去留，未曾照發。夔生窘甚，打聽去留者日追黃委員問訊。因將前呈應裁撤各員宣布，留者照往年發給，並函告方伯矣。

肅泐敬聞。荃孫再啓。143－5

按，據《藝風老人日記》，書於光緒三十二年（一九〇六）十二月二十九日。繆荃孫送呈長紙《藝風堂收藏金石目》，謂況周儀與李詳均已應允參與編輯《匋齋藏石記》。

四

匋齋尚書賜鑑：

書畫三十軸奉繳，乞察入再發爲荷。左商之件另紙。今晚入署，阮盦同來，如不暇，仍俟星期亦可。丁書二批已到鎮江，横山想已告知矣。

手肅，敬請鈞安。治年晚繆荃孫謹上。

再啓者，丁中翰函來，求大帥函致温守，先釋其弟立中。急款將次清繳。年關在邇，需經手人出而經理，取保釋出，斷不逃逸。緣温店出盤，杭店爲商會保證，仍與杭關照常生意，似尚不至一敗塗地也。横山想已達到，丁中翰送呈古玩附上，乞賞收。並荃孫由浙代歸，近日病癒，方行檢出。吴季子劍一柄，匣破。漢印一百八十七方，兩破匣。漢洗一件。

蒯禮卿胞侄蒯壽人，爲合肥縣因其扶掖族長上堂，稟其挾制官長，詳革功名。其兄壽田孝廉先到皖省求馮、沈二公，又到寧求大帥。謹呈事略，子培答以公事不能不批詳革置之，俟其結案再説。敬乞查稟酌批爲禱。

按，書於光緒三十三年（一九〇七）。繆荃孫編撰《壬寅消夏録》，交回書畫三十軸。代呈丁立誠所贈古玩，並告丁氏八千卷樓藏書二批已運至鎮江，丁立誠懇求先行釋放丁立中。

中國嘉德二〇一九年秋季拍賣會，筆墨文章——信札寫本專場 2102 號。

瞿鴻禨（一通）

陶齋尚書大公祖閣下：

使至，領奉惠書。敬承德履安和，嘉謨閎遠，甚盛甚盛。二聖上仙，乃敷天之至痛，未堪多難，惟冀因以興邦，知藎懷彌殷宏濟也。

皖兵乘機作亂，竟敢披猖。幸賴棨戟遥臨，指揮而定，能及此時將軍事一爲廓清，建威銷萌，必有無形之益。江淮歲收豐稔，民有盈藏，非復舊時氣象矣。

一冬不冷，未免愆陽。衰朽之軀，得過且過。兒子僅不廢學，難語專精。辱荷垂詢，當知感奮。

肅此奉復，敬叩勳綏。治世愚弟瞿鴻禨頓首。

按，書於光緒三十四年（一九〇八）。

中國嘉德二〇一八年秋季拍賣會，筆墨文章——信札寫本專場 1913 號。

顔世清（一通）

端欽帥鈞鑒：

倫密庚電敬悉，並傳示各同鄉，均極感佩。竊查路股如按所扣四成給還現銀，核計不過五百餘萬，以現在收回利益比較，如黄浦地皮八千，并照時價，可值一百廿餘萬元，股票遺失約百餘萬元，頭二期利約三百五十萬元。以之相抵，所差有限。倘我帥與部密商，似轉圜之法尚無爲難情形。在朝廷所費無幾，多在股東成本有著。從此粤民感戴大德，將來收路，自必順手。疊與龍參議相商，意見大致相同，是否可行，仍乞裁奪。

正譯凌電，適節庵專函相告，日内股東尚無異議，詎郵部忽派羅道先收支路，民情惶駭，輿論沸騰。查國家借美款，經三省籌贖有年，加以商款續購地畝，建築修養各費，爲數甚鉅。且頻年歸還磅價，亦由三省應付，部中從未墊款。今籌收幹路尚無眉目，忽先强收支路，已覺辦法不合，矧詞氣情同逼勒，股東更懼。懇電部妥商善策，並速飭羅道切勿輕率，否則激變，無可收拾。

先奉大概，詳細面陳，准十六返。世清叩。删。7－3221

按，書於宣統三年（一九一一）。

香港中文大學中國文化研究所史料叢刊（三）《近代名人手札真迹》（選自香港中文大學藏盛宣懷檔案《盛氏愚齋往來函牘》）。以下簡稱《真迹》。

嚴金清（一通）

憶前年臘月朔夜，在蘇州盤門絲廠碼頭叩送節鉞於輪舫之中。越日反棹，第二日即抵里門。故老歡迎，入室話舊，備知五湖三泖之民蹂躪於鹽梟紅幫之類。蓋自清甲午出門以後，十年於兹，自福星照臨，纔得梟匪絶迹，閭閻轉危爲安。故慶賀降員遠歸之適其時，而尤額手頌恩德於不置也。

溯夫賠款赤緊，度支告乏，大臣體恤民之仁，嚴征商之政，於是鹽務則嚴緝私，釐務則嚴查權。炮船鎗艇星羅棋布於支河汊港、水市湖村之間，而散勇游匪聲應麇集，晝則開場聚賭，夜則明火行劫，假兵爲護符，倚船爲淵藪。官知之而不敢捕，民知之而不敢控，其黨日甚一日，其焰日熾一日。即如吾鄉，數十里中搶劫擄勒之案層見叠出，十未獲一，人人自危，至若不保旦夕。此鄉人述帥節未莅吾蘇之情形也。清聞之，有餘痛焉。

及述憲臺德威之神，則眉飛色舞，謂不知操何神術，莅事數月，未聞發一令、布一政，而匪黨騾散，伏莽遽清，即在僻壤窮鄉，亦可夜不閉户。於是有謂大帥課吏最嚴，地方官有案不破，參罰立至。又或謂大帥治軍尤嚴，曾奏請遇有盜案，涉及將弁有得贓縱盜情事，立將該將弁就地正法，故將弁懼，約束立軍伍，肅匪類絶，風行草偃，得予吾民以安居樂業也。既而接晤蘇松常太四屬親故，異口同聲，莫不嘆恨於借寇之無由，而還我使君之願，則不啻馨香以祝云。今者積誠動天，以吾民之頌禱，謳思使節重來之盛，駕輕就熟，匪類之畏威，愚民之懷德，收效必更有奇捷者。而清區區愚忱，猶欲瀝陳於左右，蓋以清鄉居半年，已漸見異言異服之人二三間至。

而今秋接前甘肅學使葉鞠裳太史自甘回蘇來信，有云歸結游伴之約。原冀早踐斯言，不料到家後，詢知鄧尉、林屋之間全爲盜藪，吾邑已非樂土云云。太史所歷咫尺省治，外屬景象尚復堪設想耶？間嘗推原禍始，以爲拔本塞源之計，宜以整頓水師爲入手第一辦法。據鄉人所述，鹽梟紅幫口音大都屬於皖、楚，始由水師汰出，流落爲匪，繼則由籍來謀入營者，亦先入其中，爲托足之所。與弁兵本通一氣，以致入伍而爲兵，出伍而爲賊，甚且朝穿號褂即爲兵，夕脱號褂即爲賊，是賊是兵，忽兵忽賊，莫可究詰。查吾鄉水師大致有二，曰太湖營，曰鹽捕營。鹽捕營雖爲浙省鹽務而設，而既駐蘇境，即不能任令爲匪而不問。嘉、湖三府，蘇、常四府，即古所稱浙西地也，河港交錯，在在可通。今日梟匪盤踞之害，不外乎此，似宜合浙西而不分蘇杭畛域，以一政令，爲入手第二辦法。僅就愚見，擬陳二條。

一、請照練兵新章，令鹽捕營、太湖營炮船水師弁勇，一律改用土著。同治以來，江南將領非楚即皖，幾似一成而不可易，故其兵勇亦莫非楚、皖鄉人。若止小小更張，根株仍在，支蔓便易，惟用新軍徵兵之例，統領營官必屬土著，則外匪自無由竄入。即一時將才乏選，姑以實缺副參游兼轄，但懸一不准客籍入伍之令，將來循次遞升，終可使全軍皆成土著。則身家所在，情自不敢爲匪，耳目所及，勢尤不能爲匪，鹽梟紅幫可以不驅而自絕。

一、請照巡警章程，令四鄉市鎮每鎮設一巡警局，大鎮製槍船兩隻，小鎮一隻。吴地澤國，水道即大道，行旅貨物悉用船運，八達四通，非水巡不可。各鎮置有水路警兵，乃可助兵力而杜匪踪。查蘇松常太四屬，每縣疆域不寬，大邑鄉鎮多者二三十處，小邑一二十處。擬每鎮設警局一所，舉其紳士以爲長，募其土人以爲兵，而統於各縣城局。大鎮獨立一局，小鎮聯二三鎮爲一局，而以就近各村屬之劃分巡之地，以專責成，定會巡之期，以通聲氣。每大鎮警局募土著兵十四五名，配槍船兩隻，小鎮警局募土著兵六七名，配槍船一隻。製造一櫓兩槳之槍船，價約三十千之譜。土著警兵每名月餉洋三元，警局辦事紳董正副兩人，正董月薪六元，副董月薪四元，每局每月油燭紙費洋三元，每縣每年約需警察餉費六七千之譜。倘以警察爲新政之一端，其費公家准作正開銷，得免籌之於民，更覺輕而易舉。或須就地籌款，取之於民，則從前髮匪時舉辦團練，亦曾按畝攤派，隨丁糧帶征，約計每畝六七文。既有衆擎易舉之效，亦無勸捐繁擾之弊。而兵民一氣，不獨可以靖内地，並可壯沿江沿海聲威。

綜而言之，約有四利。梟匪必倚營兵，乃敢肆行而無忌。水師巡丁悉用土著，則其源清，利一。數年以前，匪類未有土著，繼而有爲作眼之鄉人，又繼而無業游民亦入其伍。二十八、九年，松屬奉、金、上、南所投誠之匪目凌得勝等，已多土人。使復數年，外匪之來雖絶，内匪之勢已成，收效必更難十倍，利二。中國積弱，造因於兵農之籍分，結果於文武之途異。今即練兵百萬，不過百萬之用，以視東西各國盡人能兵，其多寡勝敗，已可不戰而決。果能兵必土著，援徵兵辦法，視以爲國兵者之榮，以振起其尚武之精神，普及初級體操，而樹之基漸廣。警察學堂以啓講求兵學之朕兆，則發起吾民軍國主義之思想者，此其先聲矣，利三。朝廷鑒於日本驟强崛起而躋頭等强國，考查憲法，將以改内治政策。顧憲法之立，必先予民自治，必人人有自治之智能與自治之權力，而憲法可立。原因在一身一家，效果在全國全種。今日英人獨强於全球國民，踪迹所及，不啻國權範圍所極，以數人數十英人可轄千百異種而受其治，惟自治之力强耳。警學雖兵學之一端，而其粗不過水火盜賊之是防，其精則舉風氣趨背，民俗純澆，皆屬查察之職志。警章與憲法實有密切關係者，使通國皆習警學，皆守警章，即可立自治之基礎，而實立憲法之基礎矣。利四。

若夫辦事之要，首在得人，屈指吾鄉，固未見有江忠烈、曾文正其人者。然人才廢棄，則黄鐘與瓦釜等，倘出以至公無私之心，行以信賞必罰之政，天地生才，必足供宇宙之用。如蒙采擇，以此策爲可行，則應請奏派曾任蘇省司道大員之有政聲者，爲督辦全蘇之警察事務，庶幾呼應靈而事無掣肘，則土著紳董亦有憑藉而敢於放手做事矣。其私鹽來路之河港，向歸鹽捕營炮船駐防；其釐金分設之局卡，向歸太湖營炮船駐防，則炮船駐泊之所，必與警局相近。使之和衷聯絡，互爲聲援，事方有濟。是必由警察督辦，通行各處警局，飭警局、紳董密查附近炮船平日安静與否，鄉民信服與否。每季責成警局、紳董具結呈報。倘不肯呈報，則由警察督辦，照會水師營統，立將該炮船撤换。似此互相箝制，俾知警惕，當不敢再滋事端，地方可永保靖謐矣。

清身羈絶塞，心在故鄉，私憂所切，公義所在，輒忘干涉地方之嫌，而爲吾蘇百萬生靈請命於我帥之前。至於大綱細目，襪綫才短，豈能備陳？恃其夙荷知遇，敢獻一得之愚，伏維大帥

鑒其誠而察其意，降員幸甚，吾民幸甚。專肅虔稟，敬請崇安。祇叩榮禧，伏乞慈鑒。降員金清謹稟。143－76

按，書於光緒三十二年（一九〇六）冬。葉鞠裳即葉昌熾。《端方檔》。

羅崇齡（一通）

督辦大帥鈞座：

敬禀者。五月十九日叠奉憲台篠、嘯等電，祗聆種切，當將粤路情形於二十日詳細電覆在案。二十七日復奉電諭，以二十一日欽奉諭旨，分别附股還本各項辦法，實已俯順民情，無微不至。當經迭次會晤各大股東及新舊董事等，力陳朝廷體恤民艱之德意，暨憲台維持大局之盛心。

查粤路風潮迭起，成效毫無，三期股斷難再收，從何籌款？而現時股價，至多不過五成有奇。今准附民股照分官利紅利，其不願附股者先給還六成，其餘四成並准分年攤給。凡稍明大義者，無不感激歡欣。第粤路股東衆多，人情浮動，殷實紳商向不出頭，而無知愚民最易煽惑。故職道前者屢向政界密陳，請聯合大股東及九善堂，使先作正當之要求，以爲相機之操縱，庶免下流社會附和盲從，横生枝節。

迨奉二十一日上諭，即由制府札行動。業道照會公司，俟龍參議抵粤，再由公司招集會議，届時當可切實定議矣。現在衆情静謐，無復前此之囂張，但議論仍難一致。有謂路工遲滯非股東之咎，糜費亦無四成之多，股息尚欠二百餘萬。即不計息，亦應原股給還。至全數附股一層，似多不甚願。或云倘能格外體恤，除先給還六成外，其餘四成仍准附股，則罔不樂從各等語。悠悠之口，雖不足憑，既有所聞，不敢不據實密陳。除俟再議後如何情形，再續稟外，謹肅稟復。

祗叩鈞安，伏惟垂察。職道崇齡謹稟。

敬再稟者。前奉鈞電，飭查三佛鐵路餘利，歷年積存若干，提還英款若干，解湘鄂若干。等因奉此，當將大略情形電達鈞聽。兹謹自五月起預算，至八月結帳止，收不敷支款目，及三省贖路借款，已還未還各數，一併列摺，恭呈憲覽。

職道伏查三佛路綫，不過九十里，歲收約六十万，車利不爲不厚。倘能認真經理，節省虚糜，歷年當有儲積。現計開車數年，自丙午至庚戌，共提分車利一百萬元。是五年匀計，每年所餘僅二十萬元耳。而路基枕木既久已失修，其應添建之車站、月臺、工房、勇廠等項，尚多闕如。上年車利較多，又未能通盤籌算，以故所定工程物料，需款過鉅，現已無款可支，此皆意見紛歧，事無條理之所致也。

至行車處腐敗尤甚，工程則雜亂無章，物料則漫無稽考。職道到差後，查悉情形，經擬改良條議。湘員胡守璧本極贊成，顧意識游移，利弊未甚分晓。嗣奉國有之命，遂閣置不行。昨胡守因事回湘，擬便道趨謁憲轅，囑代禀達。

該守謹厚長者，路事腐敗已久，實非該守所能整頓。密陳各節，憲旌莅粤，當可查悉，暫乞秘之。

改良條議附呈，伏祈鈞誨，再叩崇安。崇齡謹再禀。7－3169

按，書於宣統三年（一九一一）。羅崇齡，字雨三，廣東南海人，時任廣三鐵路總辦。《真迹》。

饒士端（一通）

午橋仁兄中丞年大人閣下：

春杪由駐京提塘附呈一函，亮邀青睞。邇維政體康彊，民情静謐，秦天翹首，式慰私忱。弟浮沈人海，無善可述，自五月來京師，局面大非。義和團民初以春夏之間潜來京城内外，引誘平民，以爲練拳保身。時方僻處寺觀，不過童子練者最多。未幾，麇聚紛來，遍地皆是。又有童女練習紅鐙照名目，漸次明持刀矛，頭繫紅巾、花巾，胸穿紅兜肚，腰横紅黄帶，三五成群，招摇過市。四月底，於是公然燒鐵路，斷電桿，焚毁教堂，屠殺教民，地方官不敢過而問。迨五月十五，董軍殺日本書記，而廿日團民遂燒大栅欄，珠寶市，廊房頭、二条，荷包東、西巷。

自是城内見教民即殺，遇教宅即焚，甚至逞刀尋仇，□教民而亦戕害，尸横遍地，焦土一片。團民呼教民爲二毛子。

五月□後，上以洋人在大沽開衅，於是降旨宣戰，一面收撫團民，我軍與團民合攻東交民巷各使館及西什庫教堂。近已二旬有餘，洋人存者當亦無幾，而槍炮之聲日夕不絶。聞使館尚未悉數轟毁，西什庫亦尚未能擊平。我軍之槍彈去者，我軍之將士傷亡者，我國之民死者，我國之民房被燒者，均不知其數。

團民未嘗無一二有神術者，而以此爲應天而出之義勇，立國可恃之神兵，即能將十餘國之洋人一旦殲滅殆盡，是則天下之臣民所馨香禱祝，而且喜且懼者耳。

秦中似無教堂，以閣下整軍衛民，綢繆未雨，西陲之恃，非公而誰。

今日之變，實出意計之外，政府諸公自必確有把握，弟則以爲團民烏合，恐難久持，輕舉之憂，中夜傍徨，不敢與他人道也。

承屬陳近事，手此奉布，敬請勛安，諸惟愛照，不備。年小弟饒士端頓首。

附呈兩函，敬希飭送。六月望日。19－109

按，書於光緒二十六年（一九〇〇）。饒士端（一八六一—？），字直方，江西南城人，光緒十八年進士。《名家》。

端方友朋尺牘

下

魏小虎 整理

尺海 第一輯 · 主編 丁小明

鳳凰出版社

寶熙（一通）

陶齋四兄尚書座右：

歲莫奉到手書，並惠梅詩硱均，遠道深情，拜嘉無已。嗣與中老公電鳴謝，計達。典簽度支參佐，承以涵養，深沈相勖，訓辭深厚，令人感入心脾。所云頗有建立，未審聞自何人，不才如弟，何以堪之？同僚二公宗旨和平，兩番台對，均蒙慈諭。以籌款事固須任勞任怨，惟亦當爲外省留辦事地步，敬將天語宣布屬官，近來刻核餘風稍稍改易矣。

本月十四日，接鈞電後，上元夕奉去咸電一通，去臘有皓電一通，接到否，統新示復。於兩項捐輸達知外，南省城北獨對等項要聞，想蒙鑒及。兩項捐輸檢查部庫，一年一歲，所入僅八十餘萬，而所需三百餘萬，且須解還部庫一半。縱使減價招徠，亦恐不能敷用。特此密陳，尚乞另籌良法。至三百餘萬，僚屬則以爲太甚之辭，否則僅恃此兩項捐款，殊恐不克完場耳。

皖撫昨有電到部，亦請依樣辦理，其摺未到，故未奉准交片。然據同僚二公云，意以此款既已歸江省代收，若允皖撫之請，不過兩省自爲消長。則以江北災情重於皖省，猶待從中主持，爲言能否補救，殊難預定。至皖中災狀究竟若何，尚希示及爲禱。

據孝先云，節署公事無鉅細，皆須躬自披覽。又聞人云，在彼日日嚴防暴動之舉。多事之秋，賢勞倍於曩昔，區區馳繫之私，有非楮墨所能罄者。暴動之言人人殊，特不知近狀何似耳。

弟塵勞終日，無善可陳。正月廠甸之游一次未與，上元令節猶自趨公，其忙俗可知也。《劉熊碑》聞已歸清秘，此真可一賀者。友人歲暮得純廟御筆臨董書、畫册各十二頁，係以宋藏經紙寫成，精妙不可思議，蓋爲御筆中不能有二之作，得直七百金。尊意如不覺其昂，當展轉設法謀之。延鴻久不見，因弟過忙之故。聞其一無新獲，殆欲游山而乏濟勝之具耳。

春寒惟珍重萬萬，不宣。手覆布謝，敬請勛安。恭賀春祺，諸希垂察。如小弟寶熙頓首。

陶仲員外一缺已經擬正，且合例。知念附陳。

敬再懇者。趙道從嘉去秋調入政治館當差，相處數月，審其論議學識，不無可采。惟以不服北方水土，遂爾赴引，指省江蘇。該員爲公舊屬，到省後務求格外栽植，俾免賦閑，是所拜禱。速倅祖福、劉道榮拔蒙允爲留意，請勿忘懷，幸甚盼甚。侍愛瀆熟，無任迫切屏營之至。

再請台安。弟又拜。陬月廿五日。2－244

按，書於光緒三十三年（一九〇七）。寶熙（一八六八—一九四二），字瑞臣，宗室，光緒十八年進士，時任度支部右侍郎。純廟即高宗弘曆。延鴻即宗室溥倫。陶仲即端緒。《容札》。

繼昌（三通）

一

午帥仁棣麾下：

四月十七得讀手書，敬悉。聞大順廣一帶土匪倡亂，半由民窮財匱。設内地多不平靖，患慮實深，爲之奈何。湘省歲可有望人心少定，湖北麥秋失收，稻田猶可補救否？

承示南園楹帖懸壁不忘，慚甚。近日尊齋收得佳品否？此間偶有佳書畫，而索值太昂。近永康錢賈倒閉，虧空公款，查封衣物，有字畫四百餘種，大半贋本，真者不過十之一耳。可見收藏不易也。

方鎮軍事涉訟數年，地實有方姓祖墓，鎮軍營墓在後。長沙令親往勘訪，地名廟坡山，并無將軍凸之名。鎮軍謀人之吉，乃謂方姓謀吉，試思平民敢與有勢者争耶？鎮軍先將方姓一排四墓改爲土山，而方姓亦將鎮軍所立之碑石等掘匿，彼此皆失。鎮軍初仗譚鄂撫之力，前任長沙令委曲依阿而又歉于理，故判令方姓挂□。而方不甘服鎮軍，且聳動香帥批駁，定欲争得此地，近又控諸香帥，已奉嚴批。兄一秉大公，毫無偏倚，雖得罪權貴，亦所不顧。然究難爲之了結，只好俟後任耳。廉帥云飭府詳考，擬備細致。制臺一函，若得從者便，達于制軍，尤感盼。

署中忽忽，毫無佳况。侍妾病似離魂倩女，時若有鬼物附體，總自稱是亡妾。然與之相愛，并無惡意，奇甚怪甚。其皆由我運乖之故，可畏可嘆。直省賑捐展限，究竟確否？欲爲大兒改捐，奈需四百餘金，亦非易措。

《漢書補注》《湘綺樓詩》凡四部，謹送呈。《壬秋文集》惟衡州有之，俟索來再送上。

再，適接大兒信，亟欲來湘。兄實不願，但求我弟能于湖北位置一事否？不在錢之多少也。渠尚明白，尚能寫，特不欲其來任所。苟在鄰省，較在京便耳。公私交集，胸時寡歡，何以教我？

日本菅君來湘，持尊函進謁，筆談頗暢。叙及學堂，渠欲往視，辭以規模未備，不足觀，不可。瀕行，复以書見貽，論教育之事，并録呈謁賈、屈等祠三詩。其人明通有志，爰答以書。粤西消息甚惡，聞省城戒嚴，恐未確，然究可慮。鎮筸一帶防務吃緊，却軍少口捐，事難期效。官運尤胡鬧，而廣帥爲前言所誤，猶不肯改圖。蔡伯浩勇敢可嘉，而獨斷亦有失處。張方伯以次，盡庸才耳。大紳多謀自利，雖葵老不免，奈何。

謹獻石齋字幅，示辨真僞。惲畫經廣帥鑑，謂頗有清氣，惜少黯。聊申曝愚，勿哂。

廿八接電尹君事，當即達營務處，遵候尹内翰到，即撥勇護送。惟湘潭只有水師，陸則須特派。尹公初三戌始到，初四午即行，已派勇送。兄往客棧拜晤，渠將衣箱等存我處，蓋行色匆匆云，方寸亂矣。

臬署怪變間作，眷口不安，且生畏怯，擬節後即移鹽署。運氣不佳，大可概見，奈何奈何。草此無次，敬請節安，統望惠照，不宣。如小兄繼昌百拜。端陽。143－440

按，書於光緒二十七年（一九〇一）。繼昌寄呈王先謙《漢書補注》、王闓運《湘綺樓詩》、黄道周書法、惲壽平畫作等。繼昌（一八四九—一九〇八），字蓮溪，内務府漢軍正白旗李佳氏，光緒三年進士，時任湖南鹽法長寶道署湖南按察使。方鎮軍即方友升，湖南善化人，時任衢州鎮總兵。譚鄂撫即譚繼洵。香帥即張之洞，時任湖廣總督。廙帥即俞廉三，時任湖南巡撫。日本菅君即菅虎雄，時任三江師範學堂教習。蔡伯浩即蔡乃煌，時任湖南洋務局督辦。尹内翰即尹銘綬，湖南茶陵人，時任山東按察使兼山東學政。

一至三札均出自《端方檔》。

二

午帥大人台鑒：

大兒世祺現已領照出京，先來長沙，本擬令先行赴鄂，稟到繳照，呈請回避，惟未免多此一舉。可否仰求憲恩准令通融，所有部照由昌處寄交鄂藩代繳，爲之咨請改省。昌意欲令其改湘，若能先咨准到省，尤妙。如可行，昌再致信瞿方伯托之。如仍應照例辦，則俟昌赴鄂，再飭令隨往稟到，仍飭回湘。大約此邦督銷局可爲謀一差，若隨任，則萬不可耳。

次帥諸事認真，奈湘中人以疲玩自安，振作不易，未免淘氣。昌亟盼朱來交卸，只以洋務思之生悸。

專此奉求，敬請台安，統希示遵。屬吏繼昌謹啓。三月十九。

瑣事奉瀆，惶恐之至。如可照允，祈示知藩司爲感。143－446

按，書於光緒二十九年（一九〇三）。所用箋紙印有『行素齋吟箋』。繼昌時任署湖北按察使。瞿方伯即瞿廷韶，時任湖北布政使。次帥即趙爾巽，時任湖南巡撫。

三

匋齋尚書移節蘇門，漫成俚句贈行，録呈誨正。

望裏綸音下紫闈，老成求舊出宣仁。爲移荆楚三年節，好作江淮萬木春。子美滄浪補雕咏，桓公幕府侍綸巾。鶴樓惆悵難爲别，應憶分苻汎梗人。

時艱手挽數徘徊，難得中丞解愛才。學舍纔興巴子國，琴歌誰續伯牙臺。扶桑日出容交映，旌節花開倘再來。喜有贈行詩畫遍，拂鬢何幸醉離杯。

光緒甲辰四月，屬吏繼昌呈稿。143－448

按，書於光緒三十年（一九〇四）。所用箋紙印有『行素齋吟箋』。端方署理江蘇巡撫，繼昌作七律二首贈行。

□彦（一通）

敬禀者。竊於初五日叩蒙諭飭，速行設法赴引回省，聽候差委。伏揣我大帥慈意，似以庸愚下屬尚堪效用。惜難破例逾格，委供優差，招致謗言。仰沐期望裁成之恩，無微不至，卑職感深遭際，不禁因之泣下。兹有萬分爲難苦衷，及仍思冒瀆，圖報涓涘之私，敢再不揣愚昧，謹略爲我大帥陳之。

卑職家世清艱，十四歲補廩饍生，即橐筆趨公，節録微勞。由到省縣丞，洊保今職，計廿有餘載。立志到處留心時務，以忠勤廉直自励。凡幹事，必深謀遠慮，不畏勞怨，不私貨財，常守『有所不足，不敢不勉；有餘，不敢盡』數語爲訓。雖有時以才疏奔競，動受排斥，亦殊無怨尤。

辛丑歸班通判，本即無力赴引，又連遭先祖考、妣大故，力營喪葬後，所有一切夙逋，及諸父兄弟十餘人，並卑職自生六男二女，眷屬共數十丁口，累集一身，早已衣食兩難，債負叢多。

故近年因乏衣履，常未衙參。近今屢次晋叩，除自有破靴外，餘均假之他人。刻正舉室興嗟，無計存活，復欲設法二千餘金，爲赴引之資，殊實不易。且以無差賦閑而思向人措貸，尤屬萬分爲難。卑職前敢抒陳管見，冒瀆尊嚴，希冀於萬一者，以庚子歲有破除成例用人之聖諭，又知我大帥勵精圖治，下士求賢，亦必破格用人，不拘成例。

省垣洋務、營務及創辦新政一切差使，向來未赴引與候選及他省人員，均可委用。卑職隨時隨事亦多留心涉歷，似尚均能效勞，並非敢故作謬妄之想。並查蘇省地方差使，如胡守玉瀛未赴引，先委松滬釐局提調，樊牧恭壽未赴引，委上海絲茶北卡調同里釐局，陶倅鳳威委上海船捐捕盜局，俞令志善委吴淞江釐局，迄均尚未赴引。他如朱令璜未赴引，歷奉檄委上海法租界讞員，現仍供上海城廂内外保甲總巡差。其餘尚有多人，可勿具論。以卑職資淺才庸，亦斷不敢援與比儗，然既有所知聞，更不敢不陳達鈞聽也。

謹仍思冒瀆圖報涓涘者，卑職從事洋操營務積四五年，辛丑秋並曾隨赴日本閲操，於武備一事尤喜講求。前在江南水陸師學堂練習體操、打靶諸技，亦尚能知其義理功用。且生長在蘇，留心各營規制，及各將弁兵勇人材弊習，又各匪徒黨類踪迹與作奸犯科一切情形，實亦較爲明晰。即現在事各統領將弁，均多不及卑職局外偵訪之精細。如前在水瀆一帶匪首魏家元，近往金山衛，與梟目孔祥森等拘捕擊斃鹽捕中營領哨高弁，毁沈凌得勝師船數隻，其艙長、捕勇死傷不下二三十人一案，諒已具報。至魏與孔如何聯合，及現如何設法責限，可將各該匪拿辦。又董道富日前在蘇，係何人泄漏消息，放令遁去。餘如吴、金、曹、王、施、龔、胡、羅、葛、孔諸匪首，各有何人助虐，何處窩匿，如何可追究緝獲，卑職均有偵知較細情迹。如緝捕、飛划等營，卑職得操其領帶之權，自量可以勝任，較有裨於大局實際。前於復陳密查事件稟内聲叙，再有未可形諸筆楮，及另訪聞事件，能無側聽旁窺諸顧忌，乃敢盡言一切。於當前雖非此一端，亦即指諸如此類者而言。

前月廿三叩謁時奉諭，三兩天稟請單見。乃自前月廿六始，日日趨叩。至本月初五日，祇獲隨班晋謁一次，同座更有九人之多，因未敢昌言無忌，反致有誤大局，仍緘默而退。可否仍求恩賞，單見一次，俾得稟陳一切。如果稍有見地，堪竭愚者一得之助，並蒙高厚，生成於萬一。再昔胡文忠公有言曰：『立一法而人每緣法爲奸，不如得一人而法可因人以立。』如各股匪黨盤踞一處之時，須設法會同兜捕，爲聚殲之計，或務擒獲匪首，盡散羽黨，亦可。若逐令匪首與羽黨三五成群，四散逃匿，則各處必分出盜劫之案，爲患反多。近來捕匪者多不計及於此，恐各處盜劫之案將有層見迭出者，尤切卑職鰓鰓之過慮。

謹併附陳，伏求恩察訓示，餘容面稟。專肅，恭叩福安，統惟慈鑒。卑職彥謹稟。九月十一日。143－134

按，書於光緒三十年（一九〇四）。與端方《剿辦梟匪情形折》等對讀，可知後來端方對此札所提建議多有采納。

《端方檔》。

□ 鑄（一通）

匋齋四哥大人鈞鑒：

月前江督出缺，論者咸謂此座宜以屬公，乃閲邸抄，僅得庖代。五日京兆，何足竟所設施？意者，政府以兩江非齒德兼優者，不足以資表率。如公，論德則有餘，論齒則不足，未克副『老成碩望』四字。我公之不得兩江，非資望之不能勝人，特年齒之不能若人耳，一笑。聞於廿八接護篆矣，賀賀。

五家兄事，荷鼎力保全，今幸得隸仁帡。目下欽使意見若何？始終成全，惟公是賴，百禱禱之。

家姊丈愃丞齡，人極誠篤，歷當要差，均無貽誤。賦閑日久，亟欲覓一枝栖，節麾莅寧，尤覺躍躍欲試。如能推烏之愛，徑委一差，固屬妙事，否則，轉屬方伯代爲吹噓，該丞必能感激圖報，决不至如羊公之鶴不舞貽羞也。弟素不願爲人説項，無乃至再至三，幾同無厭之請，義無可辭，不得不爾，我兄得毋厭其煩而原其情乎。

耑此存照，祇請勛安，並賀大喜。弟鑄頓書。143－419

按，書於光緒三十年（一九〇四）。時端方署理兩江總督。《端方檔》。

盛宣懷、端方往來函電（九十八通）

《愚齋存稿》卷三十八

一

寄陝撫端午帥七月十三日

奉東陽電，送使赴京。旨已准議款，彼此火候未到，傅相請病假。二十日洋兵北犯，恐難阻止。太原修綫款尚難籌，局員皆聞風畏懼，奈何。

按，一至八札均書於光緒二十六年（一九〇〇）。傅相即李鴻章。

一至九十八札均出自盛宣懷《愚齋存稿》(《清代詩文集彙編》第七五四、七五五、七五六册影印民國二十八年盛恩頤等刻本)。

卷三十九

二

寄西安端中丞八月初一日

西幸後西綫愈急,請飭屬切實保護,有犯必懲,方免毁壞。可否恭録新章諭旨,刊發院示,以昭鄭重?京津綫斷後,各帥緊奏,均電慰帥代繕驛遞。頃傳相屬弟轉托我公,有請旨添派全權王大臣緊急摺片,速繕遞行在。各國因兩宫離京,援庚申成案,非有王大臣便宜行事,均不認爲全權,洋兵駐京不退。故此件早到一日好一日。

卷四十

三

寄西安端午帥八月初五日

洋兵已踞良鄉，將攻保定，現尚添兵，不允停戰。聞其意在肇亂諸公，非爲追襲乘輿。有人擬爲釜底抽薪之計，請先自議處，免致由彼迫脅，並可阻止西犯。公能會銜否？乞密示轉致。

綫路可先通介休，餘須候料。

四

西安端午帥來電八月初五日，兼致各省將軍督撫頃接陝駐太原二十八探禀，今日懷來縣發來滚單，扈蹕王公大臣係端、莊、慶、肅四王，澤、溥、定三公，倫、肅二貝子，剛相，趙尚書，英侍郎，晉護撫李。二十九起節迎鑾。又陝頃接榮崇咨出省，恭迎聖駕，隨帶米麵暨各種食物，並僱辦潔净肩輿駝轎多乘，敬供御用。且恐内帑不敷，暫將陝解京餉等銀十一萬兩儘解行在各等語。謹先電聞。

卷四十一

五

陝撫端午帥來電八月三十日，兼致江、鄂、甘、東督撫帥

頃接駐晉二十六探報稱，前聞疆臣有因拳匪起事，爲親王及軍機辦理不善，以致誤國，聯銜列請分別懲辦者。昨日召見軍機時，皇上面斥端邸及莊邸、瀾公、瀅、濂各貝勒公，聞聲色俱

厲。皇太后默然不言，惟語王中堂，祇你是好人，便可擬旨。諸臣跪至八刻之久。聖意究竟如何，不能揣測等語。

謹電聞，並希盛京卿轉達傅相。

按，王中堂即王文韶。

卷四十二

六

寄西安端午帥閏八月初一日

密電已轉傅相。房山、北塘均失守。德統帥明日到津，添來新兵兩萬，各國陸軍均歸調度，共約十萬人，兵船運艦約百餘隻，均帶寒衣火爐，預備過冬，難保不相逼。

傅相三十電以後，未知有何舉動，看來開議尚早。尊處如得晉探，仍求密示。再，退相於弟有知己之感，諸帥有欲單揭者，已力阻，未知能否急流勇退。

七

寄西安端中丞閏八月初四日

三十電鈔送總領事來函，甚感謝。惟比國教士十五人被戕，既稱恐是訛傳，終非一定無害，本總領事究難釋然，祈電請查明，務得確耗等語。乞再費神查示。

八

陝撫端午帥來電閏八月初五日

前電乘輿初八幸陝之信。頃據晋禀，適間何副憲乃瑩、彭御史述，奏請兩宫暫緩西幸，王大臣亦有疏諫。初八啓蹕之説未知准否等語。謹聞。

卷六十一

九

鄂督端午帥來電六月二十九日

函悉竹山銅礦擬由公司開采，請飭示禁私立合同，誠足以保利權。惟前據法領事照稱，法商嘉三黎勘有竹山州柯樹、鄧家臺、馬家口礦山三處，十個月内勿與他人開辦，又據竹山縣禀，舉人汪炳宸等請開價購之鄧家臺礦山各等情。當因山名相同，顯有轇轕。札飭嚴禁勿與洋商私立合同，並飭汪炳宸等不得遽開，一面委員前往查明禀辦。祇以尊處上年委勘未准，咨明有案，故照覆，法領事文内無從叙入。好在執事已函致各領事，將來不難理論清楚。至私立合同，久已飭禁，似可無庸電飭，應俟委員查明稟覆，再行電商酌辦。嗣後尊處如有委助鄂礦之事，必須先行咨商，由鄂處查復後，再行往勘，至要。

按，九至十三札均書於光緒二十九年（一九〇三）。

一〇

武昌端制臺來電七月十七日

竹山礦現已飭禁，未接大函。前因法領事照會，有鄧家臺一處，與竹山羅令稟汪炳宸請辦之地相同，曾委員往查，而法指之地又有與禮和同者。昨德領事請派員同礦師往勘，已飭關道照會，將竹山應俟尊處商辦。南漳另有糾葛剔除，衹房、保兩境五處，委員同往監察，免其中途別往，另生枝節，並不購地。立約勘畢，仍照章候部准駁再辦。禮和邀尊處同勘，如何回復，及周都司勘後如何擬奏各辦法，統望詳録章程見示。

一一

寄端制臺七月十九日

竹山礦已飭關道照會，德領事由敝處商辦，並已飭禁，深爲感佩。周都司偕布礦師准二十三起程，先勘竹山，宜占先著，未便同勘。現值各洋商執契紛争，尤要在估定産礦地段不爲所奪，方能會同尊處籌款議章，奏明開辦。周係翻譯，應請台端派定一員，俟周到稟謁，即請飭令鄂員同往勘地采樣，愈速愈妙。餘詳篠函。

一二

寄武昌端制臺八月十九日

黄道請派宜勇十六名，公又添撥鄖勇四十名。黄道同行須令不離，礦師當可無慮，藎籌至密，欽感莫名。

鄧家臺必有枝節。袁在滬將地租賣，與洋行訂有合同，其狡滑一望而知。祇因采送銅樣非常之好，乃不憚煩與外人争，然非公督鄂，亦不敢托。

已電黄道等，如礦師看得何處脉旺，即將該地迅速購妥，立定界石，以杜洋行争買。竹山勘完，便赴夔州，清帥已派員在夔接護。其恩施、興山等縣，遵照緩勘。凡勘礦，不過百中選一，藎得一佳礦，利及百年。猶憶從前請一英礦師，兩年遍看數百礦，只得一大冶鐵礦也。美、日約已畫押，即鈔寄。

卷六十三

一三

寄武昌端午帥正月十八日

張道鶴齡來電，所擬奏稿承公嘉許。鄙見惟有請派重臣，以考求新政爲名，赴各國面遞國書，以維均之勢立説，東三省開通商埠，利益均沾爲宗旨，乘其勝負未分，先站地步。倫貝子正將就道，如可兼辦，尤無痕迹。

弟擬電奏，若得一二疆臣會銜，更可動聽。除電商魏、岑兩帥外，如公願列名，再將全稿電求核定，乞速示。

一四

端午帥來電二月二十八日

精使到鄂，接晤數次。鄙人告以中國各省銀價一時恐難劃一，且須由内主持。渠亦自以未能盡悉中國情形爲言。香帥僅見精使一次，意似甚不謂然。精使爲美國教育家兼財政家，甚有學養，此來係上條陳，非强中國以必從其議也。

按，書於光緒三十年（一九〇四）。

卷六十四

一五

鄂撫端午帥來電三月十四日

萍鄉設槍炮廠，地勢極合，方意擬集寧、皖、贛、鄂、湘、蜀之力，就萍鄉合辦一廠。其建廠並常年經費由六省合籌購置。日出三百枝槍機器，歲得槍十萬枝。若經理得人，數年之後，當敷各省練兵之用。已與香帥面商，並電商邵陽矣。

按，書於光緒三十年（一九〇四）。

卷六十八

一六

長沙端中丞來電二月二十六日，並致呂大臣

湖南湘潭、常德均係繁盛碼頭，水道亦稱便利，現擬仿照岳州辦法自開口岸，以興商務而保主權。所以尚未訂約各國，將來議訂商約，務祈將湘潭、常德兩處劃出，作爲自開口岸，是爲企禱。

按，書於光緒三十一年（一九〇五）。

一七

寄江寧端午橋制軍繼蓮溪方伯九月十六日，吕大臣會電

江南、北水灾，辱荷玉帥、筱帥方伯諉諈，協濟義振，敢不竭力。現已籌墊銀六萬，遴選義紳劉康遐等，先擇徐、海重區查放。

向來義振，以銀兑錢，必有特别公益，期可多得錢多救命。昨擬就清江兑换電商蔭帥，覆電以浦局銅元停鑄，衹得改就寧换。查今春湘振，龐劬帥特允湘平一兩易銅元一百七十枚。今事同一律，特委員解上湘平銀六萬兩，求照湘省兑價飭局照兑，點交該委員領赴灾區散放。不特灾民多救，且使捐振者聞之，尤爲愜心。公痌瘝在抱，必能俯如所請，禱切盼切。

按，十七至七十二札均書於光緒三十二年（一九〇六）。龐劬帥即龐鴻書，時任湖南

巡撫。

一八

寄端午帥九月二十日，吕大臣會電

承允義振款准以湘平銀一兩易銅元一百七十枚，甚感。此項振銀湘平六萬兩，乞詢司局。如有應交滬道或户部銀行之款，請即電示，剋日就近抵撥，以免解費，更感。現在募款難比登天，竭蹷籌墊此數，准即由敝處照會劉紳康遐、柳紳遲、邵紳聞洛、王紳繼善等，分赴邳、宿、睢、安四州縣前往查户，專擇極貧散放。除咨達外，請即飛飭該四州縣妥爲照料。明知杯水車薪，無濟於事，不過吾盡吾心。水區未能種麥，來日方長，仍望多籌公款，以期推廣各縣。冬、春兩振，此間募款斷不足恃。仁帡在望，敢布腹心。

一九

端午帥來電九月二十二日，並致吕大臣

義振湘平銀六萬兩，請解交滬道作收。江寧支應局應解賠款之項，此間已飭支應局籌備。湘平銀六萬兩，一俟劉紳等到寧，即行發交具領。一面已飛飭邳、睢、宿、安等州縣，切實照料，以期周妥。

惟本年灾深地廣，約計現時急振及將來冬、春兩振，需款不下百萬。恩賞振捐及各省義助爲數有限，庫空如洗，挪無可挪。雖擬奏請截漕，而不敷尚鉅。鄙人深知近來勸捐之難，而目擊灾情，萬分焦急，不能不作將伯之呼。公等向來樂善不倦，而杏翁又復桑梓情深，務祈切商滬上諸大善士，廣爲籌助，接續散放義振。灾民幸甚，大局幸甚。

一〇

寄端午帥九月二十五日

湘平六萬已解滬道，銅元已派柳紳暹來寧領解。惟念淮、海、徐奇灾，沿江、沿湖洲圩民不聊生，幸值福星莅止，萬民有來蘇之望。

公款既竭蹷，義捐尤不足恃，只有實官捐尚可收鉅款。向來停捐之前，輸將必旺，此次改定官制之後，人皆知永不再捐，踴躍當更非前比。明知官捐爲秕政，然仕途純雜，亦不在遲早兩月間。聞奉天實官捐十月半停止，公若奏請歸江南接辦，至年底爲止，專辦淮、海、徐及沿江、沿湖一帶灾振，當可全活百萬人命。如能派員勘估，濬河修堤，以工代振，尤爲一勞永逸。昔年順、直、秦、晋皆爲振濟，特開實官捐，今不過展期兩月。兩宫惠愛黎元，凡臣下所請振饑救灾，無不俞允。公聲光並茂，爲民請命，計無不准。承公厚愛，用敢密陳。

二一

端午帥來電九月二十六日

開賓官捐可集鉅款，從權之論，具見施濟熱忱。惟此次停捐，内意甚爲堅決，與往届大不相同，籲請恐難照准。且現當改定官制之初，捐者未必踴躍，徒貽口實，無補巨灾。現擬於原辦虚銜封典外，奏請加辦七項捐輸，或可稍資挹注。

滬上義捐仍祈一力主持，以廣拯濟。曾少卿能慨然往南洋一行，必能募得鉅款。頃與子英商定，由方諄函勸駕，並望公力慫恿之，冀得當也。

二二

端午帥來電十月十二日，並致曾少卿、施子英兩觀察少卿函悉，振款又得一萬，甚善，望交杏蓀宫保，即日撥解。南洋之行，少卿不能即往，三復函意，似近諉卸，殊與平生風義判若兩人，至爲失望。鄙意目前灾深款絀，非籌之各島富商，終無以濟急難。少卿義聞深入人心，即以瘴癘未宜，無妨派一妥人代爲勸募。事關百萬窮黎，環而待命，不憚再三之瀆。杏翁、子翁樂善之懷，當亦力爲贊成也。

按，曾少卿即曾鑄，時任上海商務總會總理。施子英即施則敬，中國紅十字會創辦人。

一二三

寄端午帥十月十三日，吕大臣會電

頃宣自蘇回滬，奉真電。南洋派人勸募，容再與曾道熟商另復。

兹又續交瑞道第二批湘平銀六萬兩，請即飭局預備銅元十萬二千串，已備咨派員赴寧領運，愈速愈妙。

前寄募啓，務求作登高之呼，俾收集腋之效。凡收款，按旬登列報章。各省皆視尊處集交義振之款多寡，以爲轉移，若本省寂寥，則外省呼籲更恐罕應。海等承公諉諈，不得不還以望諸台端。

唐教諭錫晋，請速令回滬。

二四

端午帥來電十月十八日，並致吕大臣

徐、淮義振，蒙續籌湘平銀六萬兩，惠澤博施，有加無已，莫名感戴。已飭局預備銅元十萬二千串，一俟委員到寧，即交領運。

募捐一事，鄙人亟欲力爲提倡，前已將任内養廉按月全數助振，截至停振之日爲止。其本署幕府委員及各局所學堂四岸員司薪水修膳等項，亦各捐助一成，自本年冬月起，至明年三月止，擬歸振款應用，俾期集腋成裘。寄來募啓亦已加具切實文牘，分發廣勸，以濟振需。至各處紳富義捐，仍望大力主持，源源接濟，無任叩禱。

唐教諭已於十四日旋滬矣。

卷七十

二五

端午帥來電十月二十三日，並致吕大臣

徐、海灾民紛紛外出，由於地方官辦振不盡得法，而義振各紳又未趕到之故，業經加籌款項，飭發被灾各州縣，勒令妥速辦振。檄電交馳，不遺餘力。揚州清江飢民分飭趙運司、楊道文鼎督率，設法資遣回籍就振。其有距籍較遠，或不能回籍者，妥辦留養。昨聞常州、鎮江均有江北飢民入境，亦經飭令該道府速籌資遣留養。來電所云飢民領照回籍，按口補振，尤爲體恤周至，又已分飭照辦矣。特電聞。

一一六

端午帥來電十月二十七日，並致呂大臣

李德立今日來晤，方與接談，謝其美意，告以向來放振，官辦不如紳辦之切實，故此次官振、義振同舉，而官振皆令紳董會辦，以防流弊。今貴會籌集各國捐款，普拯災黎，官紳同感。但内地風氣未開，必須歸華董經放。如慮分布或有未周，敝處當派地方官偕同洋員往各處監查，但祇宜抽查數處，便可得其大凡。君如謂然，鄙人當請歷年辦振熟手施子英、許九香兩紳綜理其事。君亦可延上海商會中素信之華董二人，與施、許會同辦理。李君頗以爲然。

方又言灾區甚廣，而以清江爲總匯之地，現就振者已三十餘萬人，若將清江一處借重貴會專款發放，錢有餘再添灾重者數處，似易於措置。李意似亦首肯。

至赴皖一節，已權作罷，特以奉聞。九香過寧，已面告各情，並祈轉懇子英見允。

按，李德立（Edward Selby Little），英籍傳教士、商人，時任上海公共租界工部局董事。許九香即許鼎霖。

二七

端午帥來電十月二十八日

沁電悉。現由敝處分電湘、贛，其詞曰查近日匪勢披猖，萍鄉礦廠成本至鉅，且經農工商部電屬切實保護，尤非兼顧不可。寧軍今日成行，水陸兼進，第相距遐遠，須十餘日始克抵萍，鄂軍又爲水涸所阻，未能速到，不禁焦灼。湘既允撥一營赴萍，務請堯帥速派營隊徑赴萍鄉，會同嚴密防範。贛省調赴前敵之兵，如因正在接仗，不能調回，請由仲帥另派得力營隊，星夜赴萍駐防。地方與礦産關涉均極重要，設有疏虞，不獨國家鉅本均歸無著，洋債從何措還，後患不堪設想。我公思深慮遠，諒早見及，務望迅賜酌籌，共維大局，幸甚。

再，堯帥感電閱悉，已加電程提臺，請其速派舢板四五十號，駛赴長沙鎮攝，共維大局，幸甚。特聞，希轉飭林道知照。

按，堯帥即岑春蓂，時任湖南巡撫。仲帥即吴重憙，時任江西巡撫。程提臺即程文炳，時任長江水師提督。

二八

又十月二十八日

頃又電奏，承准二十六日電，奉旨江西、湖南交界地方匪黨聲勢猖獗，著端方、張之洞、岑春蓂速派得力營隊，飛飭會剿等因，欽此。

查萍醴匪徒倡亂，迭接該處路礦局及湘、贛來電，即經電商吴撫、岑撫，厚集兵力，會同剿辦，電商張之洞由鄂派兵援力，兼顧路礦，一面已飭江南三十四標全隊整裝以待。並電告吴撫，務多派得力之營，圖拿滅，免釀燎原。贛省兵力不敷，立行拔隊往援。欽奉前因，即飭將業經戒備之第九鎮第三十四標步隊三營，炮工各一隊，馬隊、車重各一排，混成一枝隊，即於今夜開拔，分三起上駛，在九江换船進湖口，至南昌，遵陸前進。

三十四標操練較久，標統艾忠琦人亦穩練。第九鎮統制官徐紹楨曾在江西統兵，於萍鄉、袁州一帶情形較熟，派令督率，前往相機堵剿，兼可與贛軍協商，合力妥爲布置。鄂軍由岳州至湘潭，取道萍醴鐵路，寧軍由南昌、袁州以達萍鄉。兩路夾進，庶期剋日蕆事。仍當與張督，吴、岑二撫斟酌機宜，妥籌辦理，仰副朝廷慎固南陲至意。謹請代奏等語。

二一九

端午帥來電十月二十九日

現由敝處分電湘、贛兩省，其詞曰：萍鄉礦廠德國、日本因有借款，均來問信。倘我防守不嚴，彼將以保護爲名，派兵前來，更多棘手。應請堯帥、仲帥加派營隊赴萍駐防，以免疏失。

議者謂前敵吃緊，調營防守礦廠，未免置之閑地。不知萍礦甚關緊要，萬一匪黨探得該處空虚，乘隙焚掠，我豈能不回救？兵貴致人而不致於人，想藎籌亦早已計及矣。特聞。

三〇

寄端午帥十一月初一日，吕大臣會電

承示邳、宿、睢官振各發銀四萬，連義振二萬，確不爲少。如辦得好，足可救人。公已飭袁道加委令與各義紳會辦，弟亦飭各義紳商妥合辦。

頃據海州義紳宋治基來電，官振現由鄉董、地保造册送州，係匀攤辦法，義振係經司事挨户親查，極貧給票。章程不同，不能合辦。治基即日帶司事，親歷各災區，查看開辦。俟官振放後，義振以補不足。爲日正長，籌款匪易，不敢草率，候電示遵等語。想徐、淮各屬亦必如此。向來官振不過憑董、保造册，呈送印委，分極、次貧匀攤，每日極多數百錢，散放極遲，剋扣難免。且百姓皆稱吃皇糧，可不吃者亦都要吃，董、保徇情而不中飽者已算極好。宣官直東，總司振務，親督查户，洞察其弊，曾嚴懲印委，禀院以官作義，係將官振併歸義振，責成義紳，隨查隨放，奏銷則列名官振若干，義振若干。李文忠、張勤果不派委員，即派員亦止會同義紳而已，非必委員無好人，實因辦法不同，且委員所帶之人，斷不能耐苦終日奔馳。故以候補官充義紳，亦能相觀而善。

現已事急，極須定議，乞公酌奪。如欲官義合辦，只可由公嚴飭，悉照義振章程，並加札各義紳，准由義紳做主，委員監放。如仍照海州造册匀攤，不親查户口，只可義振另辦。雖錢少，尚可究一是一。勢難兩歧，即盼電示，以便飭遵。

按，李文忠即李鴻章。張勤果即張曜。

三一

又十一月初一日，吕大臣會電

楊道三十電稱各州縣户口未據查齊，尚未核定放振數目。文鼎之意，總以官、義兩振，併作一起爲妥，如能較浦廠稍優，飢民方肯聞振歸家等語。似此仍是官振老法，必待查齊後放，餓死已多，等候不及，只得流亡。且核定勻攤，弊病百出。義振係先定錢數，極貧每口一千，隨查隨放，方能救活人命，方能遏止流亡。如尊論邳、宿、睢允發官振銀四萬，義振銀二萬，即放一千，勿慮不給。且填票口數多少，仍在查户口者操縱。如蒙察照，乞速電司道，飛飭印委遵辦。如再停頓不放，須照大疏懲參。

聞浦廠日斃數百人，甚慘。楊道極認真，但從來留養無好辦法，且數十萬人聚處一隅，糧食、柴草異常艱貴，雖多費公款，民鮮實惠。釜底抽薪，只有各州縣隨查隨放。恃愛直陳。

三二一

寄端午帥十一月初四日，吕大臣會電

承電示，前發之款斷不敷用，事關急救，儘力做去，不計利害。仁心毅力，方之富鄭公，殆有過之，公真吾民之福星也，海等誼當分憂。

頃與曾道熟商向户部銀行息借銀十萬兩，俟簽押後即交滬道查收。前後共籌銀三十萬兩，請速飭預備銅元，趕緊運往，免斷接濟。

弟等所請，度支部額外附鑄，論理似可邀允。如駁，須請公再奏。

方伯電稱乏銅。據四川辦銅委員胡廷溥面稱，唐晋記現存滬銅四千擔，每擔索價四十四兩，居奇已甚。如要，請派員議辦，遲恐他人先得。

三三

寄端午帥十一月初五日，吕大臣會電

奉冬電，飭將官振款項全交義紳，一切照義紳辦理，地方官監視照料。袁、楊二道均有電來，已分飭遵行。後再四焦急，浦廠斷難久支，歸振尤屬棘手。不有會訂章法，尚慮員董誤會，無所率從。

弟等仰荷諈諉，若稍存客氣，恐負所托，滋罪益深。謹擬會訂官、義兩振合辦章程，呈請核定。

一、徐、淮、海三屬銅山、邳州、宿遷、睢寧、蕭縣、海州、沭陽、贛榆、山陽、安東、桃源十一州縣，派總董十一人，專司查户發票，派委員十一人，專司收票發錢。

一、此次地廣人多，只能專放極貧，每大口給錢一千，小口減半，次貧不給。向來義振親查之際，遇有口少而病苦，非一千能活者，准酌加口數，略爲通融。總之，票只填口數，不填錢數。

一、春麥未種，爲日方長。擬查放三次，每次一千，隔兩個月一放。一曰官冬振，一曰義振，一曰春官振。

一、初振放畢，收回舊票。因聞振歸來人口活動，故宜覆查，另給新票。相隔兩月工夫，二振、三振，底册可憑，覆查自易。

一、現錢必須分運四鄉，隨查隨放。每村查畢，即條示三五日後赴某鎮領錢。至遠二三十里，老弱須要一日往返。運錢之費，作正開支。

一、官、義既已歸併，振票自宜一律。錢款不論官、義，先到之錢，即行先放。

一、浦廠陸續資遣，應先詢明該縣，須俟人到錢到，方可分批押送。除路費外，須寬給十日口糧。護照分別東南西北四鄉，以便分赴該縣四局領振，免致到城擁擠。

一、留養難分極、次，遣散必須切實查驗，分别極、次。護照暗作記號，按批造册，注明住址，登明極、次，俾可按籍補振。極貧一千，次貧五百，未便優異。

一、流民回籍補振，應責成印委辦理，義紳無暇兼顧。下次則歸入查户，責在義紳。

一、浦廠須出示各縣已放冬振，留養定期撤局。除莊丁留辦工程外，餘皆資遣，准給路費口糧，每名若干。回籍有官、義振三次，如過期，皆不給，庶使願回。

一、原籍領振後，欲防再出，應於要隘派隊堵截，方能聞風止住。

一、十一州縣極貧户口及流民回籍，如有百萬人，每次約須放錢一百萬千。本地换錢，勢必錢價頓漲，應由江寧幣局連夜附鑄，分批派員運送清江轉運局，再行分運。各州縣能否隨查隨放，實以運錢能否接濟爲斷。

一、義振總董各准選帶司事十餘人，委員須在四鄉設立分局，驗票放錢。並須管理運錢之事，亦應准其選用妥當司事，薪水、伙食作正開支。

一、各路糧食稀貴，由官派員購運，迅赴各縣平糶，不必於放錢之外，再另放糧食，致涉夾雜。災民得錢，平糴尤沾實惠。或以糴出之錢轆轤運糧，或以充作振款，應由印委察看糧食有無爲斷。

一、民間自運糧食，暫免税釐，例應由督院札發淮運使，徐、淮、海道各一百張，准其就近填發呈報。

一、運河水涸，船隻擁擠，恐於運糧、運錢有礙，應電飭兩運司趕緊設法疏通。凡有糧、錢船隻上駛，必須催趲速行。

一、委員必需廉明幹練，方能濟事。應在省城遴選十數員，分批解錢前往，即留交袁、楊兩道差遣辦事，以期得力。

以上十七條，係就臆見會擬。如蒙采擇，乞酌量增删，速電復，並請通行電飭，俾印委、紳董均有遵循。

三四

端午帥來電十一月初六日，並致吕大臣

承向户部銀行息借十萬金急振，得此可活無數災黎，願力閎大，感佩無極。加鑄事已電度支部，並請派司員來寧監造，當可照准。四川存滬銅斤，請速向該委員代定，其價總在四十兩以内，方於振款有裨。

昨蔡道乃煌言宜昌有四川大批存銅，已一併電致清帥商購，以資接濟。尊處能電懇清帥，屬其准照四十兩内定價，以活災黎，尤爲有力，望速發。

三五

端午帥來電十一月初六日，並致吕大臣

江北辦振情形，現會陳筱帥、廕提臺電請軍機處代奏，其文曰本年蘇省水災，綜計一州八縣，而以徐、海、淮安三屬爲最重。前經據實具奏，並請截漕十五萬石，展辦振捐，一年開辦七項常捐，以資振濟在案。

九月以前，各州縣視爲例災，未即上緊辦振，並有村董侵吞急振銀兩之弊。經飭司道從嚴根究，一面委員前往會辦，復不次嚴催。無如户口衆多，一時未能查竣。各處飢民紛紛外出，麇集清江、揚州，亦有散往江寧、鎮江等處。

方到任時，因署淮揚海道丁葆元未能得力，即行撤换，委楊文鼎前往接署，清查户口，妥籌振撫，并辦清江留養。兩淮鹽運司趙濱彦辦理揚州留養，江寧藩司繼昌、署鹽道朱恩紱督同府縣辦理江寧省城留養，另委候補道朱宜振，會同署常鎮通海道榮恒辦理鎮江留養。撥給款項，飭以廣搭棚廠，安集灾黎。其玩視民瘼之州縣，先行摘頂記過示懲。侵蝕振款之村董，飭由楊文鼎並署徐州道袁世廉提案訊明，盡法懲辦。惟時已嚴冬，若待户口查清，再將振款匀攤散給，未免躭延。適值吕、盛大臣塾募銀二十萬兩，選派委紳來散義振。係令隨查隨放，甚爲簡捷，兼可杜絶一切弊端。且查派來各紳，振務熟手，人亦切實耐勞。所有官發冬振，隨即飭委該紳等查照散放，仍由地方官委員監視照料。並派委歷辦振撫之直隸補用道施則敬、安徽候補(連)[道]許鼎霖總理其事，期臻周妥。更恐米糧價貴，官運不敷，已令多招商販承運，查義振章程，一切核實。

照部議，年内概免税釐，藉資接濟。至現在各處留養飢民，揚州約有四萬，江寧三萬，鎮江二萬。惟清江浦相距灾區較近，開辦最早，人數最多，已經四十餘萬。中有皖北飢民聞振遠來，數亦不少。現每日大口給錢三十，小口給錢二十，以一日計之，已非一萬數千串不辦，築圍搭棚等費尚不在内。揚州、鎮江、江寧等處，或放米糧，或開粥廠，或放棉衣。其尤足慮者，人多聚集，良莠難分。聞有海州餘匪混雜其間，未易分辨。業經查明，酌派營隊分紮四隅，嚴密巡查，以資鎮攝。然扼要辦法，總在廣籌振濟，先定人心，庶使匪徒無由勾結。

此外應修之堤，應築之壩，應疏之河，均飭擇要勘估，招集飢民前往修築疏濬，以工代振。人數既多，彈壓較易。核計款項，至少亦須二百餘萬。前蒙恩賜之銀，久已散罄，各省協助，滬紳二十萬，直隸四萬爲大宗，其餘頗爲有限。雖經奏請截漕十五萬，並開辦七項常捐，出入相衡，不敷甚鉅。近來所發各處籌辦留養、散放冬振之款，多係設法挪墊，藉濟要需。昨有滬上洋商李德立等在滬開設義振公會，並擬由領事電其政府，勸募振捐。此皆由於朝廷於外洋各國，有灾無不發帑周恤，一視同仁，洋商慕義情殷，故有是請，似亦難於峻却。惟慮該洋商自行派人來散，臨時或滋事端。日前李德立來見，已切屬其如願募捐助振，使交華紳經放等語，李德立意頗首肯。惟外洋尚慕恤鄰之誼，而我之振施倘或未能普遍，殊與國體人心大有關礙。無如灾深款絀，仰屋徒嗟，目睹瘡痍，萬分焦灼。

現在惟有督率司道，殫竭心力，黽勉經營。一面查照前次奏案，嚴明賞罰，使辦事人員有所懲勸，灾黎漸資安集，不致四散流亡。並已電知恩撫，將皖北灾民妥爲截留安撫，勿任外出，以仰副朝廷軫念灾區之意。除將玩延欺飾之州縣查明，擇尤另疏奏參，暨侵吞之村董審明得實，即予明正典刑外，所有近來辦理江北灾振大概情形，謹請代奏，敬以奉達。

三六

又十一月初六日，並致吕大臣

銅元一事，前因振款過鉅，現鑄不敷，電致度支部，暫寬鑄數，並請酌派司員來寧監鑄。昨接度支部冬電，已有允意。惟云鑄數過多，勢必銅元價跌，糧米價增，反與貧民不便。且以銅元一百七十枚易銀一兩，與奏定一百四十枚之數相去太遠，不但無利，且恐折賠等語。即經逐層切實電復，當可照准。惟銅價漲至每擔四十四兩，若以振款每銀一兩兑换一百七十枚合算，即不虧賠，亦絶無餘利。在本省以之施振，絀於此而羸於彼，原無不可，他省撥兑，恐難一律。

昨因銅元缺乏，電商張香帥，請購鄂局銅元五十萬串，仍係照每兩一百五十餘枚之市價。

現即乞援，浙省人將疑爲他用，未必允從。好在官、義兩振現係合辦，均由義紳散放。兩公仗義，辦捐助振，仁聲義問，遐邇咸欽。如蒙將現在災重款鉅、銅元缺乏情形電商鄂、浙，請照每兩一百七十枚之價分批兑换，即由義紳持銀前往，購换銅元，徑赴災區散放，或可使其信從。是否，仍祈裁酌。川銅事昨已電商錫清帥，當即復電云係鐵路所訂，已飭蔡道與費道酌商。俟接復電，再行派員來滬議購。

三七

寄端午帥十一月初七日，吕大臣會電

承示七項常捐，已准開辦，請速咨發，實收一千張。敝處係先捐後獎，不礙官事。况已歸併，義振多一錢，即官振省一錢。尊處定何折扣，如實收填，一千兩應收實銀若干，部飯是否在外，乞示知。

三八

寄端午帥十一月初七日，吕大臣會電

海州義紳宋治基麻電稱，日前與道委官紳會議定分辦官振，先放義振輔不足。前日電稟督、藩、道定案，基即親赴東南鄉查勘。接憲江電，理合詳稟。海州五十四鎮，被灾三十二鎮，官册復查，已成八九。官振不能不普，款少人多，不能不攤派，以廣皇仁。義振民捐民辦，苛查有詞，地方官曉諭，亦有宗旨。且一州之地，周圍數百里，灾區有輕重，村莊有貧富，不能一律。義振查放，全在此中權衡。給錢多寡，每口若干，既不能不定，且不能預定。誠如憲電，每口給錢一千，各屬一律就州册而論，約計三十餘萬口。冬、春兩振，需款六十萬，未識有此鉅款否？現在民間已喧傳上憲發鉅款來振。及詢之州署，已到之款只一萬四千金。現在情形，官振、義振不能下手。誠如憲電，官振册責成義紳復查，苛剔户口，官款全交義振查放，則實在飢民無力争鬧，而地方土豪、土棍、劣董、劣保煽動强梁之輩，必與義振爲難鬧振等情。基性命不足

惜，有累地方官守土之責，且匪亂未靖，更宜慎之又慎。至官振全交義振，必招物議紛騰，致成怨府。併辦之諭，因各處情形不同，萬不能遵。基旅居已久，深悉此邦風土人情，懇請海州仍照前議，官振由官先放，流亡歸來，由官驗票給錢，繳票報銷，義振隨後輔不足。使飢民尚有後望，有一分力救一分人，則款不虛糜，民沾實惠。乞轉電午帥，地方幸甚等語。似此州册造成三十餘萬口，竟同兒戲。若令義紳嚴剔，是官市恩而紳府怨，無怪宋紳只肯分辦，恐他處亦然。是自亂其例，萬難措手。

如帥意必欲合辦，惟有請即嚴飭印委，會同義紳一氣覆查嚴剔，限以八萬口爲度，隨查隨放。如有豪、棍、董、保鬧振，即行重辦。否則只得照朱紳所請，免致兩誤。乞速示。

三九

又十一月初七日，吕大臣會電

會擬章程已交許道細核，擬請加一條曰：一、已奏明，倘有侵吞振款入己情事，查明贓證確鑿，即請旨明正典刑，以昭炯戒。其有辦理不善，各員隨時分別撤換嚴參。如有辦振得力之員，亦當懇恩，從優獎勵云。因義紳亦有欲望獎勵者。可否，乞示。

四〇

端午帥來電十一月初八日，並致吕大臣

此次徐、淮、海振務，備承苦心籌畫，感佩交縈。所訂官義合辦振務章程十七條，均極周妥詳明，已電袁、楊二道及趙運司查照切實辦理，並分行各義紳、各印委遵辦。至第十五條商民購運米糧，請領院照，固是正辦。惟前因灾區冬振，均放錢文，必須米糧價平，灾民方沾實惠。已由敝處電飭，凡運往徐、海、淮安等處米糧，無論官運商運，有照無照，一概免完税釐。已撰發四言告示，招商廣運，一面發給趙運司空白護照二百張，袁、楊二道各百五十張，預備官運之用。如商民願請護照赴外省采辦米糧，並准隨時填給具報，似較簡便。應請仍照敝處前電辦理。

又，第二條灾民在籍者，專放極貧，大口給錢一千，小口減半，最爲劃一。而第八條灾民回籍補振，極貧一千，次貧五百，其中如有小口，應否量爲區別，至下次歸入查户，一律辦理。應否全照極貧散給，抑仍分别極、次，似應預爲籌及。

再，銅元一事，大部雖已有允寬鑄之意，惟銅價極貴，購辦礙難，多鑄殊無把握。而官、義隨查隨放，必非銅元應手不可。昨麻電奉商一節，公意如何，統祈酌裁示復。

卷七十一

四一

寄端午帥十一月初八日，呂大臣會電

運照辦法，便商惠民，藎籌甚佩。歸振户口，第一批不及清查，應憑護照散給。因次貧甚多，故須區别。迨兩月後放第二批，必須另查。已歸之户，只放極貧，方能與在籍一律。是否，仍乞指示。銅元乞援鄂、浙，已分别電商得復。

據沈道敦和函稱，義振善會創議，復經滬道函致各領事，轉達各國政府。原係仰體督帥之意勸募，各島華僑廣爲樂助。兹據李德立聞，英領事電禀駐京英使，面告外務部，擬再電達各政府。外務部因無滬電，礙難允答。查此善會之設，所以欲告各國政府者，無非動華洋紳商之感情，並非向各國募捐，且與國際無涉。現將此情由滬道再向各領詳陳，仍請電達各駐使矣。伏懇電達督帥，轉達外務部，倘各使再來詢問，俾可詳答等語。應如何辦理之處，伏候卓裁示復。

四二

端午帥來電十一月初十日，並致吕大臣

官放冬振，定爲極貧每口一千，交義紳隨查隨放，委札已經繕寄。惟灾民所領官、義兩振，俱係錢文，必須米糧價平，始霑實惠，自非招商廣運米糧不可。昨已由江電通飭江北各關局，嗣後運往徐、淮、海三屬米糧，無論官運商運，有照無照，是米麥是雜糧，一概免完税釐，並嚴禁書差司巡，不准稍有需索留難。一面由敝處撰發四言告示，招商廣運，以資接濟。祈即轉告各義紳查照。

四三

端午帥來電十一月十一日，並致呂大臣

據楊道青電，奉陽電詳示呂、盛兩大臣章程十七條，周密之至，曷敢再有異議。惟其中有應變通辦理者，不能不據實直陳。

一、浦廠發照遣回，只能給十日口糧，若再加路費，無此財力。

一、護照内已填寫某村，即不必再分東南西北。

一、護照本係陸續發給，只能送出境外。若必分批押解，實無許多委員可派。

一、浦廠因人數太衆，不得不急圖資遣。如義紳已到之處，即應次第遣回。其義紳未到之處，暫緩辦理。若再曠日持久，浦廠力何能支？

一、護照内已經暗作記號，知照各義紳、印委。然只能按户分極貧、次貧，不能按口分極、次。外屬來浦者，極貧居多，非回籍後覆加查驗，不能得實。

一、浦廠現已出示，定於十一月底停，撤衆至四十萬。即每日遣散二萬，已非二十日不可。如遇雨雪，未便强迫，斷難再事遷延。

一、浦廠本擬招夫辦工。向來江北作工之人均挈眷搭棚住宿，其中如有願回者，當照給十日口糧，一律發照。

一、要隘派隊堵截，早已稟請提帥分撥。

一、各灾區委員，如安東、桃源、海州、贛榆、沭陽、阜寧六處，早經派員，詳報有案。清河係設分局五處，派委員五人，與吕、盛兩大臣四鄉設局之議正同。山陽灾本輕，已據張守稟報，督同印委趕辦，可不致誤。

一、浦廠如能將數十萬飢民概行遣回，所有運到米糧，即分撥各處設局平糶。一律放錢，不必放糧，糶出之錢，即充作振款，與吕、盛兩大臣辦法亦合等語。

祈酌核示復。

四四

南京端午帥來電十一月十二日，並致吕大臣

午接外部真電，以准駐美梁大臣電美總統，諭美民募捐，撥郵船運糧助振。將來報施之道，及有無流弊，令密籌電復等因。尊處想同悉。兹擬會銜復電文如下：

真電悉。美係民主，助振義舉出自衆民美意，未便相却。前舊金山震灾，我國助振，美曾辭謝。但彼力有餘，各國之款皆不受。我今方各處募捐，與彼情形不同，未可並論。將來如遇彼灾荒，仍可報施。至外國運糧來華，本係條約所准，向不收税，並無流弊。惟糧到中國後，辦振仍應華董經手。前李德立辦華洋義振公會時，已與商明，此糧亦應一律辦理。可否電梁大臣轉達並致謝，請鈞部酌核，並乞示遵云。

請公裁酌。如以爲可，即請電復，仍由敝處會尊銜拍發。

四五

端午帥來電十一月十五日，並致吕大臣

承示李德立返滬會議，洋振立意自放，並云在寧鄙人所言應由華董經手，並未承認等語。此節關係甚重，李在寧時弟與面談，彼的確應允，實非未經承認，何可食言？兩公及弟電奏内，亦均叙明此意，尤未便率自改變。務乞兩公再與婉切磋商，告以業經奏明，務照原議辦理。若必自放，無寧中止。倘勉强遷就，萬一生出釁端，轉恐得不償失也。愚昧之意，尊意以爲如何？乞示。

四六

端午帥來電十一月二十三日，並致吕大臣

頃電袁、楊二道云，接睢寧邵紳電，江北人性質，以不吃振爲耻，以强硬吃得到爲能。雖生監之綽可自存者，强索哀求，在所不恤等語。查現在振款奇絀，總以專放極貧爲主。此吕、盛兩大臣所云，只能救命，不能救貧。若可以自存之人亦思冒領，安有許多振款遍應所求？且冒濫既多，勢必極貧者反不能盡霑實惠，尤非從嚴查禁不可。應由該道等迅即撰發，剴切告示，通飭查禁。一面切屬各義紳不避嫌怨，力杜此弊。倘刁生劣監藉端滋鬧，定即拿案究辦等語。謹聞。

四七

又十一月二十三日，並致吕大臣

接徐州袁道、田守、吴丞並劉、韓、柳、邵各義紳個電云，電示限灾民日數，應遵辦。惟約計萬難，如限五屬，總在五十萬口外，二十四、五年義振口數略同。今又多歸振，即冬、春各放一次。來春灾象更重，户口更多，款已不足，三次萬難敷。總之春振重於冬振，深知籌款維艱。

現冬振已放一千，可否春振兩次併作一次，或仍放兩次，按口酌減錢數，或各就灾情，體察酌併。應如何辦法，均乞速電示遵等語。

查銅、蕭兩邑灾情較輕，袁道前禀本擬僅放春振，旋經鄙人加放冬振，各定四萬，數已不少。邳、宿極貧人數，前接義紳、印委來電，各僅十萬上下。睢寧地小，似不能與邳、宿並論。今來電統稱數在五十萬口以外，是較輕之銅、蕭，人數反多於較重之邳、宿也。現在官、義兩振款項奇絀，只能專放極貧，是以電囑復查，嚴剔至再至三。原期少一冒濫之人，即極貧多受一分之惠。今若畏剔除之費事，而遂不顧籌款之維艱，甚非兩公及鄙人迭次諄囑之意。

鄙人籌思至再，此事中有三難。來電謂人數總在五十萬口以外，而聞振歸來者不在其中。每放一次，即需錢五六十萬串，無論官款無此鉅數，即義振亦有不敷。一也。若照該道府所請，或僅放兩批，或酌減錢數，仍是匀攤辦法。自今冬以至春暖，爲日甚長，深慮極貧之人無以保全生命。二也。現即責令從嚴剔除，必照原定三十萬之數，自屬正辦。第恐此外果有遺漏，於心亦有未安。三也。兹擬酌照兩公前定海州辦法，徐州五屬以三十萬爲極貧，每口給錢一千。此外務屬各義紳與印委等，恪遵兩公前電，緊查緊放，勿稍浮濫。如實有萬難剔除之户，准作爲次貧，每口給錢五百，以示體恤，而免向隅。惟五屬次貧不得過二十萬之數，俾有限制。

是否，祈酌核賜復，並徑電各義紳照辦。

四八

又十一月二十四日，並致吕大臣

部撥桂捐溢款六十萬，聲明實銀。堅帥則謂賠貼太巨，款無從出。敝處不得已，電商鐵尚書，請改撥他款。頃得復電云，已奏，難改。桂捐收至五百五十餘萬，令撥實銀，不至爲難。已由部電桂省照辦等語。

查堅帥來電，此項溢收捐款似在施道處，究竟溢收百萬之説是否確已捐足。如尚有虚額，似可加之捐生。如已收齊，祇能別籌彌補。公等於辦捐情形最爲洞澈，乞速邀施道妥商，即電堅帥，設法措注。至辦捐減讓，各省皆然，堅帥爲難情形，敝處早經料及。既不便向堅帥專説官話，又不能不要實銀，因此堅帥電尚踟躕未答，並乞告施道，於電函中先致鄙意。

四九

端午帥來電十一月二十五日，並致吕大臣

頃電清江楊道並桃源印委、義紳云，廉紳敬電悉。桃源灾情本非最重，極貧以十萬爲度，豈得爲少？以海州而論，復查極貧不過二十萬，桃源地無其廣，何反有三十萬之多？明係該印委僅憑董、保册報，並未親自確查。而董、保等積慣舞弊，濫將可以自存之户混入其中，以爲將來需索地步。近來各處具控董、保藉振扣忙漕扣練餉，不一而足。且查得山陽册載灾民内有殷實鋪户，宿遷所領振款以購皮衣、烟燈種種弊混，難以悉書。振款幾何，豈能禁此冒濫！現若責成義紳剔除，是官市恩而紳斂怨。來電言桃民强悍，恐滋事端，亦爲應有之慮。至請改爲大口四百、小口二百，與各處辦法懸殊，是使可以自存者任意冒領，而極貧者所得甚微，反難全生命，甚非鄙人與吕、盛大臣諄屬之意。總之，此項振款原爲拯救民命，自以專放極貧爲主。應將該印委等嚴加申飭，勒令於五日内復查，將可以自存之户一律剔除，再由廉紳核實散放。

倘有刁徒痞棍恃衆滋鬧，即行嚴拿重辦。如能由該印委先將侵漁舞弊之董、保痛懲數人，置之重典，尤足警戒。經此電飭之後，該印委如再畏難苟安，仍不認真辦理，定即從嚴參辦。至桃源，現應加撥官款若干，應由楊道體察情形，在於存銀十萬之内酌量發給具報。再，積穀何以僅止六千，並望就近確查，勿任含混等語。是否，祈核示。

五〇

又十一月二十五日，並致吕大臣、施觀察

漾電奉商桂捐撥解實銀事，想已鑒及，此事弟已一再籌度。桂捐收數逾額，部文本令退還，幸因江北振需，乃得通融照准。可即以此意廣告捐生，凡上兑及某月以後者，酌令加成彌補撥款，以符部定實銀之數。必俟加成繳足，始將捐案達部。仍明定補繳期限，不繳則銷照還銀。准他人頂獎，其願繳者另給撥歸江振收條，於桂捐全案亦無歧混。當此實官永停之際，各捐生僅令加成，分則見少，而保全垂失之功名，又有振灾之義舉，於事勢必無阻礙，在捐局亦振振有詞。尚祈諸公妥商定議，即電達堅帥施行，一面先行籌解。江、粤兩全之法，似無逾此。如施道尚慮捐生疑阻，則敝處當電商堅帥，竟將溢收款六十萬全數發還捐生，由江南捐局照部撥實數代桂省另籌抵獎，頃刻可集。公謂何如，盼示復。

五一

寄端午帥十一月二十六日，吕大臣會電

讀致桃源印委義紳電，洞若觀火，莫名欽佩。頃已遵照，電飭廉紳矣。此次公早燭見印委絶不查户，衹憑董、保造册，乃欲責成義紳親查親放，弟等亦不辭勞怨，三令五申。不料木已成舟，竟難辦到，今亦何難勒令再查。一恐滋事，二恐躭遲，只好將就放過一振，再作道理。

五二

端午帥來電十一月二十七日，並致吕大臣

本日外務部來電云，本部前電駐美梁使，婉商美廷，振款仍歸中國紳董查放，兹准電復。迭經與美政府商妥，電滬美領，代表十字會監察照料。其施振之事，專由華董聽候午帥指示辦理等語。特轉達等語。特聞。

五三

又十一月二十七日，並致吕大臣

山陽灾情較輕，乃該印委等原查灾民人數至三十餘萬之多，甚且有殷户鋪家在内。似此冒濫，殊堪痛恨。閲致高紳等電，甚爲切要，應即照此辦，已嚴飭原查之印委妥爲照料彈壓。倘有刁民不服覆查，任意滋鬧，定惟該印委是問。總之，此次振務大半壞於不肖印委、董保之手，但經查有實據，惟有從嚴懲辦，鄙人亦别無他法也。

五四

寄端午帥十一月二十七日，呂大臣會電

昨寄施道函到否，奉有電轉示施道。頃據函稱，查職局代咨桂捐十六批，統於十月三十限內達部中。有在京引見各員，早經呈請核准换照，礙難扣獎。且折收係奉桂撫批准核辦，非捐生短交，亦非職局擅減，未便失信。況外辦章程不便叙列公牘，設均飭令加成，是先坐實減成，已干部定嚴參之例。即現議展辦七項捐款，亦將無人過問，於振需大有關礙。又查此次報部十六批職局經收者，均在原額百萬之内，餘皆代各省捐局核咨，收捐各有經手，無須職局廣告。請代陳等語。

查該道所陳窒礙各節，亦屬實在情形，應如何兩全辦法，仍候主持示復。

五五

又十一月二十七日，吕大臣會電

此次籌捐難，運錢亦難。五批至今未運，邳、宿、海、安盼錢尤急。前商鄂、浙，承浙允换六萬兩，已往運。香帥復云，已讓買賤價之銅六千擔與江南，鄂已坐虧六七萬金。此即因尊處兩電振款銅元起見，故勉强曲從，亦與賤售銅元無異等語。

查振錢附鑄，部已准行。義振原議尚少五十萬千，除浙换十萬二千千，約少四十萬千。可否即用鄂、川銅附鑄，日内摒凑交銀十萬兩，務求迅撥錢十七萬千，以便趕運。下剩二十三萬千，亦乞臘月初旬一起付清。總期二十邊運到災區，免再延誤，不勝感禱。乞速復。

五六

端午帥來電十一月二十九日，並致吕大臣

二十五函並沁電均悉。施道所陳，自是實情。敝處前致鐵電，係屬私商。因此項撥款由江蘇京官呈請，而得敝處接京官公電，有『准撥實銀六十萬』字樣，似明知捐局例有減讓，特予聲明實銀。如敝處默無一言，將來必遭京官責問。因此電請設法改撥他款，絶無與桂爲難之意。且屬原電勿送度支部譯署，與施道所慮正同。及復電云，已電桂屬撥實銀，更慮滬局無從措注，因有加之捐生之議，姑備一説。刻知施道經手桂捐，早經達部，自可毋庸置議。振需得此大宗接濟，施道實發其端。敝處尚不欲與堅帥爲難，豈有反使創議協濟人爲難之理？乞即轉致施道爲幸。

五七

端午帥來電十二月初一日，並致吕大臣

楊道艷電，清江浦飢民已收入者五十八廠，均遣散完竣，連前共三十四萬八千七百九十三口。其未收廠者，亦陸續遣回，截數再報。此外尚有鹽河北二十二廠，現正趕辦資遣，數日内亦可一律肅清等語。

江北自義紳到後，各原籍散放得法，灾民紛紛願歸。清江自易楊道，事事得手，灾民麇集一隅，立能遣散，辦理妥速，實爲始料所不及。公等澤溥窮檐，地方官亦陰受其福，拜惠不淺。

卷七十二

五八

寄端午帥十二月初七日，吕大臣會電

夢華方伯支電，皖北灾情宿、靈、五、泗最重。據各印委報，已放急冬二振。雖云遵飭查户，分别極、次，能否實難遥度。公處能派義紳辱臨，實深感仰等語。

夢華亦知印委不盡可恃，注重義紳。弟意籌款極艱，亦甚不願地方官籠統匀放。惟人才實難，敝處義紳不敷分撥，無以應夢華之請。鈞處可否於魏梅孫、劉樸生二君中分委一人，前往相助？又，聞李仲帥於皖振極熱心，或就近商請，公舉得力員紳，出而分任。能四屬各得一人，便可集事，公意如何？

按，夢華即馮煦，時任安徽布政使。魏梅孫即魏家驊，劉樸生即劉鍾琳。

五九

端午帥來電十二月初八日，並致呂大臣

昨洋務局温道接李德立函，稱現已募得銀十五萬元，尚有續募之款。惟此項振款係由本會經募，至散放時，數目亦須由本會經手，方昭核實。擬請賜後散放，仍由本會分派就近教士人等前赴災區，會同辦振華員暨本地紳士、地方官商酌施放。諸西人自當妥慎從事，決不稍涉意外，致生事故，使將來稍有爲難等語。是其意仍須由山西人教士自行查放，與前議歸華董經手之説不符。內地風氣未開，愚民無知，深屬可慮。萬一滋生事端，在西人忘身濟物，雖言明不向中國索償，而中國何以自安？此事關係甚重，不可不先事綢繆，務懇兩公善爲設法，與李君及會中各西人婉切相商，俾從原議，以保平和而免枝節，不勝感幸。盼復。

六〇

又十二月初八日，並致吕大臣

查彼灾較重之海州、沭陽、邳州、宿遷等處，義紳趕到在前，浦廠饑民遣散在後。即以安東而論，在浦饑民頗多係由唐紳錫晋親自往招，饑民信服，咸願隨同回籍。今乃謂係誘以洋人在籍放振，故各欣喜而返，此言斷不可信。至該饑民等留養日久，雖未凍餓至死，實亦困憊已極，一旦奔走長途，殊難保無病斃。致謂日有數千人之多，斷無此事。此種謡傳其來有因，遲日公當查悉。但鄙人念切溝瘠，决不敢因言不盡實，稍涉忽略。已分電各義紳，就近查明電復。一面催令迅速查放，以免真有餓斃情事。揚州資遣已電屬妥定密章，多給口糧矣。

大抵任事之難，古今同慨，如儁卿之勇往細密，孰能及之？當時挽其往署，實係强而後可，今尚不理於人口，恐此後更無敢任事者矣。拉雜奉陳，萬請勿宣。

六一

又十二月初十日，並致吕大臣

張殿撰庚電悉。晋、胡閩幣糾葛，持論至爲公道。閩銅元本不能裝運出口，因灾振需用，電商崇帥飭放。而灾振惟在多得捐款，晋益升於前助二萬串外，願再捐助，祇論加捐之數，不致過少，即不牽入此事，亦無不可。已電飭滬道候尊處詢明確數若干，即行發還，仍盼電復。閩幣現已不能再運，胡既不可靠，應作罷論。

按，張殿撰即張謇。晋即晋益升。胡即徐保胡。

六二

寄端午帥十二月初十日，吕大臣會電

振灾豈真能一夫不失所？但當權其輕重。留養費更重，患更多。注重本籍查放，釜底抽薪，彼此同見。俊卿仁勇兼至，遣散之速，厥功甚偉。而本籍開放之遲，實義振拘牽之過。弟聞洋人之言，深自抱疚，急電各義紳，不論錢敷否，查完否，必要速放。公核定章程，切言隨查隨放，逆知歸振不及補查，另由印委憑照隨驗隨發，不歸義紳。是否照辦，尚未查悉。洋人盛言華振不可靠，注重彼要自放。弟恐俊卿無故受屈，一面阻勿登報，但彼謂已電英、美。且我等同辦一事，不敢不告公，並告俊卿。現已將俊卿來函登報，於無意中解説，勿與深辨。承囑勿客氣，當彼此如約。此電乞交俊卿一閲。

六三

寄端午帥十二月十一日，呂大臣會電

九香佳電，毛骨俱悚，此皆查放太遲，咎在義紳。

頃復九香云，海州饑民如是之慘，同深扼腕。弟所以力請我公速往，尚恐不止海州如此。沭陽、安東、桃源、阜寧，紳電均甚慘。山陽極貧只放六百錢。督電注重極貧，要放一千，與鄙見同。此次振務病不在錢少，而在查户不清，放錢不速。海州地大，培之一人吃不了，望速派妥人幫助。贛榆嚴鶴松是老手，似可請來分辦。午帥電官振已撥十一萬餘千，義振七萬二千千，共十八萬數千矣。如再須添撥候示，只得照辦。春振必須復查，方能頂真。公此行宜照章責成義紳查户，印委發錢。義紳及查户同事，必須添人，請公主持，電示沭陽，如何？公宜親往各處稽查。我等罪已不小，宜速補救。特聞。

六四

又十二月十二日，吕大臣會電

承購銅元四十萬千，均經運齊。内除十七萬千已撥銀歸款外，尚餘二十三萬。公深知一時無銀可還，緩至明正，自當設法彌補，以符原議一百萬千之約。惟義款本擬專放冬振，今所撥放已逾六十萬千，現尚紛紛請益，恐無餘資再助春振。弟等智盡能索，即所借墊之款，尚不知如何歸償。總之籌勸本屬極難，現又爲工振、華洋振所分，益形短絀。

承詢春振辦法，毫無把握，愧疚萬分。惟有仰仗大力，專歸官振，以竟全功。苟非無可如何，萬不敢意存推諉，仍當竭力籌募，以爲公指臂之助，萬乞垂諒。

六五

端午帥來電十二月十六日，並致吕大臣

江北義振重蒙認籌錢一百萬串，慘淡經營，煞費心力，且承選派義紳承辦，並隨時斟酌指示。現在各屬振務得以辦有眉目，皆出自兩公全力匡助，數百萬灾黎同戴大德，固不僅鄙人感幸已也。

近據各處電報，徐屬五州縣多已散放過半，除原撥官、義款項外，現邳州加撥銀一萬三千兩，合錢二萬串，蕭縣加撥銀一萬兩，宿遷加撥銀一萬兩，而睢寧尚有餘款可以留備春振，辦理頗稱核實。淮、海各屬因原查户口不清，中多冒濫，官、義兩款均不免有浮靡，此其咎在印委，不在義紳。然事已至此，不得不力籌接濟。昨已加撥海州銀二萬兩，安東、桃源各銀二萬兩、平糶米二萬石，沭陽銀一萬兩、平糶米一萬石，並令將糶價歸振散放，約計尚有贏餘。阜寧、山陽兩處大約亦須加撥，已撥銀三萬，存楊道處，以備就近撥濟。照此辦法，冬振總可就緒。第明年春振爲日甚長，尤非妥爲籌辦不可，承允竭力籌募，備紉厚誼。然捐事之難，迄今已達極點，誠有如來電所云者。且原籌百萬，灾民受賜已多，兹乃猶以事無把握，愧疚萬分。爲言仁言利溥，誰不感奮。

春振自應以官款爲大宗。鄙人責無可貸，必當儘力設籌。至原籌義振錢一百萬串，除分撥外，尚有餘款，應請即儘此數，匀撥各處。春振仍作爲官、義合辦，全交義紳散放，以資熟手。

官款同一奇絀，兩公所知，然實逼處，此總以急救民命爲主，其他不遑恤及。義振如能續勸有款，自不惜隨時接濟，竟此全功。至春振一切辦法甚關緊要，務祈速賜，查照前電，統籌詳示，俾有持循。其復查各屬户口一事，並希切囑各義紳核實辦理，地方官不妥處並望有聞必告，萬勿因義振之多寡，稍存客氣。是所切禱，仍盼電復。

六六

寄端午帥十二月二十日，吕大臣會電

此公將官振歸併紳辦，弟深慮用人不當，日夜擔憂。徐屬劉康遐、柳暹、韓景垚、吴憲奎均是好手，真查户口，故能嚴，即能優，春振可放心。邵聞洛亦能緊查，但有官氣，向係唐錫晋幫手。唐全用安東人，恐有弊，邵若調往助唐，似可相濟。廉短於才，如肯留，亦只可助唐。海州地大，許擬擇本地數十人查户，宋恐難統率。沭陽劉增以歸振八萬口，又赴道，請加洋六萬元。劉爲曾少卿保薦，心太慈。四十萬口，每六百已二十餘萬，不嚴故不優。此數處春振宜酌查。有知府馮嘉錫、朱祖蔭切實可靠，皆公在鄂所知。雲帥奏調赴滇無期，弟責以桑梓義務，似欲效力，但云堯帥欲調赴湘，須與雲帥商酌。朱守尤辦振熟手，公若要用，須速委任。乞酌復。

六七

又十二月二十一日，吕大臣會電

子戴面述雅意懇摯，感怍莫名。此次大振，微公盛德宏度，何能下手？平糶雜糧，蒙公嘉納，自當趕辦。目前三屬只有許道一人，擬請電令許道總理，各州縣分運分糶，均歸許道派人分理。敝處購辦各糧，運到海州，悉交竇守、章牧分轉。擬飭照各災區，市價酌減三成，只准零糶二斗爲限。所收糶價隨時匯滬，不准裁留，方能源源不斷。此間籌借十萬兩，公籌匯十萬兩，先行試辦。如辦得好，約四五次，方折蝕凈盡，加惠窮檐匪淺。候復，再分電各處遵照。

六八

端午帥來電十二月二十四日，並致吕大臣

本年冬振，義紳之力居多，實由兩公遴選得人所致。徐州五屬振務辦理最爲核實，劉、柳、韓、吴固俱老手，邵亦辦事切實，是以原撥款項尚有贏餘。明年春振，諸紳似可無須更動，以收駕輕就熟之效。唐紳爲安東士民所信服，辦理必能得法。廉紳年老心慈，人亦公正，若赴安東助理，最爲相宜。桃源、海州、沭陽三處，尊意春振宜酌，正與鄙見相同。惟魏、劉兩紳須往各處調查，未能專在一處放振，朱君雲程已令赴桃助理。此外，鄙人與藩司再四籌商，實無妥人可派。馮守嘉錫、朱守祖蔭與鄙人甚熟，深知其可靠，頃已切電雲帥，暫假數月，調寧委用。仍祈兩公設法力托，俾即允從。至桃源等處義紳應如何更調，仍望兩公酌定，無任企禱。

六九

又十二月二十六日，並致呂大臣

接許久香漾電，辦振極難。紳董病在徇情，義紳病在隔膜疏漏，必紳董苦心，義紳虚心，公同訪察，乃得其平。大約冬振一次放畢，可得灾民總數。須由憲處電商呂、盛大臣，限定春振二次款目，然後義紳、官董始能酌中辦理。是否，候示遵等語。

查本地紳董，能如久香之公正勤能，熱心爲善者實不多。覰各屬董事侵振、冒振、把持積穀、阻撓振務，以及藉振扣收欠繳公款者，不一而足。鄙人專注義紳，而不敢用本地紳董，職是之故。來電所云『紳董苦心，義紳虚心，公同訪察，乃得其平』，果能辦到，固屬大妙。特恐不肖董事反藉此掣義紳之肘，窒礙轉多。來年春振，鄙意因爲時較久，擬照原定章程，每大口全給錢一千文，昨已電商，諒邀鑒察。兹來電云限定春振二次款目，然後義紳、官董始能酌中辦理，仍係匀攤之意，似有未妥。且義振認籌百萬，全已分撥，即使籌募有項，恐亦無多。官款奇絀，現擬散放春振一次，尚須設法挪借。若欲限定二次，更屬毫無把握。前議借款事，至今尚無成説。兩公在滬，如能代借鉅款，庶足以濟急用。但洋款則度部不肯借，華款則又無多，殊深焦灼。恃愛瀆懇，一切曲諒，盼復。

七〇

寄端午帥十二月二十七日，吕大臣會電

宥電許道等請辦海贛河工，需銀十一萬四千兩，如果能除水患，其惠自溥。但須與許道、汪牧、煊令約定，由尊處專札春振義紳，查户必須全剔壯丁，由義紳給憑照，准其到工從事，只放老弱婦女殘病，庶可略省振款，以濟工用。自來工振其名也，實則振是一事，工另是一事，但振僅一時，工垂久遠耳。乞核准爲是。

七一

端午帥來電十二月二十九日，並致呂大臣

馮、朱兩守，已承雲帥允其來助，此皆兩公維持之力，甚感。近聞各處義紳所用司事不盡得力，承囑馮守多選明幹司事，方能速查速放，最爲切要。淮海各屬今冬已造縣册，不分極、次，春振不服剔除，尤係應有之慮。已電屬楊道撰發剴切告示，曉諭開導，一面責成印委妥爲照料。如敢不服剔除，任意滋鬧，即行提案究懲。

七二

又十二月三十日，並致呂大臣

查來年春振，前接尊電，本擬調邵紳聞洛赴安東助理。鄙人因其查剔甚嚴，辦理亦頗迅速，電商留辦。茲經劉守查得邵紳種種任性，俱係得自訪聞，亦難保非放振過緊，致招衆怨。本年冬振，如海、沭、桃、山等處，皆憑官册濫放，官、義兩款所耗甚鉅，而極貧僅得錢五百、六百不等，欲求其臨放改票而不可得。如邵者，亦未可以苛刻目之也。惟輿情既有未洽，若令再放春振，恐滋事端。且邵已回浦，不願再往，自應更換。尊意擬調韓紳景垚來睢接辦春振，而以陳紳慶麟調蕭甚妥，即照辦。第劉紳來電，現欲暫留，擬以劉守督查徐屬振務，而注重睢寧，俾臻周妥。公意如何，祈酌示，並希分電韓、陳兩紳遵照。

七三

又正月初一日，並致呂大臣

頃劉樸生來電，振務查户第一重要，百萬民命生死其手。若招市人烏合從事，輕率草菅，民不死灾而死振，孑遺之黎，義振之局，害於此輩，思之痛心。春振方長，似難再誤，求商呂、盛大臣，明立法程，嚴飭各局，優獎賢勞，察治卑劣，綜核勸懲，大局幸甚等語。

查義紳所用司事，乃分任查户放振之人，所請明定勸懲，似甚切要，祈即酌定賜復爲禱。

按，七十三至七十八札均書於光緒三十三年（一九〇七）。

七四

寄端午帥正月初二日

劉紳已嘉慰，韓紳募六人，想必爲兼辦宿州需人起見，已電韓審慎。此次地廣，查户需用司事衆多，誠如劉守所言，關係甚重。弟均切實戒慎，但恐倉卒招募不易。義紳除安東外，多係本地人，尤不可靠。照章司事，責任頗重，月薪只十二元，又無保舉，莫不視爲畏途，殊無奬借之法。

七五

端午帥來電六月初一日

新帥因考驗巡警學生，突被亂黨所戕。得電後，即經派朱道恩紱率兵輪二艘、步隊兩營前往查察辦理。兹據查得，當時文巡陸永頤、武巡車德文，因救護新帥，陸死車傷，巡警巢道、安慶府龔守均受傷，幸不甚重。匪徒除格斃、緝獲外，正在搜捕。地方安靖。

按，徐錫麟刺殺安徽巡撫恩銘。

卷七十三

七六

寄端午帥十一月十三日

杭路事上意無成見。昨奉旨隨同外務部妥籌辦理，尚未與英使晤談。尊意移作他用，實是良策，外務部云已商過英使，不允。代表已到，似須熟籌兩面結束之策。目下兩省地方第一，不可另生枝節，稍緩必能轉圜。乞密告馮、陳兩帥。

按，江浙商紳擬自籌資金建造蘇杭甬鐵路，廢除中英借款合同，英方拒絕放棄築路權。

七七

端午帥來電十二月初七日

路事迄無轉機。深慮人心憤激，別生枝節，殊殷憂嘆。聞郵部梁京堂士詒在外部會同兩部丞參呈遞説帖，大旨款由郵部收回，路向郵部借款，似亦轉圜之一法。乞公商之代表諸君，催郵部熟籌，以冀有成。若再不成，萬不得已而徑自借款，但能實踐，不干路權，亦尚可害取其輕。干權有三端：一、用英工程師，二、辦料先儘英貨，三、英人有查帳權。如能全争回，最善，不能，則争其二，再不能，則争其一。尚乞公從中爲力，以期力挽頹瀾，大局幸甚。設此諸策均無效，亦乞公設法展緩立約，勿遽簽字，以便熟籌辦法。必須外間籌妥辦法，不致别生變故，再行定局方妥。惟公圖之。

七八

寄端午帥十二月初八日

虞電佩悉。宣初注意試辦海軍，即公移作别用宗旨。移款、賠費兩不成，惟有就路款變通而已。伯浩條陳郵借郵還，以各路餘利作保，不用兩省指抵。代表楊持説帖返滬。昨部派燕生囑代表詳電公司：一、英公司擬去『認可』二字；二、購中國料外用英料，報部給九五佣錢；三、進出款統計表報部查核，將查帳權消納在内部。擬候滬復，再與英使商。此係末次辦法，代表無權，滬電已欲撤回。恐撤回後，英使催益急，外務部便須請旨，勢更難緩。聞滬初十開議，如欲轉圜，在此一舉，似宜由公切勸暫留代表，往返熟籌，以期結束。

按，伯浩即蔡乃煌，時任上海道。

卷七十八

七九

端大臣來電六月十二日，並致澤公

杏老蒸電悉。湘公司電稱，諭旨於商股換票給息，對於不願抽本並無期限，會奏有妥定歸還年限之説，應請遵旨辦理等語。似甚注重永遠附股，不願五年後分期還本。如能於此次奏案内將五年期限融化無迹，隱示以如願附股，不必限定年期，人民之願附股者必更踴躍，索還現銀之説，必漸取消。且此時附股，雖不必以年期，異日府庫充足，人民愛國心切，並不難一律收回，於原奏似亦無大出入。

至湘公司所力争之兩大端，尤應分別解釋，乃有著手之處。一、租股、房股，湘電主張與商股一律。查湘省租股援照川省辦法，其初按畝派捐，填發捐票。其後變捐爲股，歸併轉賣，換有股票，票與商股幾無分別。惟諭旨已列入保利股票，礙難變通。且川省租股數鉅，尤恐財力不及，似宜另行設法勸導，以期就範。一、米、鹽等湘電均清給公積股票，不抵除贖路之款。查米、鹽各款性質互異，與贖路墊款數亦不相符。就算鹽觔加價之款爲數無多，且專以鐵路名義徵收，應准歸入公積。其衡寶溢銷係部准留辦本省新政，湘紳因路款竭蹶，呈請權宜撥借，由岑撫批准。然以後本利仍應歸還，不能遽歸公積股。至振糶捐，在鄂本專指抵美比金元小票及贖路英款本息。然所用僅三分之一，餘款均經鄂督奏歸本省他項之用，與國家釐税無異。在湘則因路款不敷，於鄙人撫湘時援鄂例批准撥濟路用，並非因鐵路名義始行徵收，未便認作公積股。

現擬將各項股款性質分清，如鹽觔加價，則准全數給予。國家鐵路股票充本省實業公用，米捐、鹽溢二項，則應抵除贖路。其以他項墊撥贖路者，應准毋庸抵除，以清界限。卓見謂然，即請量加采用。如於所言有須酌處，請再電示。此事不憚十反，期於至當，以免湘人再有異議。定稿後如即須入告，即請照在京面約辦法。如時尚寬舒，請將大稿寄示，俾再加以研索，冀成完璧。川護院代奏稿並祈見示。

按，書於宣統三年（一九一一），下同。商辦鐵路收歸國有，因收購商股辦法分歧難以彌合，保路運動愈演愈烈。

八〇

又六月十二日

前電意有未盡，尚有一稿，與前電互相發明，特再電陳，用備疏中資料，文如下。

湘公司所争有二。一曰租房股之不願附股者，請改照商股一律辦理。查租股之法始於川省，湘人繼之。其初按畝派捐，無異加賦，其後歸併轉賣，直同商股。兩種性質兼有異同。故奏定辦法，於租房之願附股者，權利與商股同。惟於其不願附股者稍示區別，予以分年劃還之保利股票。然分年而仍年息分攤，歸本雖較遲於商股，而本利毫無虧損。湘公司若以遲歸爲歉，儘可徑行入股，則各種疑難自不煩言而解。且朝廷因民款艱難，不得已而出於借債，與其多借，曷若少借？湘公司若不體此意，凡有可借端要索現銀之處，不遺餘力，是迫朝廷以多借外債而已。日後負擔究在何人，此意不可不使湘人共知之也。

一曰米、鹽各款均請給公積股票，不抵除贖路之款。查米、鹽各款性質有三，一曰鹽觔加價之款，爲數無多，此專以鐵道名義徵收者，可以歸入公積股者也。一曰振糶米捐之款。在鄂則專抵贖路時所借英款之本息，在湘則因路款奇絀，援鄂例請撥，由鄂人撫湘時批准撥濟路用。此出於補助之意，並非以鐵路名義徵收，可以不歸入公積股者也。一曰衡寶鹽引溢銷之款。部准留辦本省新政，湘公司呈請借用，由岑撫批准。然以後本利，路成後均須歸還，不能以歸公積股者也。三種性質既各不同，則米捐、鹽溢二種，自當抵除贖路款，而以鹽觔加價一種指歸公積，其湘公司之以他項墊撥者，亦均不令抵除，以折湘公司之心，湘人似亦可以無辭矣。且贖路失算，致損如此巨款，然湘人所擔任者少，而國家所擔任者多。除此次抵除少數之外，尚有未還英款本息五十餘萬鎊，並美比小票二十餘萬金元，均由國家籌還。在湘公司，豈非隱卸一極大負擔乎？此意亦不可不使湘人共知之也。

總之，湘人此番争執各節，均在路款範圍以内。但能明晰解釋，明達士紳自當謂然。其借路造謡生事之徒，亦必無從鼓煽。前電所謂設法勸導者，即指此也。

八一

寄端大臣六月十七日，澤公會電

湘公司所争兩端，一，租房股之不願附股者，請改照商股。查湘省商股因其僅有百萬，故全給現款，粤且引爲口舌，更何以對川省？斷不能行。一，米、鹽等捐請不抵除贖路之款。尊擬租房、鹽觔加價准給保利股票，尚屬可行，但必須查明。如果内有虚糜，須照用川粤提開，另給無利股票。米捐、鹽溢兩項，直係公款抵除贖路，係屬以公濟公，分開界限，尊論極是。俊電中贖款，米、鹽之外，尚有六十一萬數千兩，想係三佛餘利，更無給票之理。廣東贖款取諸商股，未可比擬。租房股轉賣改票，必由賤值得來，换給保利股票，已極寬厚。此必有底册可稽，豈能合混？又報批解在途未到之款尚有百數十萬，必是米鹽捐、租房股，爲國家、地方兩益。

計自仍歸路款，全給保利股票。至股票本可不定年限，諭旨尚願抽本五年後，亦可分十五年抽本云，聽民自願耳。如不願分年抽本，自可照辦。

總之，國與民本無畛域，惟多出一分國民股票，便可少出一分洋價股票，四省尤須各得其平。請公通籌兼顧，迅擬條款寄下，再行酌定。此係末次恭呈御覽之章程，必期至當不易也。

八二

端大臣來電六月十八日

李姚琴到京，川路情形必當詳談，請見示宜歸一段。如歸李辦，須將此工定立年限，始終其事，一手辦成，萬不可中途卸肩。如此切實擔承，方可委托。李本因讀禮家居，强之辦路，若不與約明，服闋定即進京，卸之他手，是陳伯潛侍郎之續也。姚琴或不出此，然不可不以契約之道。要之，如彼認可，即當切實奏明，至劃此一段自辦，於合同有無牴牾，公必預爲計及。

蒸電存款併辦宜歸等語，電文多誤字。是否將川省既存之六七百萬均附宮站，如能辦到，宜歸工需當可敷用，第不審姚琴能一力主持否。總之，姚琴在京，須一切與之商定，若出都，則不易解決矣。此電請勿示姚琴。

八三

又六月十九日

頃莘帥函據黎協統口稱，宜郡鐵路工徒劫搶民家，並有聚衆數百毁壞米行等事，請將宜昌鐵路速定辦法，以期鎮定人心等語。

查川路全局亟須籌定辦法，現姚琴在京，宜托其照部中四月文電切實申明，以免滋事；一面仍請照篠電，速與姚琴定議，不勝企望。

按，黎協統即黎元洪，時任二十一混成協協統。

八四

寄武昌端大臣六月二十日

姚琴細談，甚願以現存租股認辦宜歸，免使洋人更改，爲政府計，可少借洋債七百萬。爲川省計，遵照上諭第一層辦法，可全得保利股票。已由彼自行設法運動公司，但宜秘密，勿使人知，爲政府所願。但望季帥早到，不難主持定議。尹電十三可到，似已在開會之後，明日約姚琴再晤，當即催令赴鄂。即使所議不成，目下美工程司未到，仍用川款責成辦理，已由部咨行，並請尊處加札矣。

八五

端大臣來電六月二十日

昨據鄂官錢局鈔呈銑、篠兩電，當已達覽。查粵漢四十七萬二千五百九十七元，全係股款。據報開支八項，共折合銀元四十一萬二千二百四十元零，尚存六萬零三百五十六元零。川漢六十七萬三千二百十五元五角，内真商股七萬五千三百五十三元，彩票换股五十九萬七千八百六十二元五角。據報開支十項，共折合銀元四十三萬三千四百八十三元零，尚存二十三萬九千七百三十二元零。兩路真商股共五十四萬七千九百五十元。如照奏案發還現銀，除兩路所存現款三十萬零八十八元抵付外，尚有三佛餘利存項五萬二千零九十三元零，只須籌備二十萬元足矣。其彩票股五十九萬七千八百六十餘元，即照奏案辦理。至歷年動用振糶款，除贖路一百二十一萬八千三百九十一兩零外，據報開支粵漢局七項，川漢局四項，共銀二十三萬三千六百三十九兩零，洋七萬二千四百六十七元零。此款本省業經支出，並無發還之望，現已奏准，發給保利股票。擬他日專案奏明，將此項股票利息留辦本省鐵路學堂之需，不得移作他用，似覺稍有實際。此外鄂省商辦公司之九十七萬餘元，如願領國家股票，自可如數填給。倘欲領現洋，年來既未開工，亦未交出現款，應由該公司自行清理發還，當無異説。乞併高道兩電酌核見復。

八六

端大臣來電六月二十四日

在京商派兩路參贊事，粵漢屬蘇龕，川漢商諸高子益，據覆難膺路政，詞甚切至，礙難相强。因與莘帥商，頗以用高澤畬爲妥。人既開明，鄂情亦熟，現在禮居，正可專營路事。方屢與澤畬談鄂路，頗有見地，較從前初到省當文案時大有歷練。公如謂然，可屬其入都奉謁，試其可用，即會部奏派。盼覆。

按，高子益即高而謙。

八七

又六月二十四日

參贊既分兩路，總辦擬分四段，武昌至長沙，長沙至宜章，廣水至宜昌，宜昌至夔州，共分爲四總辦。

武長擬派宗舜年。武長工程不甚費力，有方就近督飭，得一精敏聽指揮之才，當可集事。長章擬委薛鴻年。此路爲薛所履勘，湘情又熟，必有駕輕之效。廣宜擬委吴學廉。此人雖非肆應才，而廉謹不欺，脚踏實地，可以相信。現有金陵機器局交代事，已電陸軍部飭其離差，速來鄂。宜夔擬委高增爵。高係丁憂四川巡警道，其人才守並美，次帥昆季極加器重，與川人亦有感情，頗可用。此外尚有毛慶蕃、朱祖蔭、錢紹楨、徐之枈、沈銘昌、鍾文耀、喜源、陳樹屏，皆可用之才。如公料宗、薛、吴、高有須斟酌處，即於此八人中酌易之，或别有堪勝此任者，亦儘可商量，統求詳酌見示。

至總紳，鄂擬委劉心源，湘擬委黄忠浩，川擬委李姚琴。粤總辦前談之裴景福確係幹才，粤亦認可，但終非平易近人之辦法。可否即委詹天佑，以安粤人之心，尚希裁定速示。

八八

又六月二十五日，並致澤公

羅道崇齡函稱粤情稍静，惟尚主張給還原股，或先還六成，以四成附股等語。究竟粤中情形若何，殊難懸揣。

請尊處會電堅帥，催其速定辦法，不可再涉游移。此次收路辦法必將粤事籌定，方能彙合入奏。湘紳黄澤生等來談，均主附股，俊帥電亦如此，湘路似可望就緒。

八九

又閏六月初三日，並致澤公

川人對於路事，確定初十開會。所刊《蜀報》暨各種傳單，囂張狂恣，無可理喻。近又紛電李姚琴，有速將外間存款數百萬匯回成都，免爲郵部所奪等語。並派人分赴湘、粵，極力鼓煽。采帥違道干譽，專主附和，不加裁抑，頗有幸灾樂禍、藉實其前言不謬之意。誠恐乘屆期開會，反抗之舉經多數贊成，更難收拾。

季帥十三到任，未知確否？能催其兼程前進，於初十前到任乃佳，但不知來得及否？尹署藩屢次來電，人極開朗，或密飭設法將會期改遲，或屬藩司、警道將開會名義預加審察。如係遵章之股東會，尚可准開，如係報章所傳之同志保路會，糾合一二萬人反抗政府，妨害治安，按之警章，應行切實嚴禁。倘敢抗違，應將倡首數人立予拿辦。川人性浮動而力薄弱，聚固甚易，散亦非難，地方官操縱得宜，斷不至堅持到底。藩、警有此手段，必可辦到。銷萌弭患，宜在幾先，請速籌及之。姚琴到，宜必電勸川人，不可妄動。但恐效微力薄，非得地方官出全力解散之不可也。望速復。

按，尹署藩即尹良。

九〇

端大臣來電閏六月初七日

頃接駐滬英副領事德爲門函，上海博物會擬開一名畫古銅會，欲邀台端及方同爲總董，並求將收藏附寄陳列。細譯洋文，『總管』二字似兼保護贊成語氣。尊處有無函達，是否允許，示復爲盼。

按，商議參與名畫古銅會。德爲門即 Bertie Twyman。

卷七十九

九一

寄端大臣閏六月十二日

德爲門請同膺總董，並請寄名畫數件陳列，弟已復允。聞公往大冶避暑，藉可一覽鐵鑛，已飭王道收拾，惟房屋甚窄，恐不舒適耳。

按，盛宣懷回電，謂已復允德爲門。

九二

大冶端大臣來電閏六月十四日

德工程司錫樂巴於中國情形太熟，不知好駕馭否？如品格尚好，自可聘用。惟薪水如過三千磅，則格林森必援例求增。現派人在德國延訪一層，似可微示以意，當不致居奇。廣宜細圖已檢交格，現格事甚忙，恐無暇細看。看畢如何説法，再奉聞。薛總辦日内來鄂，尊處當已得電。

按，錫樂巴即 Baurath Hildebrand。

九三

大冶端大臣來電閏六月十六日

冶山小住兩日，擬觀美鑛，詳考鉅工。公於舉世晦盲之日預買時人不知之山，二十載經營，成兹偉業，功在百世，利冠五洲。循覽一周，竊嘆觀止。星北觀察善體公意，招待周摯。山樓暫憩，溽暑都忘，待續前游，先鳴謝悃。

九四

端大臣來電閏六月二十二日

頃據宜昌李道孺電稱，川股東會主争路廢約，姚琴主保款，意見不合。因部咨責成姚琴辦理，群譁爲路款，並送紛電責成，李遂辭職。該會限十日交付一切等語。姚琴爲奏派之人，該會豈能擅行舉换？似此無理取鬧，必釀事端。應請閣電季帥主持此事，一誤萬難再誤。敝處久未得季帥電，公於川中情形有何聞見，請示。

卷八十

九五

武昌端大臣來電七月初六日，並致澤公

季帥如此舉動，川事將不可爲。頃發電奏，力陳季帥措置乖方，並請派重臣赴川查辦，與尊電宗旨大致相同。莘帥見方此奏，深以爲然，亦已電奏，請朝廷於方奏力爲主持。方奏稿刻已拍發，並用辰密另譯奉鑒。此事朝廷若不立持定見，一綫到底，恐假暴動釀成真暴動，以季帥手段，萬不能弭此禍亂也。請兩公在内力爲維持，大局之幸。

卷八十一

九六

端大臣來電七月初九日

查辦一差，商之莘帥，謂此役項城最宜。如定要派莘，莘絕不敢畏難。刻正籌思辦法，並不須多帶兵。並云由宜昌至重慶，現值水漲，輪船三日可達，事機甚迫，速往爲宜。但求在川將事辦妥，兩月後仍請放回。若久任川督，深恐病體不勝。莘近日喘疾略輕，精神尚好，能不避艱，深可敬佩。此役方亦不敢畏難，惟因路事起風潮，而令辦路人前往，反對力必益甚。故方謂此事他人皆可往，獨杏老與方必須回避。至於自請派查即自行前往，貽人口實，猶是末節耳。

九七

武昌端大臣來電七月十三日，並致澤公

今日諭川詔旨甚爲嚴切，從此一綫到底，大局似有轉機。蔭弟、杏兄默與維持，費盡苦心，可感可佩。方力辭不允，仍令前往。時局艱難，至此惟有奉命即行，吉凶禍福，度外置之，十六擬即起程。至事前之籌備，臨時之措置，當隨時電請指教。莘帥於川事不分畛域，遇事扶助，得此以爲後援，大局之幸。

九八

又七月十三日

此行擬請蘇堪同方入蜀，山青水碧，足壯詩囊；諭檄(難)[雄]文，立折蜀士。艱難險阻，諒所不辭；緩急扶持，交情乃見。蘇堪健者，必不吝此行，請公速與一商，當邀惠允。外官制草案未出，當囑莘公別選替人。

按，欲邀鄭孝胥同行入蜀。《鄭孝胥日記》繫此事於七月十二日。

致王文韶（一通）

夔石宫保年伯中堂鈞席：

江介馳驅，音問曠絶，詹依官閣，企慕何如。敬惟纓紱承華，春龢在抱，鼎司調燮，逖聽臚歡。

侄久役外臺，年勞乏善，撫吴數月，旋攝江督。江南地大事繁，待舉者多，勸學訓兵，竭力董理，略有端倪。近奉撫湘之命，更調既亟，實效難言。歲晚首塗，刺促已甚，冬寒水涸，舟行甚滯，到湘較遲。彼中地接粤邊，兵力既促，成績並無可言。昨復被命，量移湘省，趕將經辦各事詳加理董，遂於月朔啓行。冬寒水闊，約須歲除始能到湘。彼中邊防、内政均待圖維，自顧菲庸，益懼無以稱職耳。

發春獻歲，賦呈梅花五十韵，用以伴函，伏希哂入。

肅賀年喜，敬請台安。通家脱生端方頓首。

按，書於光緒三十年（一九〇四）。王文韶（一八三〇—一九〇八），浙江仁和人，咸豐二年進士，時任武英殿大學士。

泰和嘉成二〇一二年春季藝術品拍賣會，翰逸神飛——歷代書法專場1249號。

致王崇烈（一通）

洋畫卷請題就，并屬孝老早動筆，即交下，因尚欲覓陳丙蒼尊人題也。漢父侄。方頓首。

中國國家圖書館藏稿本《端方書札》，書號05249。

致王瓘（三十九通）

一

今夕於飯會座中聞陸和九言，吴天發神讖文刻石近又出土，爲之欣快。憶十餘日前，報上曾載此事，但謂擬集工搜掘，未言已掘得也。和九不知由何處得來消息，并云日内即有拓本寄來。姑記於此，待證虚實。

連多日不晤，極以爲念，不審高躅已定所向未？近聞論古肆中有宋搨漢碑八册，此中疑有孤行本。爲世瓌寶，弟雖貧困，未宜交臂而失，急當奮不顧身以求之。足下曾爲鄭堪尚書致小蓬萊，風流韻事流傳士夫之口，弟與論古曾有違言，不便自行往商。敢乞我公親舉玉趾，速爲商略，使千金重器勿爲他人攘奪。感銘盛德，誓圖所報。鵠候好音，不勝引頸企踵之至。

肅請孝禹三哥大人勛安。弟名頓首。

按，鄭堪即吴大澂。

一至十五札均出自稿本《端方書札》。

二

兄已捐分直隸否？張京卿嚮用方殷，用材孔急，兄自不患無差，但能及時圖一脚踏實地所在，方爲合作。

老五來書，云在福山坐上，得見左右王尊，至幸，并邀鑒賞。此外古董甚少，即有，亦多贋品。滂喜云亡而古物亦不復出世，譬之人才應運而生，不其然與？暇時千萬筆示多篇，勿吝珠玉，望之至切。

此□台安。如弟名頓首。

按，老五即端緒。

三

孫五先生壽叙十一必須送，不能再遲。楊味春已在寶文齋辦屏，明早陸續送到。務乞撥冗疾書，初十下午交卷，以便安軸子。此事壽州已知求公所書，幸勿延緩，切要切要。此事一刻千金，惟解人能自得之耳。

筱玉三哥。如弟方頓首。

按，楊味春即楊士燮。壽州即端方座師孫家鼐。

四

劉宋墓志有關南朝書統，足證二王之真僞矣。先精拓一紙奉鑒。

初五前何日有暇，能過我乎？請示及，俾措落也。孝禹三哥。如弟方頓首。

五

印鉢、瓦當事，一半日請公來面談。禹公。方言。

六

聞君聿至，亟思一見，如不能出户，當過訪也。禹公三兄大人。方頓首。十一月初八日。

七

《龍藏寺》一册又一本，一宋拓一明拓，請并加題識，以光大之。幸甚。

按，書於光緒三十三年（一九〇七）。

八

《龍藏寺》如題就，并望交下。

方又頓首。

按，書於光緒三十三年（一九〇七）。

九

分惠新饌，敬謝。

昨得一坡書卷，容奉鑒。

一〇

承賜春明食品，快我朵頤，至謝至謝。

《華嶽碑》仍望函知鐵雲，電詢叔蘊。此等孤本亟需保存，不宜聽其浮沉也。

尊體見好，尚望來相談。文石已行，殊悶損也。

孝禹先生。方頓首。

刻正寫京信，已熱。

按，書於光緒三十二年（一九〇六）。《華嶽碑》即《大代華嶽廟碑》。

一一

此本闕空之字，求公於加空中補書之。蘇齋最喜辨此也。孝禹三丈。陶父頓首。

按，蘇齋即翁方綱。

一二

漢碑十種，求加墨。《常醜奴》及銅佛象志如題就，望交下。如未題，求速加墨。孝老。如弟方叩。

一三

公言近見有存四跋之《天璽碑》，望索來一觀。敝人方與遜先刻此碑，以廣其傳，能多一跋，亦佳話也。希速惠復。

孝老左右。期功方頓首。望。

按，書於光緒三十三年（一九〇七）。

一四

德工廠總理今日下午三點鍾到尊處參觀，特并請接待之。

昨畫件均收到。

孝老左右。方頓首。廿。

一五

袁翰仙將公携來之《天璽碑》與敝藏《評碑圖》本詳校，來本不如敝本精晰，疑其在後，多字之説不足據依。原件奉上。

今日尚擬求公書小篆數字，能命駕否？敝人閲公牘，可就秋帆談也。即上。

孝禹老哥。期功方頓首。

尚有一龍瞑畫，一句龍爽畫，須求公品次也。

按，龍瞑即宋李公麟，號龍眠山人。

一六

早間奉懇之件，匆匆忘來交到。兹特走呈，務乞大筆於今早揮書，聊取濟急。《賈思伯》

等件盼時乞檢惠。《潘宗伯》如尚未付裝池，請姑少緩，弟意欲偕敝藏《天璽》裱作一般大也。

雨三哥。 如弟端方頓首。 1－138

按，《天璽》即《天璽紀功碑》，又名《天發神讖碑》。

一六至三四札均出自《名家》第一册。

一七

昨趨談，適君赴《析里橋》之會，不得見。有人求大筆匾額，要八分書落款，求得助寫出。印圖章，一半日方安。 念四一早來取爲望。

筱雨三哥師長大人。 端方頓首。 1－139

按，《析里橋》即《析里橋郙閣頌》。

一八

《龍臧》將舊籤移至册内，求公代書一籤，面外套宜也，請賜書。1－140

按，《龍臧》即《龍藏寺碑》。

一九

象與一拓，奉呈疋鑒。即求與通州張氏一商，百五春光即可交互。若得笑叚，尤出所望。前煩大手筆灑翰，特飭走領，鼎蓋、鼎座裝製工美，兼有外囊。即乞撿交，容罔所謝。潘班即草。

孝禹吾師爺兄大人。弟方頓首。1－141

按，所用箋紙印有『寅賓館作』。

二〇

屬二君即遵諭辦理。黄頭志初拓之本可喜，謝謝。鞠志弟未之見，近得□石郛休而外，如永壽殘碑、武定造象碑、齊塔銘三者，尚中人意，日間當精拓數分奉鑒。弟病七八日矣，近始小愈，然猶不敢出門也。復上孝玉三哥。如弟方頓首。1－142

按，鞠志即鞠彦雲墓志。

二一

《爨寶子》無跋者思之有年，一旦得此，喜不自勝，非常之恩，不敢言報。世德堂門子適荷

□，昌黎所謂『擇不精語不詳』者。兩□喜是楹書，敬以奉環，亦佳話也。拓本一時撿點不齊，又不能動轉一番。現患疝氣。

再呈孝玉老哥吾師。弟方再拜。1－144

一二二

奉懇書件，即乞交下，容面謝染翰之惠。

星署將十碑交還，致美致美。

專上孝禹吾師。端方百拜。1－145

一二三

『三老』石拓奉上，『長元』而外，又增窆石，樂不可支矣。

孝玉三哥。如弟方頓首。1－146

按，『三老』即漢三老諱字忌日刻石。『長元』即漢司馬長元刻石。所用箋紙印有『寅賓館作』。

一四

今日本期拱候，而六堂均定造署，奈何。敬改初七午後恭迓趨從。數年闊别，鎮日傾談，大快事耳。孝禹三哥大人。如懷弟方頓首。如兄無工，則初八。1－148

一五

前件乞交去人。若得百五春光，尤可應許五兄所求也。此上孝禹三哥大人。如弟方頓首。1－149

二六

賜餞可否在初十以後？《五鳳刻石》《食堂畫象》並上，即查入。拓本行前必奉鑒。今日若無暇檢出，平日專人送上也。

孝禹三哥。如弟方頓首。

弟收薦金七十餘，甚難分撥，恨拓本不如此之易得也。1－150

二七

張劭予大鴻臚十七未刻，在舍奉請駕臨小酌，早光爲盼。所篆印文并携來爲望。

筱禹三哥。如弟方頓首。

胡件能帶來一䕶否？1－151

按，張劭予即張仁輔。

二八

三哥新購張蔭川《刁遵墓志》，求假一玩，即日奉還。此請春秋。如弟方頓首。

潘家河派工部王三老爺。1－152

二九

景周信及龔信並閱。《竹趣圖》俟漢侄下次來再帶回。老師、漢侄同樂同樂。方頓首。1－153

三〇

昨秋帆入都，屬爲燕老寄去兩千元。特聞。

孝老。方宥。1－154

三一

尊體服峋巖藥有效，好極，已面托峋巖，屬爲加緊調治。

劉鐵雲質鉢印、瓦當事，已托秋帆就公協商，餘一半日晤談。1－155

按，書於光緒三十四年（一九〇八）。

三二

近得《文叔易食堂》一石，兄有舊本，求賜一對。《永元食堂》見方識之。並交下，即日繳上。楊三老乞付下，《石鼓》立待展玩。

孝玉三哥。如弟方頓首。1－158

三三

日前有平客之行，歸拜龍門唐石之賜，大惠頻至，何以當之。徐求得，當以報知己耳。日内鮮暇，初五後何日何時惠過，請諭示，好相等也。

筱玉三哥。如弟方頓首。1－160

三四

昨一家在，蒙勤叨擾，歸述盛意。《黄山圖》請撿下。洋烟任公選擇。孝禹三兄大人，期功方頓首。

劉鐵雲《石鼓》尚未題，稍遲即繳上。袁翰仙云寶瑞臣臧有比『載道本』多字者，真元拓矣。1－161

按，劉鐵雲即劉鶚。石鼓即石鼓文。

三五

頃接京電，《華嶽碑》確未在京，請兄擬一電文致鐵公，屬速尋覓，不勝渴盼。望後能過寶華盦夜談不？

孝禹三兄大人左右。方頓首。十二日。

式如原電奉上。

按，書於光緒三十二年（一九〇六）。鐵公即劉鶚。委王瓘擬電文，囑劉鶚代訪孤本宋拓《大代華嶽廟碑》。

三五至三九札均出自中貿聖佳二〇一六年秋季拍賣會，萬卷——古籍碑帖書札專場612號。

三六

尊體日就健复，爲之色喜，天生黄再奉上半小瓶備用。開篆後能邀過從，評量金石書畫，何樂如之。

孝禹三兄大人。弟方頓首。

三七

船中接到，即就船中奉復。惠糕尚未得吃，敬謝。弟方再拜。廿二夕四點鐘。

三八

今日與黄鮮盦、李氏三觀察小集，恐公勞頓，未敢奉約。能飯後來談否？不相强也。竹根。方咸。

三九

《石鼓》如題就，望擲下。文衡山《中秋玩月圖》祈爲題首，并加跋尾。漢碑如已題，當請交下再换。

孝禹三兄大人手安。如弟方頓首。

按，邀題文徵明《中秋賞月書畫合璧》卷。

致王懿榮（十六通）

一

蓮生十三哥大人閣下：

久欲作書，臚陳近狀，兼謝餽遺。弟以此間謂爲有事而並無要公，謂爲無事而日不暇給，每欲展箋脩候，報以他事牽扯而止，亦不得解其何因也。而三哥近狀，則多於鳳孫、梓生、老五諸書中時時聞之，皆若一一不出去年伯兮之所料，而轉更加厲者。數百里相暌，亦不能言其確否，惟三哥詳以告我，以慰所望。漱師抗歸田之疏，弢君抱遺珠之嘆，景況想益不支，不知今年正慶在京舉辦否？弟到此，日日探詢伯茀此來消息，僅得昌平州人一書，知其不果來矣。伯兮近何爲，花錢幾何？潘、董有無消息？裴、杜有無書來？示可靠。初到丹徒，即遇教案，公牘間持正論，竟忤當道，意乎梓生鼓盆，何時歸去。近見所放試差，無一熟人。志尚無信耶？鳳孫聞已取了。

弟此間税務尚爲暢旺，惜夏雨繼期，寒草半槁，尚未見牛羊之下來耳。弟此番重出居庸，鋭意打宣、大金石，而所聞所見，無一古刻。意欲窮搜極索，目前實無可任之人，深用焦灼。計自去年以來，所得不可謂少。今則僻處邊方，非復前月之可求矣。

惟三哥篤念區區饑渴之懷，近而廠肆，外而秦魯，居中策應，大氣盤旋，使弟不致力廢半涂，功虧九仞，則真非常之恩、過厚之澤也哉！東蘭已補缺否？詒伯當歸來。伯母大人福體，自必康善。

肅請台安。如弟端方頓首。伯希二哥同此請安。續有長書也。

按，書於光緒十七年（一八九一）。端方時任張家口監督。鳳孫即柯劭忞，光緒十二年進士，時任翰林院編修。梓生即于宗潼，光緒十五年進士，王懿榮連襟。漱師即黄體芳（一八三二—一八九九），字漱蘭，同治二年進士。是年因『屢疏皆不報』，以病乞致仕。弢君即其子黄紹箕。伯茀即宗室壽富。

一至十六札均出自上海敬華二〇〇九年秋拍，中國古代書畫490號。

二

蓮生十三哥：

弟前二書想入覽。子原、寶臣有書來，謂京中忽啓謡言，口上則渺無影響，轉閲子原、寶臣書而知之矣。子原聞諸劉生。伯希將致書於奎都護，請即止之。餘候續聞。此謡見同人，幸力爲剖其可笑。

弟方上言。

聞京中好年景，何爲造此旱謡言？

按，書於光緒十七年（一八九一）。子原即許祐身，時任屯田司主事。奎都護即奎斌，時任熱河都統。

三

漢石初拓第一本，敬歸同好，以酬勞勤。此石向亦以爲魏晋閒物，今取諸漢碑相較，卓然熹平一輩人書，黄初以後豈复有此氣象？碑中述祖德，首曰『張仲興周室』，與《蕩陰表頌》文義正同，當一時習套，踵相效之，其相去時代必不遠也。其上截如可得，仍以第一本送鑒，以成完璧。陳壽考得晋刻數字，便爲鴻寶。此石多至一百五十許字，字字如新發於硎，惜無年月可稽爲恨事耳。

廉生十三丈賜覽。浭陽愚弟端方記於張家口總署，辛卯十一月廿五日。

按，書於光緒十七年（一八九一）。贈王懿榮初拓《魏西鄉侯兄張君殘碑》。

四

《等慈》仿佛舊本，厚墨極類明拓，其中亦間多出之字，惟涂抹過甚爲可恨耳。君當爲子綱參之，甚幸。常熟得此本而又棄去，嫌其價昂。伯兮病好否？亟今未能去看。獺肝覓著否？連日在楊玉甫處聽，毫無意味。陳午久説得一新寡文君，文君耿耿不肯易節，其事遂寢。有新聞否？曷不筆示。即上十三哥大人。大郎好否？念念。如弟方頓首。

按，書於光緒十七年（一八九一）。《等慈》即《等慈寺碑》。常熟即翁同龢。

五

廉生十三哥：

新造像拓本收到，致好。君子專文九種已確。《闕勝頌德碑》再現於世，弟廿刀金所得，疑是舊本。莫大之惠，甚謝甚謝。塔臉不如弟之北齊天保多多矣。明志字畫尚好，十二金如肯售則留之，否則已焉可也。

今日除夕，不能多及，敬叩年喜。如弟方頓首。内子先投叩首。

侄輩新喜。伯希賀新喜，并道念切。

按，書於光緒十七年（一八九一）。購得舊拓東魏《冀州刺史關勝頌德碑》。

六

十三兄大人尊右：

杜九函得書致喜。張侯一石，細審仍是漢刻。其述祖德，首稱『張仲興周』，以此知爲張侯碑也。孫夫人碑漸入楷法，斯則渾然與元氣侔，恐是魏晋以前物，尚望博乏參之。

顧石并唐石，皆弟親爲作書於汴省之官，多經周折，僅乃到手。何物李太守，乃欲攘人固有之物乎？二石已與講明價目，杜九有書於左右，請即將二石發交老五慎守。即日賜复，感惠非淺。其上截雖曰能致，弟發微指示，恐亦無成，已與杜九謀之矣。

浙墨被人指摘，是否謡言，屺志無慮否？均以爲念。望隨此次書語我河南中丞，包管無原已撲也。

珠門沁地方，賊仍嘯聚，官軍無過而問焉者。因循之久，蔓延爲患，勢所不免，而朝右乃以爲燎

熱河那裏有若許股賊，據悉滅了幾股，還有幾股，所言恐靠不住。赤峰之西北，烏丹城、烏

事。近事如斯而已。

新任都護德箴亭，爲人謹飭虛介，意在有爲，在今世爲難得之選。因奏議無人爲政，日夜

焦思。弟念鄭蘇龕必在京候試，請即覓旭莊四哥代蘇龕一商。德都護歲願以四百金爲聘，請

主奏議書札一席，舉國□聽，奉令惟謹。此館致易處，然非蘇龕高範博識，不能副此任也。假

而蘇來，將於何時，望先飛復，即不請他人矣。此事千萬在意，望祭酒從旁□助焉。

端方拜頌十三哥大人伉儷多福，侄兒元吉。餘候續上。

按，書於光緒十七年（一八九一）。議魏西鄉侯兄張君殘碑，擬薦鄭孝胥入德銘幕。

杜九即杜九錫，山東人，販碑拓爲業。德箴亭即德銘，時任察哈爾都統。旭莊即王仁東。

七

聞詒伯舟中受驚，想大好矣，念切。

杜九來，乃知之。杜九此來，弟以盜賊之威怵之，以嗜好浸衰抑之，竟就範，圖吾屬之書也。兄切須向彼力説，清卿亦以華窮耳。試問此二者豈華窮之具乎？以弟觀之，不以彼易此。梁志超詣可愛，比上年所得《金協恭志》更勝。圮懷兩册未易肩隨，披玩久之，頓慰邊城岑寂也。歸化地屬二十家子。新出二唐志，草草拓石，收此則弟可以得志矣。此意至要，專爲切實發揮，弟意在安陽漢石也。

十三哥大人。弟方頓首。

安陽石來，請速勒令輂交老五，謂不如此則弟不要也，彼必草雞矣。

按，書於光緒十七年（一八九一）。新得梁同書楷書《王筠吉（均）墓志》册，更勝上年所得梁同書楷書《金協恭（德寅）墓志》册。又拓得歸化新出二唐代墓志，並欲得漢安陽殘石。

八

雨生畫當爲急圖之。佩南先生住何處？

《石鼓》『其𥳑氏鮮』本拓工精匀，明季國初物也，得此聊以開篇。《山左金石志》太貴。近從一老滿洲家求得薩恪僖自玩之《沙南侯》，有行書刻跋。可寶否？又得舊《史晨》及明拓之《陳叔毅》整本。

十三哥大人，如弟方頓首。

靈運詩有人以百餘紙求售，每紙不到一千，而某君尚奉爲拱璧也。

按，書於光緒十七年（一八九一）。得《石鼓文》『氏鮮』未損本，及薩迎阿原藏舊拓《沙南侯獲碑》，明拓《史晨碑》、舊拓《陳叔毅修孔廟碑》。雨生即湯貽汾。佩南即孫葆田。薩恪僖即薩迎阿，曾任哈密辦事大臣、伊犁將軍。

九

得書札兩函，請爲品定。其中《海岱人文》俟購定後即奉讓，將以易相當之物也。又舊札二册並鑒，均交使奉回。

廉生十三哥，弟方頓首。

按，書於光緒十七年（一八九一）。擬以《海岱人文》書札相贈。

一〇

蘊利生孽，宜其死也，西泉之謂矣。清帥當晤及。《王郎中志蓋》或以歸吴，或其志歸於我，合之兩美，不亦善夫？敝人若得志，當割一器以爲賂，是在君子之成其美耳。頃念上抵京時，再以精本進質。二志未佳，但頗有資於金石文字。

執事又云，尚有一志，國初人書否。幸力求之，以廣吾類。《曹真》石當即日函求鶴道人代爲輦致。欲書顔、柳，當求拓本。《寶雲寺》究竟是否贋本，便片示及。歸化復得一專，與裴以前售四方專同，始信前專之真，益服衡鑒之確。單于和親專出蔚州，土人猶多有之。筱玉以爲僞造，真臆論也。

五弟喜事，叨連書具悉。《寶雲寺》會酌而行之。截去印章，鬻之浙者，即爲成全東喬。弟今年花費太多，東喬處已助數百金，不能再收此品矣。杜九魏晋石承多方鈎考，大安。喀拉沁内，出熱河。此間無之。

送上賜兑山薰肉一方，海丞杏乾十斛，乞哂存。熱河寇警，此間亦頗不安，税防遂陰受其害也。致鶴翎書並奶皮二函，乞由滋帥差便遞去。

内中爲曹真事至亟也。杜九小殘座未提及，可留否，望酌定。行人急發，先以此聞。

敬請十三哥大人安。如弟方頓首。

按，書於光緒十八年（一八九二）。清帥即吴大澂。鶴道人即松壽，時任陝西督糧道。筱玉即紹英。東喬即宗室綿文。年内因助綿文數百金，且搜購金石及拓本已花費太多，再購《寶雲寺石刻》便覺力不從心。滋帥即鹿傳霖，時任陝西巡撫。

一一

前寄薰肉、杏乾，不知足否？此間所産，止此而已。京中近事有可博遠人一粲者否？幸示及。伯希近如何？甚在念。复叩近安。如弟方頓首。

按，書於光緒十八年（一八九二）。

一二

《唐公房碑》舊拓可喜，造像一拓收下，能爲三十金購之乎？伯希氣體尚未复元，致廑鄙念。《三老食堂》至今無消息，何耶？晤時爲一道及。

許星房到此數月，頃以殤引去，贈之二十金、夫馬七金，忻然而去。其人不如吾輩之講品字也。

弟公私事並順利，日夜望兄之放而殊寂然，爲之悶損。

肅叩，鈞候万福。如弟方頓首。

餘求益三面陳一切。《曹真》已爲求鶴舲運致。

按，書於光緒十八年（一八九二）。托爲代購舊拓《仙人唐公房碑》等。《三老食堂》即《陽三老食堂畫像》。益三即世增。鶴舲即松壽。

一三

昨歸，忽想茹古有字之尊，暫先不必過問，老孫脾胃如此也。無字之尊，亦請緩緩商之，或先推出，較易爲力也。永壽殘碑非郛將軍之比。手足至交，不敢有所隱也。萬乞兄收王西泉之少室闕，即賜對校，即時奉還。

按，書於光緒十八年（一八九二）。所用箋紙印有『寅賓館作』。茹古齋爲琉璃廠古玩店。郛將軍即郛休碑。少室闕即嵩山三闕之一。

一四

早間奉訪，不遇。乙公鼎定邸藏器。乞定真僞，得一達義。拓本有『鮑』字，此種何出？鄂札、兩唐帖乞發下一蘿。明晚或能走譚，然未可必也。

德寶《衛景武》《張琮》要七十刀，可惡。

廉生十三哥。弟方頓首。

按，書於光緒十八年（一八九二）。所用箋紙印有『寅賓館作』。德寶齋爲琉璃廠古玩店。定邸即定親王府。《衛景武》即《唐故開府儀同三司尚書右僕射司徒衛景武公碑（李靖碑）》，《張琮》即《唐故銀青光禄大夫張府君碑（張琮碑）》。

一五

張腿子三十金，少遲必送上。日間阿堵物頗不克也，請以語之。

黄縣族人今日登程矣。錢、玉而外，又送來陶豆二、齊刀範三、翻沙鏡一，共給十六金。爲老五留得金墓碣拓，文字並美，鄂札、唐帖並擬收之。上永定河凌出者，又固安新出金幢，並奉鑒。近又訪得一金人塔銘，文辭、書法並勝。此碣不日即到手矣，亦足補金文所未收也。《李藥師》《張琮》索價七十金，貪婪之至，既謝之矣。清秘送來英相所臧庚帖一册，又成王字卷，有跋。弟以廿金，不賣。亦是舊本，而求值千金。東邵寫件在敝處停閱多日，但求速俟。

伯兮札來，十七在彼處夜譚。今日查堆撥，晚又爲祥仁點送三，苦無來譚之暇。梓生新得兩器，適在齋中，謹送上。梓生夫人病甚，不在館也。

廉生十三哥大人，如弟方頓首。

按，書於光緒十八年（一八九二）。所用箋紙印有『寅賓館作』。『鄂札』即鄂容安

《鄂剛烈遺詩卷》。『固安新出金幢』即《安据建頂幢記》或《固安縣南相姚慶温建頂幢》。『金人塔銘』即遼《感化寺孫法師塔銘》。《李藥師》即《李靖碑》。英相即英和。

一六

十三哥大人：

弟不久到京，一切面譚。《曹真》到手，《張君》外又增一當涂高，大快事也。蘇回唐石，千万商留。兩書均悉。

蘇龕東去，季真未來，弟徑謝矣。

此叩深福。如弟方頓首。

武梁《宣孟》一畫，近已到京。此石如真，請與鳳孫代爲商留之。

按，書於光緒十八年(一八九二)。已購得《曹真碑》。武梁祠畫像《宣孟》已運至京，委與柯劭忞代爲鑒定購入。

致巴禹特氏（一通）

兒方并媳婦恭賀大喜：

敬稟者。散役遞來之書接收甚遲，煤李所帶之信廿七日甫行接著。命擬上劉臬臺信稿，老師正欲擬草，維時接到慶藺丈書，已爲在督、藩兩處吹噓，所言甚爲切實。藹青八月廿七日起身赴保，臨行時亦允内：乃翁諄求改調南路州縣，紹翁日内亦欲致藩台信。兒想有此招呼臬台處，似不必瑣瑣瀆陳。且此稿擬出，非過目不能合宜，若語句間一有不妥，轉覺畫蛇添足。是以此稿從緩，恭候慈命定奪。喜事天氣與，獨石口不差，其餘諸臻妥善。兒大哥信中已約略言之。

邢二到京，腹瀉如故，甚爲可慮。好在張家口另委他人，不日可期交卸矣。前者二大人回，獨兒求帶信物，此老昏瞶糊塗，竟將各項未帶，而信已經携去，可惡甚矣。

想著補慶零五四兩人情，庫倫兵差事，昨見喜大人之子詳詢，聞此事尚未定議，零五所言，皆屬子虛，不過虚張聲勢，好續弦耳。學朝事當求蔭翁分心，恒謙病已大好，施二爺等文章都好，大可望中。

喜事席面係聚豐堂承辦，甚爲講究，花費已不資矣。缸房之炭尚未送來，慶二大人説除却借家中蓋頭，其餘均不用矣。庫兒十月初十娶媳婦，兒將庫兒薦到西山天成糧店學習買賣，近來尚肯用心。

清心丸四粒，活絡丹拾粒，伏乞查收。

肅此，敬請慈安，餘容面禀。兒方禀。145－91

按，書於光緒十八年（一八九二），所用箋紙印有『寅賓館作』。端方時任張家口監督，此札應係致其伯母巴禹特氏。端方父母去世較早，事伯母如生母。慶蘭丈即端方岳父慶裕，其長子恒謙。

《端方檔》。

致江瀚（五通）

一

再奉手書，具承。厭倦京雒，思爲淮上之游，芳躅非遥，得以飫聆教益，極所欣跂。第部中章制甫立，正資擘畫，當事縶留，雅游恐未必得遂耳。屬當歲首，敬賦梅花五十韵，用介春祺。即希莞政，再請台安。弟方又啓。

據《江瀚日記》，書於宣統元年（一九〇九）正月初五日。江瀚（一八五三—一九三五），字叔海，福建長汀人，時任學部參事官。

一至二札均出自中國嘉德第二十期網絡拍賣會 **13154** 號。

二

叔海仁兄大人閣下：

昨奉賜書，祇承種切，龍非初政，言路廣開，執事入告嘉猷，仰蒙采納，下情庶獄，上愜天心，簡任非遥，曷勝企頌。

東坡生日雅集，乾嘉諸老集中更唱迭奏，美不勝收。閣下與觀舊槧，獨出奇制勝，抗手前人，擬其風格，直與眉山波瀾莫二，非復尋常酒座間語。詞場尊宿，固自不同，三復之餘，不禁神往。南中春寒凄緊，花事較遲。北望燕雲，溯洄曷極。祇頌道履，不盡願言。

愚弟端方頓首。閏二月初七。

按，書於宣統元年（一九〇九）。艷羡江瀚於去歲京中東坡生日雅集得觀宋本《施注蘇詩》。

三

叔海仁兄大人閣下：

日昨得奉雅談，深慰饑渴。頃得自滬寄書，藉諗問俗榑桑，揚舲有日，遠心曠度，欽企靡窮。

咨達楊星使公牘立命繕就，因差弁赴滬，飭其帶呈。東鄰彊盛垂三十年，游歷之士采輯政要，紀述風物，不鮮鉅編。近則吴摯甫京卿證驗最精，蒐討尤富。閣下經術大家，憂時綦切，必能標異常解，裨益世用。神山歸棹，不禁跂予望之也。

手復，敬頌行安。愚弟端方頓首。

按，書於光緒三十年（一九〇四）。吴摯甫即吴汝綸，著有《東游叢録》。

北京孔網拍賣二〇二一年春季拍賣會，名人墨迹西文經典專場 2052 號。

四

叔海仁兄大人閣下：

前奉復箋，計辱省覽，比頌惠畢。敬承育才揚教，大有紀綱，抱今古之殊猷，總中外于一致。勤不暇給，猶念故交，式望琴樽，何能不悵。弟承乏于兹，志在興學，雖乎新舊之迹，實嘆人財之赫。欲進未能，將輟不可，昔慚吳士，今負湘人，感心力於徒勞，瞻柯則而匪遠。江湘千里，苔岑一心，倘示德言，以慰饑渴。專复，敬叩台安。愚弟端方頓首。

按，書於光緒三十一年（一九〇五）。端方時任湖南巡撫。江瀚時任江蘇高等學堂監督。

北京孔網拍賣第三期網絡拍賣會，精品一覽專場225號。

五

叔海仁兄大人閣下：

昨辱賜書，並奉偉著《東瀛政俗》，略備卷端，斯游爲不虛矣。方以駑鈍，持節南邦，懵荆州之分陰，終無條緒；效長沙之小舞，不足回旋。來書以興礦政、存古學相觀勉，意甚深厚。湘中礦政尚有主權，邇復延聘技師，采用西法，規制既多，研究成效或可預期。惟學堂之設極費經營，兼之此邦人士新舊相持，門户頓判，新知尚未普及，舊學已慮淪亡。言念及此，能無汗下。但下車伊始，百度紛乘，振古法今，尚待時日，望賢者之有以教我也。

復請台安，不具。愚弟端方頓首。

按，書於光緒三十年（一九〇四）。

北京孔網拍賣二〇二二年第二期網絡拍賣會，第二期網絡精品一覽專場147號。

致李葆恂（八十一通）

一

吴績凝古文辭五本，爲之題綴數語，略寫規戒之義，請召其人面還之。風塵之中得此人，良亦不易，義有所不可，不能爲苟同也，其人弟固心焉識之也。兩隐。能來談尤妙。常熟賣帖之事彼此待命，望速就，至叩。

按，吴績凝（一八四七—一九二六），字湘芸，湖南平江人，古文以歸有光、方苞爲宗。一至七十七札均出自稿本《端午帥手札》，河北大學圖書館藏。

二

吴績凝謝啓奉鑒，儼然以韓、歐自詡，真自命不凡矣。日内甚忙，不然必再作一首辨駁之。然細念佐班異途得此，究爲難得。兹將原啓奉閲，公但識其妄足矣，勿發怒也。咨調固可電調，亦可一半日來晤商爲妥。

文石三哥世大人。如弟方頓首。十二。

三

秦玉詔版已至，天下之瓌寶也。望即時即刻來觀，遲則爲人將去矣。

紅螺山人。匋頓首。

四

四十八秋蟬帶蓋之尊已到，其實非尊也，殆鈴耳。公岂不欲一來觀乎？

紅螺公子。匋上。

五

刻下有要語，與公極有關係，請即刻命駕來臨，并在敝齋晚飯。已約君立及一二熟人奉陪。公或不來，是棄我也。尔日肝鬱想漸平，見此書，幸勿大恚，一笑。

此請紅翁老哥比大人癒安。如弟方頓首。

按，君立即張之洞子張權。

六

《瑞應圖》明人臨本耳，非蕭照原跋也。王文敏許曾見一頁，則廬山真面也。長垣本不可不看。

文石先生。名頓首。

按，書於光緒二十八年（一九〇二）。鑒蕭照《中興瑞應圖》乃明人臨本，並邀觀長垣本《西嶽華山廟碑》。

七

奉懇賜題三件，想已脱稿，即乞發下。公得勿笑公孫之亟邪。敝藏漢碑，擬日跋十本，其許我乎？

叔默先生吾師。端方頓首。廿四。

按，書於光緒二十八年（一九〇二）。

八

暴寒，伏惟珍異。一日之間，炎涼頓異，天道若此，人事可知。錢孝廉題件已交去否？甚盼速藻。日來有何新聞，看書有何心得，望示一二。尊體少瘥，曷來聚談？有金甸丞者，其人才思極可佩，頗足與談。左臣近未走擴。

紅螺山人尊右。方頓首。十一。

按，書於光緒二十八年（一九〇二）。邀李葆恂與金蓉鏡聚談。左臣即黄君復。

九

《竹邑侯碑》當爲附以題筆，此物不美，太新矣。弟之所臧，則確乎其無跋也。《九江男子》等撿出奉鑒。悉是未斷本。王勝之有廉州册，尚未送來。勝之臧《專塔銘》説罄本，椎拓致精，何不來看？見在吾齋。帽形權月内必到，此外尚有希奇難得之品也，幸先秘之。楊峴齋塔何以不來？

文石三哥吾師大人尊侍。端方謹上。十七日。

窓齋鼎、尊二拓可收否，乞鑒别，原件速發還。

按，書於光緒二十八年（一九〇二）。請鑒《漢晋石刻十三種》拓本、吴大澂舊藏吉金拓本，並邀觀王同愈藏説罄本《王居士磚塔銘》。

一〇

簠齋先秦文字經公跋識，益增重耳。屬書大册，從容報命。即上文石先生。方再拜。十六。

按，簠齋即陳介祺。

一一

沈雪廬之唐專欲假一觀，乞速爲取來，感荷之至。盈數君已有覆書否？文石先生。方頓首。

惲書諸畫，甚盼送來。

按，沈雪廬即沈塘。

一二

時帆《詩龕圖》、柳如是小照，西蠡欲得一觀，敝人亦欲寓目焉，即望檢付去人。今晚約曲成侯來此夜譚，請過午見過。此上紅螺山人。匋頓首。初三日。

按，書於光緒二十七年（一九〇一）。索法式善《詩龕圖》卷、柳如是肖像，擬與費念慈同觀。

一三

《大魁權》粘置箑端，殊有新趣。兹將送丁循卿中丞扇奉鑒。請即發還。如以爲可，當照拓奉贈也。

今日宴客，如見過，請在二炮後，如何？

紅螺山人。方叩。

按，丁循卿即丁振鐸。

一四

沈雪廬拓本率用空文爲之跋尾，即乞轉交。

今晚聞將賚談詰朝，尚求治客。

專上紅螺山人棐几。端方百拜。廿三日。

一五

天氣晴暖，欲出東郊行春，公能從衆游乎？前夕見訪，自崖而返，想是舊恙又作，極繫念。專上紅螺山人。匋頓首。初九。

一六

蠡吾學使將於月之廿五日北行，刻在敝齋，請來爲别。電機日内必掣動也。文石先生。名頓首。

按，蠡吾即王先謙。

一七

昨有書奉慰，未見酬答，深繫念。梁節翁送來王子展所臧黄山谷、海剛峰小照，皆真品，明日即還。今晚能來觀乎？即上紅螺山人左右。方再拜。初七。

按，書於光緒二十七年（一九〇一）。邀觀黄庭堅、海瑞肖像。

一八

建初玉版奉丐大題，兼望速藻。楊宜都跋秦權最新確，真老斫輪手也，希爲致謝。文碩先生。方叩。

按，書於光緒二十八年（一九〇二）。邀題光緒拓《武孟子買地玉券》。楊宜都即楊守敬。

一九

奉懇題件，千萬速藻，尚欲丐兩文星大筆也。叔默道兄。方頓首。初九。

二〇

叔默仁丈尊右：

霜橘十頭，奉瀍大嚼。即呈台祉。端方再拜。

二二

《瓦録》乃辱長跋，陳義甚高，文辭亦駸駸入古，蓋不僅規橅方、姚耳。弟稱許溢量，不敢當不敢當。

江、鄂皆召，先江後鄂，其此人當在維夏時矣。

敬謝紅螺山人。方頓首。

按，書於光緒二十八年（一九〇二）。函謝題跋匋齋藏瓦當目録。

二三

魯人有『陽三老』者莅止漢皋，欲得公一叙契闊。又從新疆鎮西廳得來『劉弘基一將』，亦願以一見爲榮。公其惠然，勿或遐棄，致望。

文石三哥。如弟方頓首。

按，書於光緒二十八年(一九〇二)。『陽三老』即《陽三老石堂畫像題字》，『劉弘基一將』代指《姜行本碑》。

一三

刻有立待考訂之專文，老師已窮虔伎矣，微公來一加論定，勢將坐困。請命駕即行，勿稍濡滯。

紅螺山人。湮陽匋父上書。

按，書於光緒二十八年(一九〇二)。

二四

山西太原所得華亭文敏公所書崔顥《黄(河)〔鶴〕樓詩》一卷,奉鑒。此書良不足貴,而所書《鶴樓詩》,刻石嵌之樓壁,則雙美也。公幸爲之題識,將附刊焉。方頓首。

崔詩後又有一絶,不記其爲何人之詩,望公一爲考證,或竟記得,亦未可知。若能與此樓有關涉,則大妙矣。不然,要去了他。非公博雅,不能辨此。華亭卷望撿交去人持回,中弢欲一看也。能來會談否?

紅螺山人。名頓首。

按,書於光緒二十八年(一九〇二)。邀題董其昌行書崔顥《黄鶴樓詩》卷,並擬刻石,嵌之黄鶴樓壁。

二五

幹臣所編石録已成，待公删定。而公深閨不出，令人悶絶，公真終不出邪？今日鵠候，望即來臨。

文石先生。匋頓首。

按，書於光緒二十八年（一九〇二）。邀删定王仁俊所編《匋齋藏石目》。

二六

昨已偃息，忽讀手畢，爲之破睡。

《竹邑》《尊聖》兩碑僭附跋尾，荒陋已甚，不足副大疋之望。

尚請文石吾師撰安。端方謹上。十八日。

請速來談，有面取進止之事。

按，書於光緒二十八年（一九〇二）。

二七

聞君忘食者累日矣，極念。

珠寶直甚昂，不敢問鼎。其鑽石非真品也。能忍飢來談否？

左臣走壙月餘，頃始一返巢，約明日又游漢皋矣。并聞。

紅螺公子左右。名頓首。

二八

大權已至，玉瓓同來，速臨觀。此外尚有瑰寶也。

紅螺山人。名頓首。

李大人。

二九

子執壽彝、雍姬盉二者以易叚鐱，甚不合算，而盉意甚熱切，衹好割彝而留盉，不索價也。然弟所望於盉者，在此後爲我弄權耳。沈仲复、吴清卿有權，吴平齋有量。其不憚割彝捨彝者，良以此耳，然而已不慳矣。

兩宥。

按，書於光緒二十七年（一九〇一）。望費念慈爲其搜羅秦權。

三〇

南田《草衣小影》，當以小詩綴之軸端。

黄岡寶令頃始回署，報館保護一層，事屬可行，但其主論宗旨須立歸雅正耳。錢詩浩蕩可喜，照録一通奉繳。即請紅翁舍安。名頓首。

榮惠保、蔡長毛被申飭，可笑極矣。

按，南田即惲格。

三二

文碩三兄世大人：

手教敬領。錢仲仙所示黄州報館條議，用意甚善，事屬可行。惟辦報首在開民智，而尤貴正人心。近來邪説鴟張，人心不靖，平權流血之説，無君無父之譚，肆口侈陳，毫無忌憚，言之令人髮指。

昨與仲仙暢談，頗具公憤，最爲可敬。夫既開報館，非標明宗旨不可。今閲所開條議六端，尚未及此，請速語仲仙，轉致有志諸君，首將崇正黜邪，拒詖放謠，宗旨切實標明，方有實在益處，不然不如其已也。

尊恙當霍然，何日賁臨，不盡跂望。

复請道安。世二弟端方頓首。

按，錢仲仙即錢葆青。

三二

昨書所言黃州報館事，切不可將敝言弁諸簡端。此事甚要，望切切與仲仙言之。

易實夫觀察在此長譚。

尊恙已脱體，盍速臨一叙？

專上文碩尊兄大人坐上。方頓首。初五。

按，易實夫即易順鼎。

三三

《善業泥》《北周專塔》及《善業泥別品》，共三軸，請賜寵題，請定爲專條，嗣後彼此索題之件，限當日交卷，遲則議罰。務於今日交卷。易石夫送來夏禹玉一紙，非夏圭也。請鑒别。苦雨傷農，大是不可，焦悶之至，公何以策之？玉槃胡不來看？文石三丈我師。端方再拜。廿四。

按，書於光緒二十八年（一九〇二）。邀題光緒拓《善業泥》、光緒拓《善業泥别品》及北周天和五年《李芳造磚塔記》。

三四

兄屬題之件，弟無不貢醜矣。奉懇賜題之《大權獨攬圖》、王升《考謬胡方》，至今延宕邪？請賚臨面催耳。
名頓首。十六。

三五

王可莊遺集，鄙人將爲作序，而深愧不辭，將以丐之公，而責其明日交卷，未知見允否？今晚如能光降，藉可磋商。
紅螺公子尊侍。方頓首。
正欲發書，忽見左右交閱尊函，爲之眉皺，公此證非馮敏卿莫能奏效也。今夕醫來。

按，書於光緒二十八年（一九〇二）。央代撰王仁堪遺集序文。

三六

送上八條，望爲精題，兼求速藻，今晚交卷，能否？

文石公。名頓首。

按，書於光緒二十八年（一九〇二）。

三七

八種已否卒業，抑僅跋數種，請先帶來，先睹爲快也。

窓鼎還價三百番。

文石三丈。方頓首。卅。

按，書於光緒二十八年（一九〇二）。

三八

錢鏐塔，弟亦心疑其僞。戈款識是陝船，非濰造，字識可致。黄去褚來，亦佳，但黄行囊尚羞澀耳。叔默先生。方叩。十四。

三九

昨晤大眼公，龍门造象。見其木塔，並無字迹，内臧一小紙，上有經咒，真是笑話。惟東瀛抄卷子本《論語》，則爲難得可貴，大眼云尚非其至者。蓋彼所臧尚有進於此者，真可妒也。

昨歸已遑，未得晤爲悵。今夕幸早晤，有話相商。

紅螺公子。名頓首。

按，書於光緒二十八年（一九〇二）。已睹楊守敬所得日本稱德天皇刻印《無垢淨光陀羅尼經咒》、藏經木塔及卷子本《津藩古抄論語圖式》等。

四〇

閲公枕上所書札子，饒與古會，遠勝平時，當寶臧之。

四一

今日約王幹臣來商定石録。所得西安趙氏石刻，原册已覓出，須當面商榷也。紅螺山人。名頓首。

按，書於光緒二十八年（一九〇二）。邀與王仁俊商榷鑒定《匋齋藏石目》中趙元中舊藏拓本。

四二

今日小有感冒，廟香亦未到。晚間玩月之約，陰雨連綿，殊少意興。可否與雪老一商，改在敝齋便酌？請即刻折柬相商，或請見臨面訂，勿先發函，亦可。並由雪老知照鮮堪、曲成也。

紅螺山人左右。名頓首。

按，雪老即楊鍾羲。鮮堪即黄紹箕。

四三

明道先生要題齊刀，即請發下。

紅翁左右。匋頓首。廿四日。

請速臨。

李大人。

按，明道先生代指程頌萬。

四四

刻偕賓客登鶴樓，望長江落照，公能從我游乎？如必須家食，望三燈初一往，在彼清談，亦大快事。叔默老先生。方頓首。

四五

家弟廿六開帆，亮生亦鼓棹北上，公何不過此爲别？詔版非真，其器安在？尚願一觀。

萬氏事相需至急，非此不能治，望力圖之，不勝激相屏營之至。文碩先生。弟名頓首。

四六

頃景維行由上海帶來秦權二，皆兩篇詔文，清帥故物，天下瓌寶，幸來一觀。兩宥。

按，書於光緒二十八年（一九〇二）。景維行攜來吳大澂舊藏秦鈞權、旬邑權（今歸天津博物館）。

四七

左臣昨夕從漢臯游宴歸，齋舍衣物盡爲偷兒胠篋而去，所蓄家珍百不存一。再游漢臯，苦無不衷之服，因之懊憹萬狀，涕泗沾襟。公來幸有以開慰之。
旬邑權左臣亦以爲未妥，幸來一考校之。苦雨無聊，亟盼清風來故人也。
專上紅螺山人。匋頓首。廿日。

按，書於光緒二十八年（一九〇二）。疑旬邑權非真，邀同校。

四八

旬丞送來拓本奉鑒，疑非真品，請鑒别，仍將原紙見還。今日能賁談否？有蕭碑之人在此，可以一談，但彼不欲明言售字也。
專上紅螺公子。名頓首。

按，書於光緒二十八年（一九〇二）。

四九

尊恙當瘥，極以爲念。
向夕風定，能來譚不？翹企之至。
紅螺公子。匋齋頓首。十月廿七日。

五〇

尊恙想已大妥，不識能賁譚否？
叔度去漢臯多日，至今未返。並聞。
紅螺山人。名頓首。十六。

五一

細審此《琅邪臺》，確是明季國初拓本。弟有明裝本，與此紙墨無異，可互勘也。望求大筆一張大之。

紅螺山人。方頓首。光緒廿八年端午後一日。

按，書於光緒二十八年（一九〇二）。邀題舊拓《琅邪臺刻石》。

五二

説罄本《磚塔銘》，敬求大題。《三詔權》《萬歲通天牿象》即跋。今晚交卷。是望萬歲象必已跋，公交易而退。

上叔默先生。端方手狀。光緒廿八年夏五。

按，書於光緒二十八年（一九〇二）。邀題説罄本《王居士磚塔銘》、清拓《果毅□□基造像記》等。

五三

大敦詳加審諦，公勿薄視此器，此器固大有用處也，即一『㲋』字，已足易君房之秦詔版矣。但公不可張揚耳，萬禱。此器實係秦中所得，但得來全不費工夫耳。應否再蝕一番，乞酌之。漢碑必跋。

即复默公吾師三丈。方頓首。

按，書於光緒二十八年（一九〇二）。鑒師㲋鼎爲重器。

五四

礞石滚瘦丸，近人應服者甚多，公亦何妨小試。

《啓母闕》他曾送來看過，早晚必爲跋尾。前日與黄老師小有違言，公來幸爲排難。此請道安。名頓首。廿七。

五五

蕭山長垣本現存敝處，明日即返蘇矣，請扶病來觀，未宜失之交臂也。無論如何，必須來看。袁复電來，晚刻即奉。紅螺公子。匋頓首。初二。

按，書於光緒二十八年（一九〇二）。邀觀長垣本《西嶽華山廟碑》。

五六

《魯峻碑》搨不算甚精，姑爲跋尾，奉鑒。題籤『陶齋』一印爲奴子謾押，勿怪。

吴下大寶紛來，應接不暇，而穹乃彌甚。非求諸盈數，公不可自去。楊事姑聽之。兩宥。

按，書於光緒二十八年（一九〇二）。歸還清末拓《魯峻碑並陰》（今歸上海博物館）。

五七

有希世之寶從京邸寄來，請即刻來此一觀。此寶非《華碑》之比，未宜度外置之也。千萬勿以病故不來。

文翁左右。方再拜。初十。

按，書於光緒二十八年（一九〇二）。

五八

大敦已剔出字來否？《小蓬萊閣》請向程子大等類借之，弟急欲一觀。此中有絕大緣故也。

默翁鈞側。端方狀。

按，書於光緒二十八年（一九〇二）。《小蓬萊閣》即黄易《小蓬萊閣金石目》。程子大即程頌萬。

五九

大盭之字已約略可識。弟與老師亟思一觀，請飭王文翰將原器即刻送來。看後仍須拿回，再加炮製也。

默翁左右。名頓首。廿一日。

《乙瑛碑》四紙，請自粘之。

銅獅至多不過十元，如再不售，即還之可耳。

按，書於光緒二十八年（一九〇二）。邀賞師�鼎。

六〇

此等半新不舊之漢碑，衹好用敝人之壞手惡札題之耳。三碑皆題上，惡劣之至，亦辛苦之至。

其大敦能瞞得君直正法眼臧否？試一决之。敝意以爲與其君房，不如『樂當』句。

《常山貞石志》敝人記尚有原刻本，此本敬奉贈，即哂存。前夕既許君矣，可謂不食言也已。

叔默道長。方叩。廿二日。

六一

苦雨久不放晴，悶損極矣。昨夕奉候，未辱足音。今日約薇、柏兩公來賞蕭碑，公能一臨否？是約期以四點鐘如惠，然望速駕也。肅請文石先生道安。端方頓首。初七。

六二

前言姑以爲戲，公乃信以爲真，悚息之至。醫方似未安，已電招敏卿來鄂，爲公細診。劉廣各乃一庸醫耳，勿爲所誤。兩恕。廿七。

六三

公何姍姍其來遲兮？·瓌寶將赴漢皋矣，迫切待命之至。兩宥。

六四

皖公山已到鄂，請速來晤面，勿失之交臂也。紅螺山人。匋父頓首。初六日。

按，書於光緒二十七年（一九〇一）。邀觀《隋僧璨磚塔銘》拓本。

六五

由京携來大董數品，望來觀，且商昨跋。

默翁。名頓首。

李大人。

六六

今日節盦在鶴樓爲祭酒盛公作奠，盛公今日生也。公能午刻扶病强起，鼓興一往否？

電調事由抱冰發，未會敝銜，原件奉閱仍繳。

《華山》長垣本已到，能來觀否？萬公處石經事，不可須臾緩也。

文石三丈尊右。名頓首。念九。

按，書於光緒二十八年（一九〇二）。盛昱誕辰，梁鼎芬於黄鶴樓設奠。詢李葆恂是否可赴會，並邀觀長垣本《西嶽華山廟碑》。

六七

《明湖秋泛》濫爲系以四截，自愧太不成詩，然置之黄小宋題咏中，尚覺無愧色也。其間暗指本事，未敢下注脚，將來公於詩話中自注之耳。

尊體當瘉，何時來譚？抱冰與新寧將有北台之説。并聞。

紅螺山人。名頓首。

按，書於光緒二十八年（一九〇二）。題李葆恂《明湖秋泛圖》卷七绝四首。黄小宋即黄璟。新寧即劉坤一。

六八

若得集腋，甚善。幸而獲成，當求援於『樂當大萬』。瓦當文。事而不濟，即作罷論耳。尊恙竟不脱體，明日郝鹿如九江，當催敏卿歸鄂，爲君診治。《劉平國》鄭堪無雙鈎本，所云鈎本乃《沙南侯獲碑》耳。惺老題筆甚堅确，望爲致謝。木塔何日來？幸以見示，勿提我。紅螺公子。名頓首。

按，書於光緒二十八年（一九〇二）。鄭堪即吴大澂。惺老即楊守敬。

六九

約白臧暫進署中幫忙，幸早與一商。孟氏金石禄丈已往説，彼允即送看。尊處似勿庸再行過問，以免重複而啓疑團，至要至要。

文石公左右。端方再拜。廿五日。

七〇

石甫、文勤均在㪚齋，請扶病速過爲望。前談出售之鑽石等，幸見示一看。漢陽萬氏事，亦須面商。

兩隱。即日。

金甸臣來信云，嘉興尚氏物數品求售，内有秦權。

按，石甫即易顺鼎。

七一

孫仲容題秦權援據古誼，博通而又精確，堪爲衆題之冠。且據《周禮》而審定大騩權，尤爲翔實。大䰟八棱權之爲鑄器，亦從此無疑義之滋矣。幸速臨一觀覽焉。再，華碑跋語亦待公商略，始敢下筆也。

叔默三兄吾師。方再拜。

按，書於光緒二十八年（一九〇二）。贊孫詒讓題秦權跋語爲衆題之冠。

七二

刻命郝禄赴九江，仿鐘鼎彝器燒造新瓷碗盞，明早即行，請公來調度一切，以免弄得不在行，或爲人所笑耳。君速來談。

即請紅螺山人夕安。名頓首。

按，書於光緒二十八年（一九〇二）。遣郝禄赴九江燒造仿彝器瓷具，啓程時請李葆恂居中調度。

七三

『惟斯新政』一幅越看越不像話，特爲下一了語寫正。即上文石翁。名頓首。

七四

蘇人立欲將詔版索去，公如不來，失之交臂矣。曾是通人，而肯出此。立候。兩隱。

七五

自慚闇陋，不意文勤乃是詩人。公之拓本僅毁其一，弟之拓本乃毁其四，未免便宜，不如再捐幾本，期與敝人相值耳。吴人以文學名天下，得文勤而盡呈本相，亦大快事。

紅螺公子午喜。名頓首。壬寅夏五。

請賚談。

七六

適忘了巴慰祖的大號，請開示有别號否。刻要爲人作詩，須要巴慰祖的號下一字，要平聲方妥。

文石我師。名頓首。廿六。

七七

時局若此，尚有善發怒病者，此中國興旺之機耳，旬日必得其人。今既數月矣，當婉轉一言之。大約第一篇文字不如第二篇之結實可靠也。

梁、黃兩書閱繳。《房宣》《李謀》，當道教題記。惜胸無書册，又嬾於檢尋，勢將空言敷衍，愧不如王文勤之博也。《茶花女傳》甚謝。八專恐未必全，檢出幾種送幾種耳。今晚本欲奉詔，且覩公恚怒之狀，閽拒客甚堅，不敢冒昧。若公明日不來，則徑挑闥入矣。左公又上漢口，並聞。

尚請聞碩先生不稱大人，懼鄰俗也。痡安。弟方頓首。即日。

『聞碩』二字未見雅馴，且旂人有名聞碩者，其人甚俗，其名不可冒也。

尹文端詩集收到。

按，王文勤即王懿榮。尹文端即尹繼善。

七八

敬肅者。光緒二十三年春，山西托克托城北，蒙古人掘地得一方石，其質似玉，其界畫似日晷，其文自『弟一』至『弟六十九』，其篆法則在斯、邈後，新都前。世特患多樂正、師曠之徒，或不審此寶之可貴耳。但具雙瞳兩睫，雖甚昏眵，未有不知爲西漢物者也。獨恨弟之寡學，又懶於翻書，不能遽爲尋其源流，指其確證，殆非義州老師、宜都老友不能辨此。特精拓一本，先上吾師而次及吾友，求爲考釋論訂焉，師其許我乎？世有妄人，不學無術，乃斥吾輩爲金石文字所纏繞，真出乎人情天理之外之譚耳。

紅螺山人吾師函丈。端方再拜上書。

按，拓贈李葆恂《漢日晷》拓本，求爲考訂。

中國嘉德二〇一六年春季拍賣會，古籍善本專場2002號。

七九

頃間約閣下到敝齋夕談，當蒙印可。適過訪蔣藝翁，意欲留飯，然弟心中實有生員切己之事，非與閣下面決不可。擬請徑至學署一談，藝翁不强留飯也。此事大要，千萬來談，勿却爲望。

紅螺山人。方頓首。

按，書於光緒二十八年（一九〇二），下同。蔣藝翁即蔣式芬。七九至八一札均爲上海弘盛二〇一七年春季拍賣會，慧聞室、懷玉堂、瓶廬遺風主人——扇骨成扇＆古籍手札專場678號。

八〇

漢印挑好，請携來。刻有奇文，須公來共忻賞也。

文石先生李大人，方頓首。光緒二十八年十月十九日。

八一

漢印送上，鑒别之精，直是王文敏復生矣，何乃謙抑若此？漢鍪幸勿再繩，《左傳》『繩息嬀』之

『繩』。兼求設法。

紅翁。方頓首。十九日。

按，邀李葆恂鉴印賞器。

致吴重熹（一通）

仲懌仁兄大人閣下：

章江一水，企止旌旂，伏承碩畫恢張，勛履綏茀爲頌。弟瀛陬言返，小憩滬濱。考察各節粗有條理，惟中外情勢，不措施斷難執一，尚望示以明謨，俾資循率，無任企禱。

鄧令邦達才識明練，人亦樸誠，曾在弟處當差有年。現在需次節下，尚祈推愛培成，量試以事，不勝感拜。

即日北上，匆此奉候。敬請勛安，惟照不一。愚弟端方頓首。

按，書於光緒三十二年（一九〇六）。吴重熹（一八三八—一九一八），字仲怡，山東海豐人，時任江西巡撫。

北京榮寶二〇一六年秋季文物藝術品拍賣會，文心雕龍·信札專場847號。

致佚名（一通）

再啓者。鄙人承乏兩江，幾將三載，能鮮德薄，愧負殊多。瀕行，辱諸君祖道開宴，情文斐亹，詩歌好我，惓惓難忘。

北來塵事紛如，致稽箋謝。明月千里，適逢圓滿之期，秋水一方，彌結溯洄之想。

耑泐，祗請台安。弟端方再拜。

按，書於宣統元年（一九〇九）。

北京保利二〇二二年春季藝術品拍賣會，古籍文獻・金石碑帖・翰墨菁萃・西文經典專場364號。

致沈曾植（一通）

乙庵仁兄大人閣下：

旌節榮持，措施閎遠，真除指顧，欣企無窮。蓮公事承公派委耑員爲之經理，歿存被惠，賓友同欽。兹派金直牧焕章詣皖，代奠蓮公，並屬趨詣尊前，面陳一切。滬上報館林立，謡説紛紜，最足淆惑視聽。現有《滬報》一處，宗旨尚屬純正，曩曾言之蓮公，酌予津助。詳細情形特令金牧詳達，尊意如何，即希悉知金牧爲幸。手此，肅請勛安。愚弟期端方頓首。

按，書於宣統元年（一九〇九）。蓮公即楊士驤（一八六〇—一九〇九），安徽泗州人，歿於直隸總督任上。沈曾植時任安徽提學使。

中國嘉德二〇一九年春季拍賣會，筆墨文章——信札寫本專場2188號。

致完顔景賢（一通）

樸孫二弟：

自京中遞來漢甫書，内有致弟一通，特先奉上。兄月末將歸，當就弟話輝雒山水也。即請近安。兄方頓首。初七日。1－147

《名家》。

致俞陛雲（一通）

令親宗觀察書謹誦悉，猥以固陋，謬蒙獎許知音，爲之感慚交集。三碑世間瓌寶，味觀察『本無棄意』一語，尤足見鄭重愛惜之思。然既叨高義之相推，何敢前言之固執？今擬辦法有二：若質而不絶，則請以三千五百金相酬；若長此見歸，則請以四千金爲壽。誠以劉燕庭既使此碑珠聯璧合，則不宜使之離群索居。觀察風雅宜人，必不河漢芻言也。

弟向來舉事最爲爽捷，此局如承許可，即由觀察處徑行電知子原三兄。電到後，先由子原處匯寄款目一半，觀察接到款目，即專妥差，將三碑送京。在子原處當面交割，來差川資、寄款、匯費，均由弟出，其銀京平足紋。涂中如碑有錯失，款仍擲還。交割後款有參差，子原作保。以上所言，稍涉瑣細，然數千里外舉事，不得不爾也。倘觀察尚以異日相期，則以一言見復可矣。

光緒辛卯二月初四日都門寄，十一到杭。

按，書於光緒十七年（一八九一）。擬出四千金購長垣本《西嶽華山廟碑》等三碑拓本。宗觀察即俞陛雲姐夫宗舜年。子原即俞陛雲岳父許祐身。

《盛檔》086256－2號。

致桂和（六通）

一

兒方恭叩大人萬福：

敬禀者。徐師來京，知身體尚好，惟腹瀉不時發作，家中懸系萬分。惟有多方打算，及早挪開，於事方有轉機。兒於京中早有安置，想秋節前後必有端倪。

零五伯父之事，兒聞之焦灼萬分。想日下京中大僚，實無與張振翁相熟之人，即使有信可通，李中堂已於七月二十三日接授北洋印信，諸事總是中堂作主，振翁必莫贊一辭，則於事終屬無益。且中堂與王鎮素稱相得，恐先入之言必不能免，兒想仍是求廷四大爺想一方法以援救。

慶伯兒明日即去商量，如得有好音，及時飛布。兒喜事辦理妥貼，事事均係兒大大、奶奶經心一切。款目或係振宗代籌，或由家中再借。陵卩之舉未得，并非受之不招呼，實以名次在後，以後再看機會。伊芝翁竟列二等，照舊供職。烏達峰甚爲照應，以後再不求情，以免俗累。然此兩者，皆係無法。

京中前天下了一点雪，不足二寸即止，瘟氣仍是不小。三之堂菜料甚香，但太貴耳。豐潤塋地，張幼樵云非自去不可。

《傳燈録》已經交回，其中錯誤太多，仍須改作。

熱。昨見仲蘭，渠接恭太守信云，必照應一切云云。兒復將委差一節告知，令其作書伸謝矣。軍徒流年終彙報一節，特旨嚴催，想即所查之事。百合昨見冢宰，甚感，年終允爲寫信。赴保一節，兒即遵諭，暫緩期限，以待好音。西院借錢一節，自當凛遵，决不生顧。

呼二辦理食品，必少得味，論起來却值幾兩燒刀子。現時既不喝，京中再喝罷。

龔、黄、召、杜，皆漢時循吏：龔遂、黄霸、召信臣、杜詩。

斷奶一節，仍是不肯。但近日浚子胖甚，凉藥不令多服，毒氣亦稍輕矣。

虧空事不必先生處花鈔，福雨翁已滿應滿許矣。

信底年前必能寄，不誤。隆小翁前兒作書索毡，送來數塊，家中分鋪矣。兒方謹禀。所有先後各信暨物件等等，均一一收到，並無短欠。144－99

按，書於光緒八年（一八八二），所用箋紙印有『寅賓館作』。張振翁即張英麟，時任翰林院編修。李中堂即李鴻章。廷四大爺即廷杰，時任刑部員外郎。張幼樵即張佩綸，與端方係豐潤同鄉。烏達峰即烏拉喜崇阿，時任正黄旗滿洲副都統。仲蘭即瑞沅，光緒十一年起，任駐美使館參贊。恭太守即其父恭鏜，時任烏魯木齊都統。浚子即端方堂弟端浚。

一至六札均出自《端方檔》。

二

大人慈座：

敬禀者。李紹孔一半遵即我來，徐師雖來無妨。榮仲卿本是代館，若徐師來時，亦何難處。潤齋赴保，尚無定音。振宗擬於正月赴省，兒攔之再四，云俟得篆再去，此人亦勢利甚也。

前天來，借去銀伍佰兩，言明兩日歸還。分五行息。還有文寶約契一張，想不致錯。希大叔信應改者改出。駕馭張義尚未來取，吹噓之件交張義專差遞，搭連五個奉上。壹千八百文。耆禄昨見昆大爺細問，此人與慶府至親，却不長去。三十歲上下。此人與其父分居，其父尚不知渠住在何處，祇好從緩再詢。蔭桂人本無知，渠父現已去世，必不能再得意了。戴瑞女人不能多賞，當已告知。小順大好，家中甚慰。渠家報兩封，均已交去。蘇華甫人品甚坯，千萬不可近，他亦林次萊之輩也。

各處來信奉呈，其應答者叩請擲下。憲書附寄。

肅叩萬福，兒方謹禀。

順字第伍號。144－104

按，所用箋紙印有『寅賓館作』。潤齋即施沛霖。

三

敬再禀者。吕湘濃之胞兄吕東翁，係湖北知州，因案革職，現因家計維艱，欲投效漕標，月間謀些薪水，藉資糊口。仲蘭言之再四，湘濃亦經面求，景蘇回京，亦爲諄懇，實爲誼不容辭。然亦不敢擅便，特此禀請訓示。如蒙許可，兒即由京作爲口氣，致蘭圃先生一信，爲之懇托。查吕東翁革職之案，實係詿誤，並非因贓，此事似屬可行。且其所謀不過薪水，但得糊口足矣。附此禀聞，并請速爲示下，以便遵行。兒方又禀。

馬兵賞銀伍錢，得派喂馬。144－107

按，書於光緒八年（一八八二），所用箋紙印有『寅賓館作』。景蘇即瑞洵。蘭圃即端方岳父喜塔臘·慶裕（一八三四—一八九五），時任漕運總督。

四

敬禀者。啓程之後，遵將交辦事次第劃清，陸續了結，即日埋首用功。此次淵如出口諸事，賴兒兩兄，嗣後如有交辦事件，即由兒兩兄敬謹辦理，俟秋闈事竣，再行由兒經理也。現在家事平和，廣病未好，請假十五日，仍擬續假。徐師大約月底到京，餘事概詳前。六子肅請大人慈安。兒方謹禀。

孫支錢拾三兩。144－110

按，書於光緒八年（一八八二），所用箋紙印有『寅賓館作』。

五

當時常餽送，近因彼家辦喜事，無暇及此。聞文甫侄女過門後，甚稱相得，此事管的作臉。

張香翁特放晋撫，文甫要糟，路屬不對故也。張藹卿得朱智秘保，堪勝司道大員。軍機處現已記名，不久即可簡放。兒近來并未射覇。

振宗來云，所當毛衣，通州當鋪現在有了高眼，謂所當甚爲吃虧，催令贖回，否則要票云云，囑令請示。裕如得坐糧廳，除劉八、梅福外，别人均未應允。平五爺處亦可不管。昨聽振宗之言，兒甚爲有氣。緣月初間，振宗找平五爺道廟催賬，伊所言甚不近理，并云若知非三老爺之錢，斷斷不使云云。看此話頭，直是希圖坑騙。此等人面獸心之輩，不與之以利害，已屬法外施仁，若更爲代求諭帖，豈非以德報怨？焦四爺處，振宗亦爲提及渠允爲代償百金，然亦不可恃也。

各處應道之謝，已陸續前往，德三太太存即敬擬交還。消渴之症，若能起早繞灣，必當全愈，兒現練起早，頗有功效，比服參茸還强喔。三順服藥見效，甚慰所懷。胡二出京不飲，家中甚熹，呼媽聽見亦樂。邢二已在防山住了，此人甚爲無良，不須再用矣。

藩憲處刻下想已傳見，二大爺虧短之款此節後禀中詳。自當從緩辦理。鳳二老爺改廣西之信，早經送去。蘭圃先生寄來奠敬叁拾金，回信尚未寄去。陳伯潜日來未見，渠近上撤銷琦善專祠一疏，恭三爺必怒也。

移向史家姑子庵路西之房甚佳，房價亦不算甚貴。應打信底，尚未擬出。希大叔所借之物無處代籌，衹得罷論。聞已求鍾小翁矣，但鍾小翁近日大病，危在旦夕耳。車圍等事自當照辦，馬大亦應嚴查。兒現在起的甚平，頗可出其不意也。

蘭圃先生前已奏請開缺，得旨賞假一月。聞上不欲其回來，以疆臣乏人故也。

定州眼藥如數收訖，當送盈仙居四瓶，甚感。廣畢翁處自當敬謹辦理，并當措置合宜，不致成醋也。履歷擬令可甫多寫，仲卿亦可求翁叔，翁處可從緩辦理，若要求伊，亦須商之少翁，否則糟矣。鶴儕現已移在眼藥。此房盡屬碎磚，無一點整齊房子，此番吃虧太甚。

昨李紹孔前來道謝，渠事現已完了，無庸再給他寄信。兒今日又須赴廣家支客。兒大哥上班，兒三哥得副稿差使，無暇寫信，體制較尊故也。浚子耳朵又壞，此兒毒氣甚大，兒深恐其理或是二人之乳不可兼用，試斟酌之。倘令專用格兒媽乳食，亦無不可也。

肅此，敬請慈安，兒方謹禀。兒二大大、奶奶以下，命筆請安。

廿三日四點鐘寫起，寫畢已六點鐘矣。

再，小王正月回家，便道赴省，命帶各物大可寄往仿圈，先行封寄。兒奶奶恐著急，命兒作禀慰勸。兒思身體康健，即便是福，至功名一節，聽之天命而已。兒又禀。

再，頃間福雨翁世伯來，談及虧欠一節，雨翁云成瑋卿倉帥前已遞呈聲明，罷官之後，無力完繳，籲懇豁免，當經雲南司核准。因思伍伯母子幼家貧，較之瑋翁尤爲可憫，擬援照成瑋翁之案辦理。雨翁掌雲司之政，既可爲力正堂景處，兒亦可找舜臣一求，此一辦理，更爽神矣。兒現已張羅遞呈，由本旂咨請大部核辦。俟有成效，再當布稟。

日中皆在冢宰處助理喪儀，俟渠家送殯，便得閑矣。紹叔云事機不順，年終必爲寫信，此亦甚妙。東翁處兒尚未去，附以稟聞。兒方又稟。

順字第叁號。144－112

按，書於光緒八年（一八八二），所用箋紙印有『寅賓館作』。張香翁即張之洞。陳伯潛即陳寶琛。鍾小翁即鍾佩賢。鶴儕即如松。舜臣即治麟。

六

一切物件，一一遵照來單辦齊，飭呼二及早起身，籍紓遠念。至書籍雖云太貴，勢不得不籌備數十卷，以供要需。現在鉛板書局中購得張香翁《輶軒語》廿本，每本一千文，爲價尚算中平。此書於鄉曲先生大有裨益，並非高遠難行，老師亦知之也。

張珍現有經手未完事件，赴欒一節，即爲罷論，辦差一節，據蘭丈云，如有要差，必須見返。大人自己在厨房一坐，與之俄頃不離，於事尚有裨益。烏少亭過欒一節，本欲求其帶信，因聞此人近日習氣、脾氣迥非從前，是以未敢冒昧。及聞小欽差中有王星瑞大可寄信，彼時業已起身矣。

盛京將軍署字乃刻本，報之訛豐潤一節，已作罷論。福兒此次來京，並未求薦盛京將軍，此事即可從緩。鄭姓教官此次未調，恐補調亦屬難事，俟見琨翁，再爲一求。

呼二此次來欒，仍是利心太重，可惡之至。昨因大醉後，兒稍加勉勵之語，渠即言出不遜，經兒痛加申飭，庶望改悔耳。

年鶴樓之信日内寫出，送往京中。因洋人侵犯越南，朝局大加更易，欒城想見邸抄。昨聞岑毓英之兵又後退敗，朝廷特飭李鴻章進京，商定和戰大局，中外之事危哉！

至城裏市面，艱難非常，每足銀壹刀，易錢拾壹千有零。不惟貧民困苦，即如家中用度，亦屬不支。蘭丈留別共送二百金。自蘭丈到京後，種種酬應已花去百金之數，不獨隨時令購之件在在需錢，即家中半縷半絲，處處均難措手。是以侄大娘因家務艱窘，每遇出分子等事，即爲皺眉。有時上屋要錢出分子，實在無有，而人情不可不還，往往自行墊辦，此錢之所以易盡也。又月内恒謙生子，兒奶奶往賀三天，兒大舅因無錢發愁。兒與兒奶奶商酌，將前欠之元寶暫先提還，以清款目，以救眉急。眼看端節將近，賬目尚無章程，務於節前無論如何爲難，帶來百金，不然又須當當，利上加利，作何了局耶？

兒大哥内閣津貼在所必有，兒之津貼尚未可知。淵叔脾氣既長，品格亦不似從前，却甚可惜。昨有信來，始將芙崖薦諸蘭翁幕府，問之平如，却言不可。淵翁蓋有意見好耳，其無瀝涷也甚矣。

額筱丈忽入軍機，可謂無望之福。以兒觀之，可憂方大也。紹翁三月廿壽辰，廿五日唱戲請客。時勢方殷而所爲如此，甚可嘆也。張振軒保舉黄提督桂蘭，被人彈劾，近來聖眷不似從前。换易軍機一節，半由於醇邸之微言，半由於伯希之參奏，此事甚秘，外間或不知也。

蘭丈廿七准走，是以日内忙極。又兼徐蔭翁夫人去世，須時時前往。家中諸所平安，餘容續布。肅此，敬請大人慈安。爾方謹禀。所帶各物寫有清單。三月廿四日。

亨字弟四號。145－101

按，書於光緒十年（一八八四）。額筱丈即額勒和布。張振軒即張樹聲。醇邸即醇親王奕譞。伯希即盛昱。

致恩壽(五通)

一

藝棠八哥大人閣下:

遠企戎旃,式殷企溯,敬維勛福崇隆,至如臆頌。日俄事棘,群雄思逞,松滬爲長江門户,綢繆未雨,知費藎籌。近日朝命,將以製造廠移之蕪湖,香帥赴蕪會勘,大約事在必舉。弟惟因時擇地,謀周至計,莫要於此。所惜蕪湖地面以今日形勢,尚非盡善耳,昨已言之魏、張兩帥。我公遠略,當謂何如。

陳亦漁兄由陝改蘇,重承關注。兹聞松滬釐差現已期滿,亦漁近況窘苦,公所稔知,如蒙委以此差,俾得自效,其感泐更無崖涘也。

專此奉懇，敬請勛安，諸希朗照，不備。如弟端方頓首。

按，書於光緒三十年（一九〇四）。恩壽（一八四九—？），字藝棠，滿洲鑲白旗索綽羅氏，同治十三年進士，時任江蘇巡撫。張之洞擬將江南製造總局由上海遷往蕪湖。

一至五札均出自稿本《端方書札》，中國國家圖書館藏，書號17559。

二

藝棠八哥大人閣下：

頃奉手書，過承藻飾，循涯撫已，感愧滋深。敬維勛祉崇隆，冲衿夏爽爲頌以忻。弟撫鄂三年，慚無寸效，移權重鎮，益懼弗克勝任。所幸成績在前，取則不遠，南針式錫，庶免代斫傷手之慮耳。

頃抵秣陵，擬察看學堂後即赴滬，約廿後可達吴會。十年舊雨，欣爲借箸之人；百里清淮，仍近建旄之地。遠詹棨戟，臨穎神馳。

肅复，敬請勛安，諸惟台照，不備。如弟端方頓首。

按，書於光緒三十年（一九〇四）。端方接任江蘇巡撫。

三

藝棠八兄大人節下：

昨托瑞守清帶呈一緘，并附土物數種，計達左右。比惟綦履康綏，勛猷日大爲頌以忻。啓者。新授同州府丁守麟年爲盛伯熙先生高足，與弟亦多年舊交。其人才猷練達，任事實心，幸隸帡幪，必邀鑒賞。兹因其行，特爲介紹一言，如蒙推愛栽培，早日飭赴新任，其所建立，當不有辜盛意也。

手此布達，敬請勛安，惟察不具。愚弟端方頓首。

按，書於宣統二年（一九一〇）。丁麟年（一八七〇—一九三〇），字紱臣，山東日照人，光緒十八年進士。入民國，曾任山東省圖書館館長。著有《移林館吉金圖録》等。

四

藝棠八哥大人左右：

吉甫至，得誦手書，并承隆貺，甚謝甚謝。

我哥治陝，以駕輕就熟之能，行舍舊圖新之政，固宜兵、學均有進步，而民、物日見阜豐，甚盛甚感。

弟宦游已久，驟得息肩，雖無可畊耨之田疇，而尚有可縱游之山水，時與月汀、吉甫圍鑪夜話，未嘗不及左右也。

兹有英國《泰晤士報》新聞記者莫理循君，住京最久，與弟相善。其人學行素所深佩，且於中國政俗研究精詳，而持論公平，於兩國多所補益。兹擬往游西域，一擴見聞，道出秦中，特來奉謁。務希優加招待，使得賓至如歸，亦素惠遠人之美政也。

匆匆奉問起居，敬請年安，并候閤譚偕吉。如弟端方頓首，十一月廿九日。

按，書於宣統元年（一九〇九）。莫理循，即George Ernest Morrison（一八六二—一九二〇），澳大利亞人，時任《泰晤士報》首席駐華記者。

五

藝老八哥大人左右：

年前丁紱臣太守有赴秦之信，曾屬寄一書，嗣因紱臣一時未能成行，此信遂遲未得達。近惟政猷允塞，新祉崇崦，定孚臆祝。弟山居養疴，一切安善。兹屬丁守寄上近印《臧石記》一函，求加教誨。敝况問丁守，能詳言之。甫請勛安。如弟端方頓首。

按，書於宣統三年（一九一一）。寄贈《匋齋臧石記》。

致陸寶忠（一通）

伯葵仁兄世大人尊右：

辱奉手戬，備紉存注。發春獻歲，伏惟新猷炳焕，禔祉駢蕃，至如臆祝。江北灾民麇集浦上，一誤於米禁之弛，再誤於放振之遲。鄙人到寧，去丁易楊，先就各原籍速放冬振。然後安議資遣，乃肯紛紛歸里，蓋非萬不獲已，誰肯輕去其鄉？近者中澤哀鴻，頗有於定安集之望，然非我公居中策應，事事維持，斷難得此巨款。感公風義，矢之無窮。

復淮之義，言者紛如，其中委曲，頗難情形。湘鄉、湘陰曾所親歷，誠能辦到，當時必不肯功輟半途。刻正急辦測量，非有十分把握，艱難辛苦，集來之錢，斷不敢輕於一擲。昨得諸公惠電，於此中消息洞見癥結，當無待於覼陳也。

急振、冬振，已花去二百萬，目下極貧灾民有二百四十萬，入春必更增加。楊俊卿估算來年工振之需，非二百八十萬不辦。糧價如此之昂，灾區如此之廣，一人一金，已須此數，是估計之款有虧無贏。計惟極力張羅，先其所急，所謂辦到那裏是那裏也。

萍醴匪亂雖平，長江上下，逆黨潛謀運動，所在多有。滬上報館，多與彼黨暗通消息。近中破獲孫逆黨羽數起，皆自書供招，謀逆有據，而報館已妄肆詆諆。任事之難，古今同慨。慕周内翰才識安雅，人亦静細，來此頗資贊助。毛運判大爲趙渭湖所苦，已檄飭來省查看。查看是玉帥奏案。徐再爲之，設法酌酬。

盛囑諸垣新制兼用外吏，略仿國初行取之制，以通内外之壅閼，用意至精，具見我公整飭臺綱，不遺餘力。惟今日州縣骨鯁敢言之士，百不獲一，安得郭華野、陸清獻其人貢之朝右乎？到此即埋頭案牘，無所刻暇。

附呈椒花二百韻，聊伴荒函，伏希哂鑒。

惠書遲未奉復，深用愧歉。拉雜奉復，敬請台安，并叩年喜。愚弟端方頓首。143－509

按，書於光緒三十三年（一九〇七）。陸寶忠（一八五〇—一九〇八），字伯葵，江蘇太倉人，光緒二年進士，時任都察院左都御史。楊俊卿即楊文鼎，時任淮揚道。慕周内翰，即陳宗彝。

《端方檔》。

致陳曾壽（一通）

仁先弟左右：

前奉書，快若覿面，惟著述日宏，政猷允塞爲祝。兄皖留肄武與觀軍，客淝水，回車驪，聞寇警，幸得因時布置，未致蔓延。適當國恤之，實仗天威之遠懾。比來江介，悉就謐安。惟賤軀更此百憂，頓發舊恙。近延東醫治，漸得粗安，祈無懸念。

前寫上學部舊書十二萬卷，多精槧名鈔，亟須早充架閣，不知圖書館何日落成，尚乞惠示。春明近事，並望筆及，一擴所聞。肅請年綏。愚兄期功端方頓首。

按，書於光緒三十四年（一九〇八）。詢陳曾壽京師圖書館何時落成，以安置此前主持代購之姚覲元咫進齋、徐文達積學齋藏書十二萬卷。

北京保利十周年秋季拍賣會，簡素文淵——香書軒秘藏名人書札下册3332號。

致陳寶琛（一通）

手教祗悉，承惠龍眼膏，致紉厚誼。

早間晤杏老，云毛角灣房次帥到京擬暫租借，杏老亦頗有重遷之思，公似無須搬家矣。日內次帥有人看毛角灣房，如定局，必屬杏老與尊處接洽。

肅請弢盦我兄大人撰安。弟方頓首。初五日。7－3021

按，書於光緒三十一年（一九〇五）。

《真迹》。

致陳夔龍（一通）

筱帥仁兄大人左右：

承示寧商會致貴守函，不覺啞然失笑。此函必係寧商會首領蘇錫岱與某人有隙，因而借此傾軋之。郵政通行已來，此事殆已數見，惟暗殺主義彼黨持之甚堅，不可不隨時密爲之備耳。去年鄙處拏孫少侯、殺楊卓林，報紙痛加詆諆，其實孫、楊皆徐錫（慶）［麟］一流，當時不拿不殺，安慶之事安知不見於金陵耶？

報紙近於公亦頗騰口説，望一一毅然行之，勿以爲意。惟如何辦法，不能不告政地知之。京朝官已亦茫無主宰辦事，不能不預爲之地耳。

匆匆布請台安，弟端方頓首。

原信附繳。

拙存晤，祈代候。

附呈《列國政要》一部，用備政餘循覽，并祈賜教爲幸。

再請台安，弟方又。

按，書於光緒三十四年（一九〇八）。拙存即陶葆廉。

西泠印社（紹興）二〇一七年春季拍賣會，中國書畫古代作品專場1131號。

致盛宣懷（六十通）

一

杏蓀仁兄大人閣下：

電訊頻通，風裁如接，昨披手翰，具紉注存，即維台候勝常，指揮如意，爲頌無量。

弟秋蒐事竣，適值皖軍之變，小次樅陽，稍資鎮撫，重承瑑飾，祇益汗顔。回省以來，案牘填委，昕夕靡休，家國殷憂，臨履滋懼。

承示吕生，人甚穩練，必爲位置。第江防戍守各員，一時尚無缺出，當從容圖之，冀副雅意。

尊體謁醫有效，至爲忻慰。冬寒，惟加意珍護。

覆請勛安。愚弟期功端方頓首。7－2982

按，書於光緒三十四年（一九〇八）。皖軍之變，即是年十月安徽兵變，攻打省城。

一至六十札均出自《真迹》。

二

香翁仁兄大人閣下：

三秦護節，鞅掌塵勞，未奉赫蹏，深用歉仄。頃荷先施示寵，光誦頒來，吉語褒詞，珞繹璀璨，開函莊讀，愧不敢當。

鐵軌爲通商之樞紐，非大力包舉，不足飆發電馳，一新耳目。况利源不溢，更可抵制外人。老成謀國之忠，任事之勇如是，仰止高山，拜服無量。

承屬莊令一節，即當留意，以副諈諉。弟自維逯起，無補清時，受恩愈深，亟思報稱。夙蒙見愛，幸賜棨論，以爲砭則，無任佇望。

手肅奉復，敬頌台綏，伏惟心照不宣。愚弟端方頓首。十一月初三日。7－2985

按，書於光緒二十五年（一八九九）。所用箋紙印有『逸休堂製』。盛宣懷時任督辦鐵路總公司大臣。

三

杏蓀仁兄宫保閣下：

敬覆者。蘇屬留東學生考入官立高等專門各校，應補官費一節，久所注念，祇以蘇屬財政困難，無從代籌，愛莫能助，至疚於心。

此次台端於學生苦學情形得諸目睹，承示，已商伯帥，力所能至，當必樂從。刻下寧屬學生，凡考入官立高等專門各校者，已咨請公使，一律補給官費，并以附聞。

肅復，敬請鈞安。愚弟期功端方頓首。7－2991

按，書於光緒三十四年（一九〇八）。伯帥即陳啓泰，時任江蘇巡撫。

四

杏老仁兄左右：

在滬擾及清神，並飫嘉饌，公於病中，猶复勉支對客，尤可感銘。公於宋元書札博搜妙選，敝藏一册，尚復精確可觀，堪爲清閟貂續，特專介奉呈，尚可於尊藏八册中精選入録。雖無禊琳瑯之美富，尚堪效山澤之壤流。摯意盛情，矢矢永永。匆匆奉陳，並問尊候，兼祝春祺。弟期功方頓首。7－2993

按，書於宣統元年（一九〇九）。送呈《宋元人手札》。

五

杏老我兄宫保尊右：

伯潛先生議租毛角灣房，次帥願住，昨已函知伯潛。公既緩遷居，伯潛亦可免繪徙宅，圖一轉移間，三家均各得其所。如尊意印可，請即示下，即可屬金仍珠趕緊修理安置矣。聞此房須整理處尚多，非數日所能就。本欲詣談，今日偕滬友游清華園，即游美學堂。已凌晨行矣。肅請頤安。弟方頓首。初七日。7－2997

按，書於光緒三十一年（一九〇五）。金仍珠即金還。

六

杏蓀老兄宫保左右：

春明小駐，遂來析津，日日欲奉書抵公，百忙之中，竟不暇搦管。承屬之件，已向承澤、抱冰及蔭坪度支力言之。承澤、抱冰意頗印可，而度支以兩侍郎與人對换爲難，當復向承澤言，無論何地內謂無論何部，外謂沿江近處。均可，但求早離郵傳。承澤意頗愁，謂有機會必力説。承澤近中略能進言，不能盡響應。抱冰因借款事，居攝官小有牴牾，恐亦未能言聽計從。九月間入都，再爲著力設法，庶望得當，以特諒屬。

弟承泗州之後，吏事、財政皆糟不可言，衹得緩緩清釐之。南洋每年虧二三百萬，此縱號稱有餘之證，其實亦將不了也。皆屬耿吾代陳，不能盡意，特因福開森君回滬，拉雜奉陳。敬請勉安。愚弟端方頓首。

耿吾交到股票，致銘感知。匆還，未得達意，歉悔。7－3000

按，書於宣統元年（一九〇九）。承澤代指孫家鼐。泗州代指前任直隸總督楊士驤。福開森即John Calvin Ferguson（一八六六—一九四五），美國傳教士，文物收藏家，著有《歷代著録吉金目》《歷代著録畫目》等。耿吾即宗舜年。

七

杏蓀仁兄大人左右：

一昨博聆偉論，感佩交深。頃辱過從，愧先擁彗。承貺便蕃，未敢辭謝，敬謹拜登。

弟以菲材，謬領此任，恒慮隕越，以羞知己。萬望隨時教迪，俾底於成。奉懇代詢，軋花機器騶從抵申，務即詳示，使得斟酌購買，獲益多矣。均呈不腆，聊以媵函。敬請勛安。明日趨叩，不盡。弟端方再拜。7－3005

按，書於光緒三十二年（一九〇六）。

八

王道崇烈，文敏公世兄，欲求派一蘆漢鐵路小差，不要薪水，專爲赴鄂免花車錢。王道亦香帥所心許者。此事公能辦到否？特爲一商。杏老仁兄宮保。弟方再拜。初八。7－3008

按，文敏公即王懿榮。

九

杏蓀仁兄宫保閣下：

昨奉惠箋，伏承禔履康綏，清恙差愈，良以爲慰。

承示吴中耆儒沈君，年届百齡，例邀旌典，謹據公呈，即为入告。今歲適逢萬壽，或當優被賚施。

沈君耄年篤學，教授海濱，既足爲後起雋流，以資矜式，且見熙朝人瑞之徵。鄉邦大賢，歸愚未遠，濡筆揚𢡟，欣仰深之。

弟偶感秋凉，浹旬小熱，比春痊可，堪以告慰。翰卿太守深蒙關愛，推畀極殷，同爲紉感。惟其景況甚艱，尚乞速賜札委，受知既厚，必能力效馳驅也。

祇頌勛祺，即維察照，不備。愚弟端方頓首。7－3009

按，書於光緒三十年（一九〇四）。

一〇

杏蓀仁兄宫保閣下：

昨辱手答，敬承一一。日來尊體健復，至慰馳繫。鐵廠費重難辦，公經營累月，不遺餘力，實深佩仰。亦翏郎中不日出洋，若能切實考求，早購新式機爐，俾積年虧困得以稍紓，實爲要著。稽求礦産，必須得力之人，方免招摇生事。夔府之行，届時自當照料。

香帥在南皮度歲，到鄂當在月杪。弟兼篆年餘，毫無補益，日望香帥回任，藉息仔肩。過承奬勵，愧弗敢任。世兄揆丞太守到鄂後，即飭赴任，聞赴滬迎眷履新，當在開篆後矣。知注附及。

敬請年安。愚弟端方頓首。初五日。7－3013

按，書於光緒三十年（一九〇四）正月。揆丞即盛宣懷長子盛昌頤。

一一

鏡宇、杏蓀仁兄大人閣下：

昨奉齊電，擬以第五批賑款附鑄銅元，并屬飭局以十七萬千核算，需銅、鉛、焦煤并人工若干等因。當飭匡道查明，由真電奉复。惟電文簡略，慮有未詳，兹特將原摺摺扣録副呈察，即希酌核，見复爲幸。

手此，敬請台安。愚弟端方頓首。7－3017

按，書於光緒三十二年（一九〇六）。鏡宇即吕海寰，時任工部尚書。盛宣懷時任工部左侍郎。

一二

大疏容舟中細誦之，今日顧泥謝泥辭。

滬道方在戒嚴，扃不得出，良歉於心。深情摯意，永永矢矢，不在往還末節也。
公等跽請聖安，不論早晚，均當祗候。
杏老宮保。弟方叩。元。7－3019

按，書於光緒三十二年（一九〇六）。

一三

杏老我兄宫保：
公來京，極思一圖良覿，適在山中避囂却暑，月杪月初，天氣清爽，必當就公作數日盤桓。昨承枉顧，有失擁彗，良以爲歉。欲言者多，統俟晤罄，尚請頤安。
弟端方頓首。十八日，書於西山水塔寺。7－3023

按，書於宣統二年（一九一〇）。

一四

杏蓀仁兄大人左右：

昨奉書，言舉鑛局董事事，已照尊旨辦矣。近中尊候定極康勝，所上條奏，聞中邊甚注意，或能酌準施行，則仁言利溥矣。近印《吉金録》四部、《足本嘯亭雜録》十部，又新製保險櫃二器，托子戴奉呈，惠存爲幸。匆匆布請勛安。弟期端方頓首。廿四日。7－3025

按，書於宣統元年（一九〇九）。《吉金録》即《陶齋吉金録》。

一五

尊臧既無叔美，特將此卷電寧專差送滬，即祈鑒存。

日内悵極，今晚欲詣談，竟不果，後日或得泥辭也。敝藏錢叔美《舊雨》、張文達《今雨》二卷，尊藏吴氏《草亭詩意》《竹山聯句》，均請撿假一閲，又昨看之山鶴二卷、小李《春山》、梁楷《人物》、焦燦《雪椢圖》，一並假觀。行荷奉繳借卷，即請交樸孫都護。

杏老仁兄大人，弟期功方頓首。

尊恙當大愈，至念。弟亦小熱也。7－3029

按，書於光緒三十四年（一九〇八）。錢叔美即錢杜。張文達即張之萬。吴氏即吴鎮。山鶴即黄鶴山樵王蒙。小李《春山》即李昭道《春山圖》卷。樸孫即完顔景賢。

一六

行色匆匆，不及奉詣。承惠假五卷，先以三志奉還。其小李將軍、黄鶴山樵二卷，亟待携回南京入録，當以相當之二品爲硯山之交易。息懷在彼，想鑒及忱。

敬請台安。弟期功方頓首。

尊恙當漸平，特念之至。7－3033

按，書於光緒三十四年（一九〇八）。

一七

敬啓者。頃奉惠函，具悉壹是。

查敝處共有貴公司股票貳百股。此次開會，因有事不能分身，特請宗子戴觀察代爲赴會。至議舉董事一節，鄙意即擬舉宗子戴觀察以充斯選。

合併函達，耑此敬頌台祺。陶記拜上。三月二十日。7－3035

按，書於宣統元年（一九〇九）。

一八

杏蓀仁兄宫保閣下：

手教誦悉。此次鄂灾求振，承公力任其難，溝壑餘生，復蘇有望。眷懷舊治，竊願率數萬灾民同深銘感。

前寄來捐册，已發振撫局妥速設法籌措。免鳌一節，祇能以萬石爲限。前電奉復，想已早蒙鑒入矣。

專復，敬頌勛祺。愚弟端方頓首。7－3037

一九

杏老我兄宫保：

手教並蘇堪書讀悉。龍圓規式，參酌古今，最爲切義。敝臧金石書畫中，於此事可資考鏡者頗少，明墨、乾隆墨上容有龍形，當一搜之。刻正遍加搜索，如有所得，即以奉呈。至各國現行泉幣，公處當有之。如手邊無此，記丙午使還，曾以全分送度支部，可覓取也。明早即往西山，月杪歸來，定圖晤教。復請勛安。弟端方頓首。十七日。

鄭函并繳。7－3039

按，書於宣統二年（一九一〇）。以金石書畫中龍形鑄銀圓祖模事，見上盛宣懷第二通。

二〇

杏蓀我兄大人尊右：

昨奉惠書，敬悉尊候勝常，達觀自遣，良以爲慰。

弟久攖塵網，頓息仔肩，雖無可畊耨之田疇，且喜得寬閑之歲月。

茲因使便，寄上福全館菜品六種，便宜坊鹽水鴨四隻，聊佐辛盤，留存是幸。匆匆布賀年喜，敬請大安。愚弟端方頓首。7－3042

按，書於宣統元年（一九〇九）。時端方已遭彈劾免職回京。

二

譚左盦太史延闓已晤及，於路事語甚平易，可藉以暗中鼓吹湘人，俾就範圍。請我公十五日七句鐘臨敝齋便酌，已約定左盦，至夕必到，未約他客。餘俟一半日走談。杏老仁兄宫保。弟方頓首。十三日。7－3046

按，書於宣統三年（一九一一），下同。譚延闓（一八八〇—一九三〇），字組安，湖南茶陵人，光緒三十年進士。入民國，曾任國民政府主席、行政院院長。時任湖南省諮議局議長。

一二二

堅帥借款伍百萬，以資周轉事，今日内閣會同度支入告奉旨，兄行想已入覽。昨商四省收路各種辦法，尊處今日想已擬草，能今晚即入告否，草成，請電話見示，即來捧閲。望裁示。至郵、度及督辦復奏，是否仍由内閣領銜，並帝由公詢明，以免歧異。

肅請杏老宫保午安。端方上。十九日。7－3048

按，堅帥即張鳴岐，時任兩廣總督。因廣東民衆不滿鐵路收歸國有方案，抵制官發紙幣，故擬向外國銀行訂借現款五百萬兩。端方時任督辦粤漢川漢鐵路大臣。

一二三

杏老仁兄宫保：

疏稿五件收到，譚、朱立時各送其一。合同稿望日内檢賜一閱。

復請晚安。弟方頓首。二十二日。7－3050

二四

杏老我兄宫保：

今早接長沙諮議局紳公電、余紳肇康專電，特録奉荃照。明辰當就公詳談，尚有事須聆公進止也。

肅請夕安。弟方再拜。廿二日加草。7－3052

二五

湘事昨與業赫、東海詳談，於前夕蔭公處所商辦法大致印可。刻又電湘密詢主動之人，今晚明早當有復音。俟得復，即飛聞，並告閣老速定辦法。俊卿疏初一二必到也。

杏老宮保，弟方頓首。廿八日。

今晚上燈後，擬奉詣，有許多話說。7－3054

按，業赫即那桐。東海即徐世昌。

二六

昨商再致莘儒電，即晚擬就。今午欲詣呈，竟以不果，兹特送鑒，祈核定拍發。又接黃署學司以霖、徐署關道之棨一電，朱京堂恩紱一電，并奉閲。黃、徐電仍主前說。公意如何，此時最要，爲俊帥奏疏到京後，應付之一著。

明早如能抽暇，必來議也。

杏老左右。方上。廿九日夕。

再，朱琪津貼事，梁頗有屬望之思，祈酌定，先行見示。7－3056

二七

頃公還第，即接俊帥此電，湘事亦漸就平息，特先奉閲，並抄二分送那、徐兩相處。至事局既近平穌，應付似宜再加參酌，容俟詣公面談。所可異者，俊老既廉得主名，而令人猜謎，未免世故太深耳。明午如能撥暇，必奉詣。即頌杏老宅保夕安。弟方頓首。7－3060

二八

午間擬奉詣，客散立須出門，與西人有約，竟不得北來。菊老信奉閲，並附件均發還。此件經寄莘如看。尚有許多話説，向晚有城外之約，歸來又約定譚左庵夜談九句鐘，恐又不能趨教，衹好明日再談。公能九句鐘賁臨，藉與左庵相見如何？

祈速示。

杏老宫保。方頓首。朔日。7－3063

按，莘如即瑞澂。譚左庵即譚延闓。

二九

杏老宫保尊右：

今日往西山小游，向晚始歸，不得走賀。

昨夕由公會部銜致蜀護帥電，及復内閣文，想早發訖，望即惠示，不勝企盼。

此後如有會件，如恐耽延時刻，似可由一處起草，一處繕發，當不至誤，公意如何？

肅請午安。弟方上。初五日夕。7－3066

三〇

杏老老哥宫保：

佳節令辰，祝公曼福。

昨晚六弟從津門回，與談路事。渠去夏在瑞士赴鐵道萬國公會，歐洲有名大工程師强半在坐，六弟逐名均記録。此會外人極爲鄭重，非如中國。徐驥良及老六均入坐也。於此間考之，可得梗概，再往柏林詳加探訪。雖良工不示人以璞，而窮搜極索，必得其人。再與德外部接洽，思過半矣。較之泛泛薦引，豈不略勝一籌？

鄙意不獨德師當如此求之，英師照此辦法，亦無不可。至慮工程師或與銀行有密切關繫，自是切要之圖，但外人對於本國，衹管各懷意見，而對於他國，則國體遒固，雖寇讎立爲婚媾。中國人即加防範，未易破其藩籬。但先加訪求，再加聘定，較之徑由外人推轂者，終自不同。矧外人對於公事尚具有公德，不致遽阿私曲徇邪？

此意惟公能一聽便澈。至如何辦法，明日面談。刻須往西山，與山霧作小别。附呈萬國鐵路公會弟八期全圖，名工程師多在其中，請加循覽。此次公會，德國力量甚大，弟九期公會已改定在柏林矣。

肅請午安。端午日端午橋上書。7－3069

按，六弟即端錦，一九一〇年初夏，受徐世昌委派，出席在瑞士召開的國際鐵路會議。

三一

杏老宫保尊右：

公復蜀帥稿旁皇周洽，已足鎮服川民，再得今日明詔，嚴飭彼涎利造謠之徒，更當斂戢矣。川署藩司尹新吾來電，語尚切實，謹録奉鑒。

明日當令老六泥教。派人赴歐訪延工師，雖是一法，第當此輿論複雜，積非成是，變白爲黑之際，兄爲督辦而弟延工師，無價直之報館，無意識之言官，恐騰口説於老六，似不相宜。弟意一琴將往歐美購訂新機，不如即屬其提前成行，兼辦此事。請速賜决定。

至老六，仍請公委一路上小差，藉資閱歷。以公相患之深，定邀惠允。

肅請台安。弟方頓首。初八日。7－3075

按，一琴即李維格，時任漢冶萍煤鐵廠礦有限公司協理。

三二

杏老宮保我兄尊右：

尊體又發舊恙，深爲繫念。入此月來，見公精神較旺，喘已大減，謂夏間調衛得宜，病可銳減。今乃小有觸發，總由酬酢較繁，言語過多，自非靜養數日不可。但靜養二字，談何容易耶？

承諭各端，分條奉復。明早十鐘，敬當奉謁暢談。

肅請勉安。弟方頓首。十一日。7－3080

三三二

一、川、粤兩省款，須公與方就蔭弟通盤籌畫。湘人近又來兩電，無理之至，明日呈鑒。公方小極，不欲使公作惡也。

一、撫辦鄂即用高，當無不可，湘前議用鄭，恐未必願。若請改三品京堂爲督辦之參贊，如西北路之參贊與津浦楊文駿之參贊，位置似尚優，當肯俯就。如再必欲就川席，亦可相委以金川上下游。湘則於黄忠浩、譚延闓、黄以霖中擇一人。所短者祇粤省一席，其人容再細想，公亦冥搜之。

抑方更有一説。川漢參贊屬鄭蘇堪，粤漢參贊屬張季直，川不另派總辦，粤、湘、鄂仍各用一總辦。因張事繁，未能專任此不旁騖也。

一、總工程司湘中用格林森，亦是一法，俟其來京，以速成功，節冗費。要之，如能自任，即免他求，亦佳。至德用造黄河橋者，此人亦頗想此事，美用會興初來者，均可。一切明日面談。7－3083

按，張季直即張謇。格林森（Alfred Howe Collinson，一八六六—一九二七），英國人，時任湖廣鐵路湘鄂段總工程師。

三四

六弟承培植，以洛潼相委，藉此令其歷練，至紉厚意，明日當面謝。7－3089

三五

杏老宮保尊右：

禔軀想就平善，念甚。

擬復蜀帥電。細繹來電，係請貴部電李稷勳重申文電。四月十二，度、郵兩部曾有電致四省督撫，知會各鐵路工司，毋庸停工，以免夫役分散。又云目下工程仍責成總協理及工程司辦理。部中文電著筆甚虛，而李稷勳所請，則種種要挾，無所不至。此人非鶩名即涎利，觀其用意，直欲盤踞此工，不任馬道過問，且恐馬道接手，其爲人概可想見。而蜀帥虞電則稱其人爲川人所信仰，且謂馬道不能勝任。今欲加以駁斥，則必謂部中反覆，將藉以煽動四萬人以爲挾制。如欲副其所請，則部中文電本係凌空文章，未必有實效，徒令李持以爲部允之據。且李所用之工師，工師所定之辦法，所包之工程是否切實，均難懸定。一經美工師覆看，或有不合，將何以爲旋轉之地？以鄙意揣之，中國工師程度本低，所定辦法萬不足恃，美師來，必有改定之處。此時不能不預爲打算。覆蜀帥之電，必須四面籌思，方可著筆。明午詣公，先行商略此事，有一定應付方法，再行電覆，方爲妥當。

先此奉聞，轉請頤安。弟方頓首。十四日午刻。7－3090

按，李稷勳，字姚琴，時任川漢鐵路宜昌分公司總理。馬道即馬汝驥，時任建昌道。

三六

此電答复既難，鄙意部中文電業經發出，勢難反汗；或電蜀帥，令其轉知李稷勳，將文電反覆開喻。文電本係凌虛，定可捉摩不住，但蜀帥得此電，當難乎爲情。緣此次風潮起時，蜀帥早應自行將文電再行宣諭，無待更煩大部重費電資也。7－3096

三七

杏老宮保：

晦若交來羅道崇齡函件，於粵路事頗具真相，特録奉荃覽。弟今日詣先塋，明日再趨談一切。肅請頤安。弟方頓首。

昨三電收到。湘電尊處既徑复，方當補一電答之。嗣後致大部及鄙處公電，商定後即如此辦理，較爲省事。又及。7－3098

按，羅崇齡，字雨三，廣東南海人，時任廣三鐵路總辦。

三八

示悉。合復川署督電稿好極。

羅崇齡所指之盛九，即盛季瑩，偶忘其名。此人係湖北候補知府，往曾見過。羅道斥其敗壞路事，恐不盡無因。已電屬羅道，將粵中近情隨時電告。三水、佛山路能早由官收回，甚善。今日又奉交旨，堅帥因省城市面恐慌，暫假洋款五百萬，以顧目前，並催速籌定收路辦法，想鑒及。公意欲就此統籌全局，一併定議具復，真不易之良策也。

今日展墓歸來，甚疲乏。明早公有暇，當趨教。

尚請杏老宫保仁兄夕安。弟方頓首。十七日。7－3100

三九

杏蓀仁兄宫保大人閣下：

頃者，華僑陸君乃翔號劼夫來談廣澳路事。據云，上年貴部批准張京卿與梁雲逵合辦。南洋各埠僑民因梁非殷實，且失信用，不願入股，曾稟請貴部撤銷在案。現又續申前請，意在求部專責成張京卿辦理，不獨款可迅集，路能速成，且粵中大宗路股半出僑民，此路既樂投貲，則幹路風潮自可稍減。鄙人以陸君於現在粵幹路事甚爲關切，未便没其熱忱。如果廣澳路股既集，藉資利用於幹路，可收釜底抽薪之益。統請裁酌，示復爲荷。

此布，即頌勛安。愚弟端方頓首。7－3104

按，張京卿即張振勳，時任督辦閩粤路礦大臣。

四〇

大稿周至妥速，拜服拜服。其中尚須有數段，須加砯磨處，尚有須撿案處。刻正趕速料理，再須一小時，便可送上，與蔭公核定。至總協理無論會銜與否，似須送閲，以備閣老草詔時有所根據。公意加片，似不可少，請先屬稿。

先此奉复，敬請杏老宫保台安。弟方頓首。十九日。7－3107

四一

疏稿已擬妥，交龍伯颺携去。頃來電話，今日萬趕不及，已無濟於事矣。其呈奉繳俊帥電，呈閲。風潮漸平，俊頗有去志，奈何。

杏老仁兄宫保，弟方頓首。二十日。7－3109

按，龍伯颺即龍建章，時任郵傳部參議。

四二

杏老宫保仁兄大人尊右：

昨爲閣中草創一底，以備采用，全係取諸原疏。今細玩起首數語，尚少凝重之致，略爲改易，請加鑒裁，分致業赫、東海二公，如何？

弟今日尚須避風，明晨當進内，藉圖晤教。肅請政安，弟方頓首。廿日。7－3110

四三

頃龍伯飈來信，事已辦妥。會奏摺須有郵傳、度支左右堂全銜，縱不畫稿，必須送奏底，並知照進内也。弟明早八鐘前，在六項公所奉候。杏老，弟方叩。廿夕。7－3112

四四

奏稿録存，即日奉還。

班工程司頃已見過，意似頗有希冀也。前談奏稿可用電知照各省，鄙意未免太繁，能將四省辦法分則知照，此辦法容今晚在李老四處細談再發，恐摺語中尚有須加以解釋處也。或用一電四省統行知照，字數尚不甚多，尊意如何？但如蜀人之蠢爾，王人文之懵如，終亦難以理喻耳。好在舉代表進京，一到京便無能爲役矣。

杏老宫保左右，弟方頓首。廿二日。7－3113

四五

羅道崇齡來電，譯呈荃覽。如羅所言，可謂如願相償矣。余堯衢尚有一長電，是未見廿一日恩旨所發者，明早録上。今夜歸已兩句鐘矣。

杏老宫保，弟方頓首。廿二日。7－3115

按，余堯衢即余肇康，時任粤漢鐵路湘路總理。

四六

余肇康電奉閲。此是未奉恩旨以前，語尚斷斷定要現銀，不知日内來電作何語也。頃與陶拙存談。弟問以此等特沛之恩綸，四省在京同鄉官須謝恩否？渠云按例斷無不謝恩之理，不知能辦到否。今晚具摺尚來得及，因三日内謝恩不算遲也。

杏老我兄宫保，弟方頓首。7－3117

四七

杏老宫保：

蘇堪今日簡放湘藩，海路事正可襄助，特先奉聞，餘容面談。

特請大安。弟方頓首。即日。7－3120

四八

奉稿二件敬繳。薛道已晤，人甚精細穩練也。

杏老左右，弟方叩。廿四日。

印出奏稿乞多賜數十本，並須早登報。《上海新聞》等報亦須登。7－3121

四九

余肇康來電奉覽，是奉旨後，語較前稍平易，似易就範。朱樾亭信并繳。

杏老宫保，弟方頓首。廿五日。7－3122

按，朱樾亭即朱祖蔭，時任湖南官錢局總辦。

五〇

致堅帥電好極。季直所言測淮圖，刻正在敝篋中撿尋，如覓得，即奉上。但此等圖説案卷均潘季儒經管，渠已赴奉天，他人暗中摸索，恐未易得耳。

杏老我兄宮保，弟方再拜。廿八日。7－3123

按，潘季儒即潘睦先，時任東三省文牘綜核處即補道。

五一

杏老我兄宮保座下：

一別遂兩易星期，溽暑惟政軀安暢，馳繫無似。在京日消教益，瀕行复叨祖餞，尊意勤重，銘泐在心。

途中及在鄂所奉手教，一一聆悉，末一次恭呈御覽之章程，誠如尊示，不可不加詳審。刻正細加研討，即日電陳，請與蔭弟核定入告。屬撰白話告示已成，録稿奉覽，即日發行。湘人士對於路事，語氣漸近穌平，惟佘堯衢尚嘵嘵不休，彼蓋别有用意耳。湘人新立之聯合會，專爲糾察佘堯衢用款細賬，於公家别無反對。陶生德琨係弟官鄂時所遣赴美游學生，學成歸國，於幣制頗有見地，其所著《改革幣制壹稿》，已由莘帥咨達。兹該生來京，尚欲有所陳述，望進而教之。匆匆布謝，敬請政安。弟端方頓首。十八日。7－3125

按，莘帥即瑞澂，時任湖廣總督。

五二

杏老宫保仁兄左右：

逖先觀察來鄂，詢悉我公盛暑賢勞，政躬小有愆宜，近已漸就康復，良以爲念。鄂中近來溽暑逼人，熱度已達九十餘，賤體殊不能支拄。

李姚琴二十五日來武昌，劇談半日，極願勸川人將已用未用之款全數入股，且謂須俟川人請求，再行允許，否則仍有意外要求，持論頗有見地。惟云滬上倒塌之二百萬内，確有一半可收官中，如能認承，吃虧有限而大局可望速成。聞公亦頗以姚論爲然。總之國有之目的既達，認股又無須現銀，區區盈虧，原可不必齗齗計較。

誠如姚琴所言，川事似亦不難結束。聞川中有新學子數人，進京作代表，仍以不認國有，廢借款合同爲請求。此種議論真同夢囈，川京官曉事者必不謂然。然必有一二喜事之徒慫恿開會者，似不可不稍爲預防。能托甘紳大障等早爲防範，若輩當無所施其伎倆。所最難料理者，祇有廣東一省。粵人變詐百出，意見紛歧，真正股東既不出面，所居中梗議者，非局外之亂黨，即局中之利徒。股票跌至二成時，購票許多，目前非索現銀不可。堅帥對於路事，自保之意多而維持之力薄。龍參議究竟是何意見，亦未易窺測。此事目前難得了局。粵事不了，川湘鄂亦必受其影響。此時能有中央大力量於堅帥，嚴其克成，粵人意氣凶憍而畏法怕官，稍用手段，不難帖耳。

鄙意結局之奏尚不甚忙，必須將粵事底定，自餘三省皆當翕然聽命，然後一奏了事。否則雖經奏定，粵路必有餘波，轉形費手。公與鄙人當有同意也。羅道崇齡函似較從前又多一層要挾，六成還銀，四成仍要股票。不知尊處亦有書奉陳否？姑抄一紙奉覽。夏午詒太史入都，函中不盡之意均屬代陳，請晤對詳談爲望。

匆匆布泐，敬請政安。弟端方再拜。六月廿六日加草。7－3130

按，遯先即張祖翼。夏午詒即夏壽田。

五三

杏老我兄宫保尊右：

夏午詒太史寄去一書，想澈荃照。溽暑惟起居珍異爲望。日内節與李姚琴熟談川路事，其持論尚極平易，其任事亦尚實，以此時姑以宜歸委之，自是一法。惟川中物論尚極囂張，且有一班新黨入京鼓煽，並分數輩赴湘、粵，妄圖運動。姚琴云川京官近頗憬悟，亟以入股爲然。湘、粵兩省已由弟諄電趙季、張堅兩公，預爲防範，當不致遽爲所動。

弟自來鄂，與莘帥及鄂紳商酌路事，均極浹洽，格林森、鄭蘇堪日内即到，即商量開工進行之策。至購地備料，最爲要義。地事湘、鄂均有助力之人，料物自以鋼軌、枕木爲大宗。鋼軌與乙翏日日磋商，乙翏深顧大局，於軌價力從公道，較之外洋軌直固極輕廉，較之湘、川定價亦形克己。乙琴對於路政事事幫忙，於商定軌價尤能力維大局，其人才品心術，求之近今，實爲難得，益服公任人獨具灼見也。

六舍弟由鄂還京，特屬慕詣崇階，時聆教訓，並望有以量材驅策之。過蒙摯愛，不复言感也。

肅請政安。弟端方再拜。六月廿八日。

再，日本鐵道院總裁後藤男爵曾爲六弟學路事回國，寄公證書，務祈屬記室答复一函，略鳴謝意，至懇至懇。方又上。7－3141

按，宜歸即宜昌至歸州路段。

五四

杏老我兄宫保尊右：

三日連奉三書，敬讅政軀已漸康復，痰飲舊恙尚未十分復元，良用馳念。我兄所發初起，即能連作長書，雖精力非人所及，而賢勞要須自珍。嗣後如有須書問傳達之事，儘可命諸記室，勿致過勞，至好無不相諒也。

鄂中炎熱，已近百度，所居乙棧又係兩向，酷暑鬱蒸，竟不能支。聞大冶有從前洋工師所住山廬，尚可避熱，擬月中前往小住，少紓喘息。

路事自格林森到後，日日籌商，附城地勢亦維履勘，日内即將由武昌起赴岳州勘路。從前文襄派人所畫路綫圖，據格林森，尚有須參改處。當時多請命文襄，所定不能盡合宜也。鄂官紳對於路政，但有幫忙，决無障礙。湘人於路事，主附股者已多，無大更變，惟尚於贖路之振糶捐二百數十萬，尚争請附股。黄澤生晤面時，請與將附股事議定，並將振糶事聲明即作爲彼此議定。鄙處得電，即派人收路。若有絲毫未説的當，則收路事即難著手。

余堯衢現在日日營謀，想開復，不似从前之反抗，但與黄紳議定，可迎刃解也。川事得蔭弟及公問，閣老力言，得有嚴飭季帥之電旨。季帥與尹藩再能略施手段，剛柔互劑，川人尚虚憍而少毅力，當不難於結束。

粤事龍伯颺自告奮勇而去。臨行，自行要約各條，似欲於部定辦法之中，尚要討好。及接近電，則又專爲粤人辯護，其人殊欠明白。方已連電囑其照依臨行時宗旨辦理，想公處亦必有電責成。

唐寶鍔與弟往還最熟，詳其底藴。現兼京津大小差七八處，日懷條陳手摺，見陸軍大臣，則上陸軍條陳；（且）［見］海軍則談海軍；見農工商則談農工商；見外部則談外交，終日營營，無片刻閑。自弟奉辦路之命，則大遞鐵路條陳，並要求派路差，並堅欲隨往赴粤。因與少川相熟，祇得委以諮議官，並未給薪水。前來信云，可否令伊赴郵傳部探聽路事。本欲婉辭謝之，比奉尊電，渠已先詣左右矣。然伯颺在粤，既行不顧言，能有一人從旁匡正補救之，亦是一法。但請於臨行時將部中宗旨嚴切誥誡，使專爲伯颺之匡正補救焉。

部定第二層辦法，係原本於堅帥一半領銀一半給票之電奏。堅帥電奏，必原本於股票市價及粤人公論。誠如尊論，何能再虧，此意不可不令唐知之。頃有電致唐，並又加一函，言之切切。唐如來鄂，更將剴切告之。

三佛委羅道，管理甚妥，能責成切實整頓，尚不須急於歸併。總辦委趙竺垣，面面俱到，難得兄想出此人。頃已專人赴粤送函札矣。

川路事前疏改道漢中一説，在鄂川人多主持之，特撮衆論，匯爲一電奉陳。適遇明日快車，特用函達，請兄與蔭弟政晤，一研究之。蔭弟處亦另録一稿函寄也。蘇堪用爲顧問，如嫌少輕，或仍要爲參黄。如何，請詳酌見示。

肅請政安。弟端方頓首。初九日夕。

朱道祖蔭，弟稔知其人，極所愛重，亦路政中可用之才也。7－3151

按，少川即唐紹儀，時任郵傳大臣，唐寶鍔乃其族侄。黄澤生即黄忠浩，時任湖南省城巡防營統領。趙竺垣即趙炳麟。三佛即三水至佛山路段。

五五

杏老我兄宫保尊右：

川路越鬧越糟，實出人意計之外。日日盼季帥履任，而季帥乃與采帥同一機軸。莘帥謂此等畺吏，但求要一時之譽，不顧大局，真應彈劾，並謂川中非換人不可。若今莘帥當此，必不致如此之糟。浙中鬧風潮，即賴莘帥動變，遂即斂戢，其明效也。

此番奏留李稷勳，即係與川紳開仗，必須硬作到底，方有歸宿。若稍游移，必涉刻鵠不成之誚。兄在内轉與蔭弟詳籌，務求政府猶堅定不移之政見，雖有風潮，終當平息。若仍涉尃衍，如季帥急脉緩受之主見，恐醖釀愈深，禍變愈烈，漫至不可收拾，則政府更費手脚矣。

湘路事請公與澤生、晳子、武彝商定，再令出京方好。能添約譚大庵相助，尤爲有力。司直承公派隨弟南來，頗資得力，現當路事吃緊，留鄂最宜。惟據司直云，郵署本差係派員代理，又丞參行走久不到堂，恐招閑話。擬求公於漢口路電中酌派一差，或京漢兩局，或漢口電局。仍供郵差，毋庸兩地牽連，藉可專心助辦路事，出自厚植。莊道擬委一會辦，尚未發表，高澤畬與司直同來，此間事請一詳詢之，當能代述，不更覼縷。

肅請政安。弟端方再拜。閏六月廿三日。

再，路工用款事，急須公早爲籌備，一切屬司直面陳。

再，鐵廠須待擴張，需款甚急，非有大批接濟不可。昨與一琴密商，路款可設法預撥，若郵部不以財政權相畀，恐致誤事，請速决定。密示。此層司直不知，幸勿與談。鐵軌事與一琴密商定局，作得面面俱圓，已由一琴密電奉陳。弟未經奉電，恐繙電者或有漏泄也。

兩隱。7－3174

按，采帥即王人文，時任四川布政使，趙爾豐到任前曾署理四川總督。李稷勳，時任川漢鐵路駐宜總理。皙子即楊度，時任統計局長。武彝即夏壽田。司直即王孝繩，時任川粵漢鐵路督辦公所提調。高澤畬即高凌霨，時任湖北布政使。

五六

杏老宫保尊右：

格林森看過廣宜路綫圖，另具説帖，譯呈鈞覽。格因公事過忙，又圖係漢文，未加雜英文，不能細看，故所言不甚著實。然其意則頗主由漢口起點也。

又，格謂此路係德工師爲政，渠不應干涉，因奉鈞命，不敢諉卸，務請守秘密，勿説是格曾看過也。又林大閲赴宜昌調查路事，前數日有一信來，其中間有見到語，敬録奉覽。新秋蔫爽，想禔躬健勝爲念。肅請大安。弟端方頓首。廿八夕。7－3184

五七

杏老宫保尊右：

乙琴、蘇堪先後入都，屬代致要言，亮可次第入尊聽矣。川漢路改由巴蜀漢中，此等警闢之論，非常之原，得公同意，至深崇佩。朝貴中具卓識而可表同情者，祇有蔭坪弟一人。然天下事决大疑定大謀，每出於二三人之深識毅力，衆論盈廷，往往終歸無效也。

季帥复兄之電，文不對題。此君既無定識，又無定力，巖疆重寄，竊爲危之。川人撤李之舉何等荒唐，乃爲代奏。比奉電諭，則稱股東會已無異議，奇絶妙絶。韓主政條議，大有見地。昨弟又將租股辦路及借款辦路之款目通盤籌算，著爲論説，并列一表。屬蘇堪帶呈，想邀印可。蔭弟處因蘇堪行急，未能另録奉寄，請兄飭鈔送閲。此事英、日人均曾主張，諒德、美銀行亦未必持異議也。

湘人近來於振糶捐款頗懷奢望，余堯衢主持尤力。或謂余想總辦，其次亦想控紳，二者俱不可得，則對於此事又生反對。非在京與黄、楊、夏商定，萬難結局。若以贖路之款相挾持，振糶事或可就範，收路事亦不煩言解也，尊意當謂然。

肅請政安。弟端方頓首。七月初三夕。7－3188

五八

杏老我哥宫保：

大函敬悉，當已電復。莊道事當先癸以意，然後照尊旨辦理。大稿録副奉上。得莘帥處送閲蔭弟電，政府一味推諉，大局不可爲，其奈何。

肅請政安。弟端方頓首。初九日。7－3195

五九

杏老我兄大人左右：

川省爲季帥敗壞至此，未能調虎離山，先已請君入瓮。時局至此，生死久置度外，艱危更所不辭。所賴蔭弟、我公主持於内，莘帥匡助於外，尚可撒手做去，庶期一火鑄成。至於成敗利鈍，非所逆睹。

午詒、晳子事，弟前電言之痛切，冀稍感動湘人之心。若再有心攪局，衹有與之開仗。莊道已將尊意婉告，渠即具呈力辭，已改委材料廠收發事宜，薪水改爲二百，由公項開支。如此辦理，已屬損之又損，溥不至更召人言，請公釋念。

此間公款竭蹷，立待大批接濟，司直來鄂，當奉惠教。《北京日報》朱季鍼有望於公之援濟，所望亦不甚奢，請兄留意。老六承兄器賞，洛潼之後，能早賜札委，重邀恩植，益當感奮。

匆匆，布請政安。弟端方頓首。十二日。

再，午詒允同赴川。川爲午詒舊游，朋舊中感情甚厚，偕與同行，爲益不少。余東屏在鄂局，一切事均其一手經理，情形甚熟。兹邀同入蜀，東屏係資政院秘書官，須親來料理文牘交替之事，特屬詣前，請進而教之。此間事可一一相詢，當能覼縷奉陳也。

再請勛安。弟方又及。7－3197

按，余東屏即余建侯。

六〇

杏老我兄宫保尊右：

川釁未平，粤波又起。川猶是好名之誤，粤則純是爲利之心。紛至沓來，殊難應接。

弟昨夜本可到沙市，因楚同兵輪水道不嫻，因而擱淺，約明午始達宜昌。至前進之途，至宜昌方能酌定。大約楚同吃水較深，船中管帶本領甚差，斷不肯應承入峽。借用外輪一節，莘如、一琴均不謂然，業已婉辭。英、德領事亦奉旨，屬令别行設法。現查蜀通一船擱置上游，不能下駛，且携帶軍隊，不能同行。祇有多加縴夫，用民船儘力上駛，如此則兵可随行。有謂十二三日可由宜至萬者，不知能做得到否。

粤事若不設法料理，其亂亦在目前。但粤無路事，亦不免於亂，特亂黨藉此爲題，而持論者或且全指爲路事所致。世無公理，可爲任事者寒心。梁星海在粤頗有清望，近亦爲所惑。昨在舟中發一書，切切開喻之，特抄呈台覽。

顔世清本金魚薦之鄙人，屬委路差者。在粤力任，曲勸粤人，乃到粤未久，宗旨亦與天瓶相同，良不可解。原電太冗長，特抄稿奉閱。

弟入川之行，辭不獲已，全仗蔭弟、我公居中力爲維護，乃致冒險徑行，此心莫名感佩。連得次帥電，深以乃弟措置爲然，且怪弟此役何爲不力辭。聞兩昆仲與金魚閣老勤有密電往還，此前日『趙爾豐辦理尚爲迅速』之奬諭所由來也。舟將啓椗，匆匆書此，並密送蔭弟一閲，付之丙丁。

尚請勉安。弟端方再拜。七月廿一日。7－3206

按，金魚代指那桐。

致梁敦彦（一通）

崧生仁弟尚書閣下：

冰相騎箕，朝野失望，南海尚書淵懷碩德，足以坐鎮。雅俗考政之行，外人亦甚重之，想尚無閑言也。

懇者，小兒繼先依侍左右，積有歲年，待遇之殷，時銘肺腑。比聞大部近有添設員缺之舉，小兒夙蒙培植，尚祈逾格裁成，俾得借補員外一缺，藉可徐圖上進。感紉摯誼，實無既崖。兄近中尚能耐勞，九月初間因奉移事，將有都中之行，願言之懷，統當晤罄。專此奉懇，敬請勛安。惟照，不備。愚兄端方頓首。

按，書於宣統元年（一九〇九）。端方爲子繼先謀缺於外務部。梁敦彦時任外務部尚書會辦大臣。南海尚書即戴鴻慈。

北京保利十周年秋季拍賣會，簡素文淵——香書軒秘藏名人書札下册3332號。

致梁鼎芬（十通）

一

再，粤路股事在未奉恩旨之前，股價跌至二成，奉旨以後，漸次漲至四五成。當時弟與澤公均以國家收票，所給償優則富民，群思收買零股，買賤賣貴，恐真正零星股東未必得利。杏公偏欲從厚，主張優給，遂定只成現銀之議。時堅帥半銀半票之請亦明見奏章，今忽請發十成現銀，力反前言，可驚可詫。現川粤業已聯爲一氣，專以造亂挾制朝廷，專以攻擊杏公，激動衆憤。其實粤股實價何人不知，乃專以曲順民情爲説，以難犯衆怒爲詞。不避瓜李嫌疑，專用金錢主義。世路險譎，人心貪鄙，真有不可思議者。

近閲堅帥各電，推其詞旨，顯謂請不得當，即令朝廷無廣東。此種虚教恫喝，夫豈臣子所忍言？兄介節廉教，騰乎宇宙，而匡廬坐嘯，一飽無時。若果稱貸二萬濫板之洋圓，豫購十萬股票，則八萬之富不難立致，特兄不屑爲不願爲不忍爲耳。惟探聞近日粤垣行此者，正復不少。弟意收股之人，即係鼓吹争請十成之人，斷斷然矣。至詹天佑估鐵路價值每里須金四萬餘，考世界各邦造路，除架橋鑿峒外，無斯奇貴之工程。此人貪利忘義，尤弗可恃。

又粤東官紳均謂黄浦沙地漲價至一百二十萬元，此與路帳何關？妄行牽引，尤屬不倫。弟所派調查路股之員嚮對弟言，謂半價即可收回。今忽易其詞曰，非十成則粤人抗命，華僑生心，是何言歟？

弟此行入川，即爲路事。川路之禍，釀之自官，王采臣、趙季鶴是端、剛一流人物。尚是爲名，粤路之禍，出之於官，則純是爲利。愈趨愈下，可爲寒心。天下事惟當衡情酌理，不能違道干譽。此等靦顔營利之徒，假亂挾君之輩，君不爲雁鸇之逐，不燭狼狽之奸，而乃助其狂焰，便益披猖，抑獨何歟？况此次四國借款，專爲抵制日、俄，目前東三省交涉大爲鬆勁，未必非借款之功。兄曾有書，深獎杏公實能主持公道，不徇流言。

今川粤亂萌芽雖由報章鼓煽，然兩省官界爲名利所牽，陰爲主持者，實非少數。此種鬼蜮技倆，斷難逃洞鑒之中。然彼等爲名利，不過求達目的而止，不知名利不可得，而由小亂釀成大亂，或至亡粤亡川，外人干涉，立致危亡。甚且亡及中國。爾時雖悔，亦無及矣。

庚子之初，如崇綺、毓賢之流，亦自命爲賢人君子，一持排外主義，謂此事立可得名，遂放膽作去。不知身之不存，國之將亡，名於何有？矧此輩專以徇利爲主旨，其心更不光明，其品更爲駑下，其禍亦必視好名者更烈，有斷然者。

弟以多病之身，行將就木，處衰危之國，行夷爲奴，名利二字，早置度外。閱此將亡之妖孽，特發胸臆之昂藏。太真燃犀，亟知去死不遠。惟念天下知己獨有我兄，特用密陳，請加詳察，勿嗤狂吠，請付祖龍。

弟又啓。7－3216

按，書於宣統三年（一九一一）。詹天佑，時任粤漢鐵路總公司經理兼總工程司。王采臣即王人文。趙季鶴即趙爾豐。端、剛即端親王載漪與剛毅。

《真迹》。

二

現有要事，求伯雨面陳。請即傳見，勿爲門者所阻，藉徵吐握之凰。秦權未題之本，頃已奉上，明後日來討。能否揮灑，望先草示，以慰所盼。千萬立踐要約，勿語大人者，言不必信也。

節翁。方頓。1－324

按，書於光緒二十七年（一九〇一）。邀題秦權拓本。二至三札均出自《大清名賢百家手札》第一册，鳳凰出版社二〇一一年影印出版。以下簡稱《名賢》。

三

昨聽梅花之笛，兼叨櫻笋之厨，遠致深情，令人可念。

鄧令於堤事具見用心，原單即繳稽並。户野及其夫人，請廿六日午後兩鍾二刻垂臨，鄙人在署奉候抱冰，僅得一朝焉而已。

節公。方敬。1－325

四

武昌工作繁興，任聽劣匠經辦，無一在行之人爲之考查，坐縻巨款，深用惜之。刻在京電招一工程師王少仙，精曉工程做法，此人如肯來，一切工程可任其指揮考查，所益不少，所省實多。將來工藝局並添工程門教習，即以王少仙充選，以後各項土木工，不致受人愚弄。此匆要之事，頃偶思及，特以奉聞。

節公。方。江。5－3059

四至五札均出自《湖南省博物館藏近現代名人手札》第五册，嶽麓書社二〇一二年影印出版。

五

在此賞元皇慶顧士俊所畫老子像，甚加稱異，恨公不能來耳。

節翁。方。紙。5－3062

六

各牌均交季丈照懸。秀豪已見。出洋諸生來者不少，亦皆見之。明日終是國忌，宴餞不宜，已改茶果，非簡率也。已屬金文山夙致聰聽矣。晤行人望致此意。

節公。方。儉。

按，書於光緒三十年（一九〇四）。秀豪即藍天蔚，時任湖北將弁高等師範學堂教員。

六至七札均出自西泠印社二〇一八年秋季拍賣會，中外名人手迹暨戊戌變法一百二十周年紀念專場 2289 號。

七

鄺慶函悉。學生進美諸事，已電梁使。嗣後游學美洲之學生，須坐頭等艙，不可不知。張三世兄赴美，此費更不可省，式如、乃弟學費，當由鄙人函致。叔珂將此千五百元徑交潤亭，勿庸匯還，以省匯費。式如之款，即由鹽道還之可也。福克斯來函，謂傅作霖相貌不宜於學陸軍，有目疾。擬改派杜澐，似可照辦，請速酌行。節公。方。江。

按，叔珂即詹貴珊，時任湖北武備學堂總翻譯。福克斯（Carl Fuchs），德國人，時任湖北武備學堂教官。

八

一别凄然，歌電一字一淚，尤不能卒讀。虞山前後山均游過，惜未能窮其勝處。到金陵見此間現象，覺冰翁所言，猶未罄百一耳。屬杜老事，即覓治聾酒醫之，俾有安身立命之地，並告少竹弟勿爲此牽記也。陳伯嚴得復官，至可喜。潤亭電久未見复，想早爲部署，决不至誤事。但久未得公電，慮尊體或又有不適，殊懸之耳。

節庵大哥，如弟頓首。五月十八日，書於金陵巡撫行轅。

魚羊何日回里，望示。

按，書於光緒三十年（一九〇四）。冰翁即張之洞。陳伯嚴即陳三立。魚羊即黄紹箕。

八至九札均出自中國嘉德二〇一九年秋季拍賣會，筆墨文章——信札寫本專場2116號。

九

凉碑題筆已奉到，並用鳳洲故事，用提刑印甚古懿，且如見文蘇卷也。惟長詩迄未惠寄，無由窺見公之用心，尚望早寄，勿遽毖約是幸。節大兄，如弟方叩。二月廿九日。

按，書於光緒三十三年（一九〇七）。凉碑即北凉《沮渠安周造佛寺碑》。鳳洲即王世貞。文蘇卷即梁鼎芬藏《墨竹》卷（傳文同繪，蘇軾題）。

一〇

《廣雅堂詩集》再要十部。函啓，送王壬秋一部，樊雲門一部，餘八部分致京友。工藝學堂复電精警切實，已照發。改易數字而已。

仕學院八門，與伯雨商定即復。冰歸有日，諸事須另有目的。節公。方陽。

按，書於宣統二年（一九一〇）。《廣雅堂詩集》爲張之洞詩集，其宣統二年南昌鉛印本有樊增祥、端方序。王壬秋即王闓運。樊雲門即樊增祥。伯雨即黄以霖。

北京保利二〇二一年秋季拍賣會，百年風雲——世界名人字札 13053 號。

致張英麟（一通）

振卿老夫子大人閣下：

歲事將闌，新猷式煥，引詹光霽，無任頌私。方久典霊符，愧無報稱。夏間由鄂而蘇，由蘇而寧，半年之間，更調數次。仍望師門時加教言，藉資榮勵，冀免隕越，是所叩禱。肅此布悃，附呈年敬五十金，藉展芹忱，伏祈哂存。祇賀年喜，敬請鈞安，統祈垂鑒。門下士端方謹肅。

按，書於光緒三十年（一九〇四）。張英麟（一八三八——一九二五），山東歷城人，同治四年進士，時任吏部右侍郎。

泰和嘉成二〇一二年春季藝術品拍賣會，翰逸神飛——歷代書法專場1249號。

致張紹允（二通）

一

愚生老兄先生左右：

昨示匆遽未即命復爲歉。印行書史，以廣古聖先賢教澤，以正天下萬世人心，其事比賑荒爲急，其功視賑荒尤宏。昔人著書，有自顔爲『饋貧糧』者，良不誣也。柯太史學博而品詣甚純正，以兄事賢友仁之盛心，似不可不一往見，頃已婉致尊意。其書目已交鳳孫，印書乃其所最樂事也。

復請道安。教弟端方頓首。廿七。

按，書於光緒二十六年（一九〇〇），下同。張紹允，岑春煊幕僚。

一至二札均出自西泠印社二〇一九年春季拍賣會，中國書畫古代作品專場 414 號。

二

鳳孫深仰道範，尊從已過從否？鳳公來札，奉塵慧鑒。即上愚生先生。

端方手狀。初三。

致隆懃（一通）

王爺殿下：

敬禀者。昨奉艾堂弟來信，深以前言相質，悚歉萬分。然此帖係因不得已而奉讓，江小濤所挪之項並所貼古董，不下千餘金，一千二百金之數，係屬真話，並無戲言。王爺興闌，仍願備一千二百金取回，與從中牟利者不同。且廉生、百希傳及王爺慈諭，諄諄以曲全交誼爲念，必不能惜此區區千餘金，致方進退失據矣。

抑又陳者，當時此帖呈鑒之時，王爺若先行見還，再議相讓，猶自有説。現在既蒙留覽，則不必更恤其他，此玩古董之常情，王爺必能曲諒也。

此項五百一十兩謹交艾堂弟代呈。惟求逾格垂慈，仍照一千二百金賞給，或將原帖擲還，於友道均無不合。

夙荷下交之厚意，兼叨摯愛之深情，敬希下忱，伏乞垂鑒。端方謹稟。1－37

按，肅親王隆懃（一八四〇—一八九八），艾堂即其子善耆，後襲爵。《容札》。

致黄君復（一通）

左臣老兄大人閣下：

承屬之件，已向桑鐵珊觀察切陳。據云彼都政教日進文明，冶游之事，垂爲厲禁。兄風流自賞，秉性難移，到彼必爲所輕，萬請勿往。即頌游祺。方拜。

稿本《端午帥手札》。

致楊守敬（二通）

一

鄰蘇老人左右：

光緒二十三年春，山西托克托城北，蒙人得一方石，其質晶瑩如玉，其狀如晷儀，其文『弟一』至『弟六十九』，其篆體在《雷塘中殿》《群臣上醻》之間。自愧弇陋，徒欽其寶，莫名其器，非博識多聞之君子莫能辨此，特以拓本奉鑒。望爲《建初玉券跋》考釋精確，拜服拜服。諫敦係奴子所求，已飭領去。《傷寒論》定付欹劂，現有一岐黄家借看，日内還來，即奉上也。

移火藥事，竇子年來，當與面商，期有以副尊屬也。

鄰蘇老人。方頓首。廿四日。

按，拓贈楊守敬《漢日晷》拓本，求爲考訂。《名賢》。

二

佛經當與尊臧各籍統商，如何？請速料量，全單見寄也。今年尚能作白下游否？鄰蘇老人中翰。端方頓首。

按，書於光緒三十三年（一九〇七）。

六朝藝宴二〇一二年南京秋季藝術品拍賣會，中國近現代書畫專場1000號。

致載澤（一通）

昨晤慰帥，立憲宗旨已確定無疑，宣布一層亦持之極力。政府有與立憲意義反對者二人，慰力與辨析，聞亦無異説，此事效果已有六七分。至尊疏之效力，亦極其宏大。承澤持大稿以示慰帥，皆嘆爲精深透惑，抗直敢言也。憲政發表當已不遠，但不審詞意能深切著明否耳。騶从今日未至園，想褆躬小違適，敬念敬念。餘俟明日晤罄。

蔭公大弟。端方上。初八日。

按，書於光緒三十二年（一九〇六）。

北京保利拍賣十五周年慶典拍賣會，百年風雲——世界名人字札專場 13555 號。

致趙鳳昌（十一通）

一

竹君仁兄大人閣下：

函电往還，深荷關注。近惟履祉延釐，鼎茵集吉，引懷雅量，無任感忱。小兒繼先随梁鎮東星使出洋，游學美洲，藉資歷練。道經上海，當令走詣台階，冀聆教益。初次出門，諸未諳習，到滬時深望随事指示，俾有率循，至爲禱盼。春水方滋，庚郵追遞，諸惟雅察，不盡依馳。專布敬懇，順請升安，并頌春祺。愚弟端方頓首。10－57

按，書於光緒二十八年（一九〇二）。趙鳳昌（一八五六—一九三八），字竹君，常州武進人。梁鎮東即梁誠。

一至十一札均出自《趙鳳昌藏札》第十册，國家圖書館出版社二〇〇九年影印出版。

二

竹君仁兄大人左右：

正倚箋候，忽奉還雲，即承襂袍，春聆榮問，休𠱃爲頌。小兒繼先年少遠游，學識孤陋。前此過鄂，特令其時親緒論，藉擴謏聞。乃承獎許逾恒，雅意肫勤，益用感愧。

昨得來電，已於初十抵日，十二開輪進發，一切粗適，足釋所念。植之回鄂，述執事關顧之勤，感紉高誼，彌用弗諼。游美各生，擬令植之管理，約月内必可成行。手此陳謝，敬請台安。愚弟端方頓首。十八日。10－60

按，書於光緒二十八年（一九〇二）。植之即施肇基，後任湖北省留美學生監督。

三

竹君仁兄大人左右：

新春惟道履咸綏，至頌魯慶。公司事理無中輟，能於月内辦結尤好。此事交代下年，不如一年辦成也。前兄屬人赴滬，當時竟想不出妥人。兹竇子年觀察有事來滬，特屬其就兄協商，一切大可面議。能將續租之五年作廢，即爲勝著。尚望審機度勢，力與維持，全楚之幸。時勉並道臆，即頌春祺。愚弟方頓首。正月十八日。10－62

按，竇子年即竇熙。

四

竹君我兄大人左右：

前奉德音，具悉盛懷冲澹，遂未敢以俗冗相通。承屬和營牌號事，楊紳紹珍異常狡執，所可與言者，爲張紳雨珊月餘未曾進省，來時當與磋商，再行電聞。如實無理可講，惟有訟之商部，必可得直。此間縉紳，鑾舊者多，就與商榷，直是不可與言而與之言也。

四月初旬爲公五旬初度，同人欲徵文爲祝，聞公峻謝，敬佩謙抑之意，特奉上湘人所繡《會仙友題名》一事、交黃羲帶呈。繡綠彝一品、壽言十六名，交王式如帶上。聊爲公壽，即乞哂存。此間新舊交鬨，百爲待理，匆匆不及多述。如有所言，當付電傳。

即承道福。弟方頓首。四月初七日。10－65

按，書於光緒三十一年（一九〇五）。以湘繡《會仙友題名》等賀趙鳳昌五十壽誕。

五

克虜伯微時打鐵草舍一圖，寄奉竹君先生。方頓首。（明信片一）10－70

按，書於光緒三十二年（一九〇六）。阿爾弗雷德·克虜伯（Alfied Krupp，一八一二—一八八七），德國著名軍工企業家。

六

閏四月十八日，登瑞士士根尼布拉德山絶頂，有懷竹君兄。方頓首。（明信片二）10－71

按，書於光緒三十二年（一九〇六）。

七

竹君我兄大人尊右：

節奉郵片，想已收到。到歐後，排日於政界盡心甄考。時期匆迫，譯述囏難，於精微奥窔苦不能一一窺見。然覽觀所到，閲歷所經，此行亦良不負負也。

小兒在美留學三年，近因使便，携之游歐。茲藉便船，先令回華。憶其出洋已來，即承遇事關垂，隨時照料。此番道經滬瀆，特飭敬詣台端，藉伸謝悃，尚望長者有以進之。

相見不遠，統俟晤談盡謝。

敬請台安。弟方頓首。四月廿五日。

時勉兄並望代爲陳謝，恕不另函。

再，即次寄華各箱支，均係要件，統由滬道轉交時勉兄收存，俟弟到滬時提取。請致時兄，來件務請另室儲藏，勿致受潮，至爲感幸。（明信片三）10－72

按，書於光緒三十二年（一九〇六）。

八

竹君我兄大人左右：

相違三月，渴慕爲勞。官制事雖經議有草本，發表尚復無期，阻障太多，同情太少，無如何也。弟南來，值此交涉煩難，飢饉洊臻之際，無人相助，無款可籌，勢將坐困。惟求我兄體時局之艱，念交誼之重，出而助我。相愛有素，諒無屏棄之情，特屬式如陳辭，尚乞鑒允。餘俟台從至寧面談一切。

肅請道安。弟端方頓首。九月廿日。10－75

按，書於光緒三十二年（一九〇六）。

九

竹君我兄大人左右：

不奉教遂三四年，每挹清暉，如親謦欬。前者兩聖大事，鄙意以滬上各界電慰聖孝爲不可少之舉，得公默與斡旋，爲益大局不細。弟近因勞冗，復發舊恙，亟服調理之劑，僅乃得效。使便寄上定遠石榴四筐，橋尾兩對，即希哂入。敬請道安。　愚弟期功端方頓首。　10－78

按，書於光緒三十四年（一九〇八）。兩聖大事即光緒、慈禧相繼去世。

一〇

頃約蟄老、季直、菊生、静山諸公在洋務局便飯，務盼於七鐘前惠臨。

此上竹君仁兄有道。弟期功端方頓首。十三。10－81

按，書於光緒三十四年（一九〇八）。蟄老即湯壽潛。菊生即張元濟。静山即許玨。

二

竹君仁兄大人閣下：

頃奉惠書，并承賜食物多品，深情摯誼，飽德難言。弟三載江圻，毫無禆益，重辱齒飾，彌用懷慚。現在料檢行裝，日内即當北上。如取道滬濱，比時當再一圖良晤也。近中天時尚不甚熱，衿履想益清健，至念至念。手此布謝，即請台安。愚弟期端方頓首。10－82

按，書於宣統元年（一九〇九）。

致蔡乃煌（一通）

照抄本年九月十四日南洋商憲端札文，爲抄稿札飭事。

照得上海參贊官福開森近在滬創設西文《太晤士報》，議論持平，擬請由各省代銷情形，奏明辦理一片。

經本大臣於光緒三十四年七月二十二日專差附片其奏，茲於八月二十二日差弁賫回原片，奉朱批『知道了，欽此』。除咨行外，合行抄稿札，飭札到該道，即使遵照，併轉洋務參贊官福開森知照毋違。

此札計抄片。

照抄前札抄片。

再，各處報館議論囂張，於中國商界、學界前途不無阻礙。

近有三品頂戴上海洋務參贊官福開森，係美國人，特在滬創設西文《太晤士報》，冀彰公道而遏狂瀾。今年革黨入滇，該報議論持平，故是公是公非，環球無不共曉，其熱心中國，即此可見。亟應廣爲傳布，俾各省商界、學界知所感發。

現在北省如直隸、山東、河南，南省如江蘇、浙江、安徽、湖北、湖南、江西、福建，即邊省如廣東、四川、雲南，皆報紙盛行之地。擬由臣分咨各該省，飭于商界、學界中每省代銷百份。該報每份裝爲十二頁，連計郵費每份長年價銀二十兩。自本年十月分起寄，價銀亦于本年十月分起交，由各省藩司按四季預寄，上海道轉給，不得稍有逾期，致令間斷。

該報命意，專以開通商界、學界，扶助中國爲主義，所費有限，裨益良多。據蘇松太道蔡乃煌詳請奏咨前來，臣覆查屬實，除分別咨行外，理合附片陳明，伏乞聖鑒。謹奏。

按，書於光緒三十四年（一九〇八）。

《盛檔》001913 號。

致端緒（八通）

一

前函要漢臺，兹尚要漢專，將我所臧正面大字吉羊文漢專全寄來。有有套者，有無套者。又尚有有年款、似墓志之漢專，必須細查，不可有漏遺。無論字數多寡，均寄來。交戴祥尤妥，但不可爲洋關留下。

匋齋宥。

似墓志之文，約有數種，外此可寄者均寄來。6－1269

《清代名人書札》，北京師範大學出版社，二〇〇九年影印出版。

二

寄來意大利石人一枚，甚精貴。弟自留用。香餅酒一箱，又糖食、烟卷等一箱，均照收。陶氏學堂請節老臨閱，并請訓勉學子，獎勵教員。教育唱歌十部教科書，留備京中學堂之用。《藝風堂金石目》五弟留閱。積古齋稿印本。

此間財政極困難，養廉均捐振矣。又值徐淮大灾，玉帥於荒政全未辦，兄來始著手，然餓死者已不少矣。目前正在籌荒募款，又值萍鄉、瀏陽、醴陵鬧匪，多至萬餘人，均革命黨，一時未易撲滅。奉旨調寧軍援剿，即日開行。萍鄉一帶匪踪尚少，大股全在浙境。徐國卿尚能治軍，或易集事也。

節庵到京，務時常招呼。郵傳事本欲電懇冶秋，因恐弟不能時往，兩邊耽誤，遂未辦。未發電。寶臣亦無消息，何也？可時往見之。小三、小猛今年何時放學，能於放學時來寧否？五太太能帶孩子來，尤好。大姑奶奶能偕姑爺同來，尤盼。如五太太帶小三等來寧，當派戴弁、楊玉軒來接。已屬戴弁往請，并送大姑奶奶百元。小燕聰明，好念書，與小猛不差，可愛之至。

五弟如見，老匋手書。冬月朔。

按，書於光緒三十二年（一九〇六）。節老、節庵即梁鼎芬。徐國卿即徐紹楨，時任陸軍第九鎮統制官。冶秋即張百熙，時任郵傳部尚書。

西泠印社（紹興）二〇一六年秋季拍賣會，中國書畫古代作品專場530號。

三

一學堂房子事，萬不可緩。弟一面找本札蘭、札蘭大，與之説明，一面求睿王咨復學部，一面找遠亭即日動工。遠亭手筆太大，弟一須得説明，此係捐辦工程，萬難過費，如同善舉；次則將兄實况告知，目前虧累甚鉅。此等善舉不能不辦，而又萬難浪費。遠亭能人，必能曲體我意。但工程務要結實經久，節近隆冬，尤不可草率。至開春，或可情形也。此工早一天有一天好處，商妥後可先開工，兄到寧即寄錢。

弟如得練兵處札委，先電告我，再定去留。且先當之。學部仍天天前去，早到晚散。務須照辦，免兄不放心，至要至萬。

五弟如見。兄匋父手稟。初五日。

小三、小猛雖有老高招呼，五太太仍須時時考查，不可一時大意，至要至要。

按，睿王即睿親王魁斌。

三至八札均出自北京保利二〇一六年秋季拍賣會，中國近現代書畫（二）1699號。

四

望京廣西門门之塋地及丙舍，皆賴弟及周順料量就緒。亮馬橋之塋地，如騰出手來，也要稍加整理。豐潤縣左家隖凹凸莊先墳，兄久所繫念，今幸有文夢九之鄉親金瑞楨者，本左家隖之土著，其尊翁已物故。與兄見過數次。當時即議托其照料故塋，并屬子才前往上墳，弟尚能記憶否。瑞楨適來鄂送夢九家春，兄令來署見之，即屬其藉回家之便，爲我將墳塋設法整理。

據瑞楨云，墳依小山，臨大路，有一無賴子，因艷此地風水，擅將其親屬骸骨葬之墳後。墳山左近之地，約十數畝，半爲村人隱占，半爲墳丁狗兒色、火兒色盜典。狗、火兩人皆故，無後。瑞楨回家，將侵占之地索回，盜典之地贖回。無賴子所葬之墳不肯遷移，兄移書馬邑尊，甫慕蘧。壓令搬遷，馬邑尊人甚好，兄已寄函贈物爲謝矣。並酌給資。今已遷浄矣。

此後應辦者，爲立碑爲弟一事，弟須考察家譜，查明先代昭穆位次，兄即撰文上石。此事萬無可緩，千萬設法。蓋房、招看墳的爲弟二事，此事已商妥。立界石、種樹爲弟三事。此事已告瑞楨妥辦。兄前後共給瑞楨三百元，當畀目前贖地、種樹、招墳丁等項之用。瑞楨兄已給予五只黄銅，並委差官。將來尚要來湘當差。人雖土俗，尚不荒唐。瑞楨來，此次派充拙差。弟速見之，并留之家中寄宿，可以差官之禮禮之。將先墳事一一接洽。

今春日遲草長之時，弟能撥四五日工夫赴左隝一行，由火車到唐山，由唐山到豐潤縣城四十，由豐潤縣到隝三十。夏日天長，可以朝發夕至。既伸展墓之情，兼作君山之約，亦一快事也。

瑞楨又言，左家隝之質庫甚得利，四五十里内無當鋪。今竟關閉，其房屋號架具存，如舍得二萬本銀，便可接開，其房三四千可售。並可兼開錢鋪、糧鋪。壽亭頗韙其言，以爲其利甚溥，昨姑得壽亭安言之。兄出六千，此六千兄及六各出二千，弟出二千。于二哥出二千，壽亭、文老亦各出二千，王式如出二千，蔣槐、和松嶠各出三千，或蔣、和各出二千，老太太出二千，或六吉入乙千之股亦可。則其事成矣，但經理須得其人耳。弟今年何不到彼一看，再作計校。夫求田问舍之事，經商逐利之謀，兄已屢試屢躓矣。今忽發此妄念，不識又成畫餅否？不識又成一不可收拾之局否？在弟裁定之，兄不固執也。

拉雜書此，以當面話，即頌新祉。朱桂率已志於道，兄在蘇猶將以百里屈之，宜其不樂就也。

光緒乙巳春正月九日，兄匋父書。

按，書於光緒三十一年（一九〇五）。囑咐修葺看護祖墳等事宜。

五

墳丁太苦，昭兒尤苦，必須時時給鈔，處處給鏹。弟手邊近尚寬裕，一切浪費，可減則減之。萬不可向墳丁身上打算盤。

祖宗父母魂魄所在，爲子孫者所當盡心。即如爲墳丁添置地畝一事，兄早籌出的款，弟竟委之大順，毫不催進，以致久無成功，兄甚恨之。至於南墳此邊之孤墳，至今未籌有辦法，尤屬顢頇。此事兄費數百金，皆所不惜。

兄所最懸心者有三事。一、天下大亂，一家散之四方，無人上墳。我等高爵厚禄，豐衣足食，而無思於墳丁。一旦無人上墳，或勢力微薄。則祖、父故墓必遭掘發，一可怕也。一、兄作外官多年，不能料理墳塋，致與兵丁之祖塋無異，足爲不孝之子孫，人將不以人齒，一可怕也。一、兄身體甚糟，行將就木，若不趁兄在此間，料理此事，後更無經管。不數年則墳必平矣，一可怕也。

弟須念兄苦處，早爲料理，勿使我負咎先人，至要至要。此紙給大順看，不必給别人看。老匋。

六

三泉寺無人經管，日益賠累，糟不可言。現派羅榮前往經理，并將奭召南之黄草窪歸併過來，已函致召南，屬其相讓，當無不允。其契據不知在京寓否？已向召南去索。交羅榮照管，而求咏之兄爲督辦。已屬羅榮一切受咏之節制，聽咏之指揮，不許自作聰明。至其帳目，亦須求咏之隨時查考，萬勿稍存客氣，兄致書亦力托之也。

兩山合爲一事，出産較豐，經營得當，不惟不賠，轉可賺錢。兄已與羅榮約，此山交伊後，兄再不出一錢，弟亦不可以錢接濟。三年之後，并可責令交租。山中加種樹木，十年之後，利賴無窮，不可輕視。咏之須常見，須相托。暇時可往一游。

狗魚一尾，交大順、羅榮寄京。此魚能上樹，盆須加蓋，否則立逃了。最奇。

王子卓之子進京時，可留家中住，招呼招呼他。

五弟如面。三月二十九日，老匋寄書。

七

五弟、先格同覽：

廥五帥與我至交，有同骨肉。我呼五帥爲兄，五帥呼我爲弟。此次來京，到京並無家眷。擬請住黄米胡同廳房，騎從甚簡，當能容納。一切務妥爲招呼。

五帥由漢口先到津，後到京，到京之期務先探明往接。先格尤宜時時請教，不可怠忽。

九月初二日，老匋手字。

按，廕五帥即廕昌（一八五九—一九一一），字午樓，滿洲正白旗，時任江北提督。

八

一到津後，查看随行人中有江蘇候補曾姓者，問之李丙寅，詢知是張樹屏、並云是張樹屏把兄弟。周喜兩人屬令搭車輪南下者。并云此人曾住過北洋公所，數夕搭火車至津，且要随輪南下。

此事兄一字不知，此人兄一面不識，張、周即欲求兄帶之同行，自當先行明。何得擅令随往？實屬荒唐膽大。昨晚得律風來，張樹屏又推脱不知，尤屬可惡。兄馭下最寬，然時時以力戒欺蒙爲主。如此居心嘗試，斷難姑容。弟又將此信念給張、周聽，令其明白稟复，兄必有一定之區處也。

致戴鴻慈（一通）

少懷老夫子大人閣下：

歲事將闌，馳思益切，伏審新猷聿焕，勛履增嘉爲頌。方忝領疆圻，慚無報稱。猥蒙恩命，量移三湘。彼都邊圉未寧，兼以路礦初興，圖維匪易，單智薄力，惟懼不克勝任。昨將吴中創辦各事料量清楚，馳赴任所，冀惟殫竭綿薄，俾得上釋聖明南顧之憂。夙企嘉猷，尚望時惠箴言，藉資循守，是所深幸。舍弟緒近依丈席，多蒙訓植，同深紉感。發春獻歲，謹賦梅花五十韵，用以媵函，敬希哂存。肅賀年喜，并請勛安。通家晚生端方頓首。

按，書於光緒三十年（一九〇四）。

泰和嘉成二〇一二年春季藝術品拍賣會，翰逸神飛——歷代書法專場1249號。

致嚴修（三通）

一

範孫仁兄大人左右：

津沽留寄一書，亮邀荃覽。惟宜春受祉，教思暇敷，式孚所祝。弟江表重來，即更多事，籌荒濟饟，竭蹷不遑。尚幸時時有以教我。

南洋擬建立大學堂，刻正籌集款目，并將貢院改爲市場，尚可略集經費。前電陳梗概，尚望曲爲玉成。

風雪殘年，懷人倍切。抽暇以書，奉問起居。敬請台安，并叩年喜。年愚弟端方頓首。

按，書於光緒三十三年（一九〇七）。嚴修（一八六〇—一九二九），字範孫，天津人，光緒九年進士，時任學部左侍郎。

一至三札均出自北京文津閣二〇一七年秋季拍賣會，中國書畫與古董珍玩專場199號。

二

範孫仁兄同年大人閣下：

陳生福頤南旋，賚到還雲，雒誦之餘，具紉種切。就諗提挈文樞，贊襄初政，龍門在望，無任欽遲。

商校奉商各節，仰荷明白開諭，切實維持，感荷之私，良非言罄。

現已照飭該堂監督，將豫科年限展長三年，並聲明以入中等商校本科之年月，請作爲入高等商校預科之年月。至各專科，原定二年畢業，亦展至三年。此項學生擬請比照法政學堂別科，給予獎勵。均已由弟據詳奏咨。如奉交議，尚求執事轉飭所司，俯賜贊成，至所切懇。

弟承乏南畺，毫無裨補，近復移鎮梓鄉，尚望時加教督。

肅復申謝，祇請勛安，惟乞澄查。年愚弟期端方頓首。

按，書於宣統元年（一九〇九）。

三

範孫仁兄同年大人左右：

在京欣承教益，匆匆告別，良用悵然。在津小作勾留，初五乘海圻南下，直放金陵。五舍弟日侍講帷，親承訓誨，感幸良深。已屬其勤益加勤，勿稍懈弛，用副厚期。官制事聞發表尚無定期，正不知如何結果，尚望教言時賁，俾有所益。匆匆，布請台安，惟照不既。年愚弟端方頓首。初五日。

南中能辦學務者，殊乏其人，田伏侯仍須援以相助，尚乞見讓。

按，書於光緒三十二年（一九〇六）。田伏侯即田吴炤。

致羅振玉（三通）

一

叔藴我兄先生：

昨書來，適將偕同人往西山登翠微峰作重九，未得即復爲歉。

今承學之士，新學半襲皮毛，而舊學已歸荒落。《國學雜志》之作，將以商舊業而迪新知，此舉良不可緩。偃息山盧，晴窗日暖，取大序往復讀之，欲以通新舊之郵而拯其流失，察古今之變而觀其會通，微獨其旨遠詞文也，其用心亦良苦矣。方所爲斷斷博物館之成立者，蓋與君有同意焉。

承索全拓，定有以報命。此事即屬孫秋帆任之，無煩尊處飭工來拓。外此凡可以效綿蕞之助者，苟力之所逮，一唯公之所命之。寶、李兩侍郎聞公斯舉，亦忻然思有以所以輔翼之，公正可以時就商之也。

大著敬繳，隋、唐志請將拓本交去力携回，藉快先睹，如定購，再求費神。近來所得碑碣之屬，即徑送博物館中，能用貲少廉，尚可爲博收廣求之助。但此等古物，近爲外人所爭涎，而吾國又無禁古物出口之法律權力，則區區之願力，益難盡達矣。

復請道安。弟端方再拜。重陽次日，書於靈光寺歸來盦。143－461

按，書於宣統二年（一九一〇）。端方贊羅振玉創辦《國學叢刊》之舉，並委托搜集隋唐墓志拓本。孫秋帆即孫桂澂。寶、李兩侍郎即學部左侍郎寶熙、右侍郎李家駒。

一至二札均出自《端方檔》。

二

正遣人送玻璃片，而公書適至，即假尊紀奉上。咸亨卷并奉上，求加考證，另紙寫就，備付裝池。

成邸手臨《化度》，世間瓌寶，慨然見貺，感喜如何。即當附之《化度》册尾，以期璧合珠聯。

近得金石拓出者少，容撿上叔翁。方又上。143－469

按，書於宣統元年（一九〇九）。端方邀羅振玉題跋考證唐咸亨四年弘文館寫本《金剛般若波羅蜜經》殘卷，謝贈成親王永瑆臨《化度寺碑》。

三

暑厚擾，謝謝。

《沙洲志》玻璃版奉上，請速迻印。方廿三早赴翠微，月杪歸來，再圖快晤。

晤士可仁兄，並致聲。

叔藴老兄，弟方頓首。廿二日。

按，書於宣統二年（一九一〇）。《沙洲志》乃伯希和所得敦煌古寫本，端方寄與羅振玉照片底版，並囑從速付印。士可即陳毅。

西泠印社二〇二〇年春季拍賣會，中國書畫古代作品專場1216號。

致權量（四通）

一

謹堂賢弟：

手示體念周到，語語正大平龢，各學總辦監督皆如弟之用心，兄無憂矣。兄爲振款會已鬧得神智昏瞀，再益以學堂鬧風潮，真不了矣。弟能將兄之衷曲，曲向筱溪、敬臣諸弟痛陳之，勿徒令兄爲難也。

心緒煩惡，早間又觸炫暈之證。

書不盡意，即承文祉。兄方頓首。

按，書於宣統元年（一九〇九）。權量時任京師大學堂商科監督。筱溪即李積芳。敬臣即陳作新。

一至四札均出自蘇州吴門二〇二一年秋季文物藝術品拍賣會，吴風盛祺專場33號。

二

謹堂仁弟如晤：

獲雋南歸，萊幃多豫，極所欣願。頃接手書，具悉情意殷肫，不忘前約，至爲慰幸。調寧一節，即當屬稿。惟南皮素性與衆不同，萬一經咨達，必加羈縻。鄙意不如此間一面咨達學部，弟即一面先來，以免臨時阻滯。尊意謂然，并希惠复。即頌侍祇。端方頓首。

按，書於光緒三十三年（一九〇七）。

三

長書具見，衷心分明，爲之嘉嘆。有器局。本欲挽弟專辦上海財政一部分事，昨已下札，不知吾弟一時尚不能離鄂也。今弟所謂日前計畫之事，其惟江南財政問題乎？江南財政罔急，不可終日，弟有何策，可以濟急一二日，當待來一談，爲我借箸籌之。

兄方頓首謹堂仁弟足下。十一月初四。餘空。

按，書於光緒三十三年（一九〇七）。權量時任湖北勸業公所總務科長。

四

謹堂仁弟執事：

寧垣快聚，頓慰積思。頃展手書，猥以區區膏秣之資，尚辱齒謝，愧甚愧甚。

鮮庵病狀如此，殊爲焦悶。聞日來漸有轉機，天相吉人，想可日臻全愈也。李方伯禮物費神飭送，并代製幛幅，謝。此復，即承近祉。愚兄方頓首。

按，書於光緒三十三年（一九〇七）。黄紹箕病危。

致權量、王璟芳（一通）

謹堂、筱宋仁弟足下：

瀛嶠縈紆，時勞寤想。以兩弟通雅之才，專精之志，前者不赴商部之調，固知不狃於小成。轉瞬畢業歸來，蔚爲國用，無任忻慰。

此次陳比部曾壽暨李道祥霖等護送學生到東，並考察各種學務，一切務爲隨時照拂，是所交托乎此。

順頌旅祺。端方頓首。四月十三日。

按，書於光緒三十年（一九〇四）。權量，湖北武昌人；王璟芳，湖北恩施人，皆入東京高等商業學校攻讀商科。陳曾壽時任刑部主事，李祥霖時任湖北候補知府。

蘇州吴門二〇二一年秋季文物藝術品拍賣會，吴風盛祺專場33號。

端方奏折（一份）

宣統元年九月十八日，收北洋大臣端函。

稱開平礦務一事，昨經晤詢直屬在京諸紳，僉謂此礦本爲胡華騙詐所攘，雖已控訴得直，然至今該公司並未按照副約實行遵辦。灤礦甫經成立，爲中國自辦完全之礦，苗質甚佳，斷不宜再與合辦，致蹈覆轍。況近來中外合股所辦者，如臨城、井陘等處，皆權不我屬，轇轕滋多。請仍遵照迭次諭旨，設法全數收回，以保利權。情意甚爲堅執。

伏查中國現正擴充路軌航業，近復議練海軍，皆以煤爲命脉。北洋所屬礦産，已多半入於外人之手，若不亟圖挽救，再將灤礦併入開平，則名爲合辦，而其實亦必爲彼族所有。設一旦海疆有事，彼守局外，我將坐困，後患無窮，不可不慮。

況查張翼與胡華所立移交之約，尚有承平銀礦，建平、永平金礦，及洋灰廠之股本物産在内。今洋灰廠雖已收回，而案未確定。若准其援引移交之約，將灤礦併入，則此外之承平、建平、永平等礦，凡載入移交約者，彼皆可援例以求，更恐從兹益多事矣。且此事如何解決，亦不能不先徵股東之意見，再行議辦。方現已電催周前運司學熙迅速回京，並照會張翼恪遵叠奉諭旨，妥籌辦法。惟兹事關繫至鉅，用敢縷晰密陳，務乞力賜維持，暫緩開議。俟周前運司到後，令其會商京紳及各股東，公同籌議，再行奉商辦理。肅此，敬請鈞安，伏惟垂察，不具。

按，胡華即美國第三十一任總統赫伯特·克拉克·胡佛（Herbert Clark Hoover，一八七四—一九六四）。張翼，曾任開平礦務局督辦。光緒二十六年（一九〇〇），胡佛擬寫了將開平煤礦賣於英國墨林公司的『移交契約』。此後中方多次興訟，英國法院曾判中方勝訴，應予歸還，但墨林公司和胡佛拒絕執行。

上海陽明二〇一六年春季拍賣會，故紙繁華·中國之老股票與債券專場2034號。